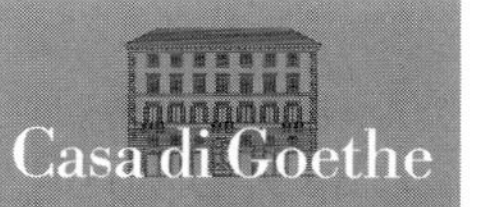

Casa di Goethe

KATHARINA SIEVERDING

Le metamorfosi dell'evoluzione
Metamorphosen der Evolution
Metamorphosis of evolution

CHARTA

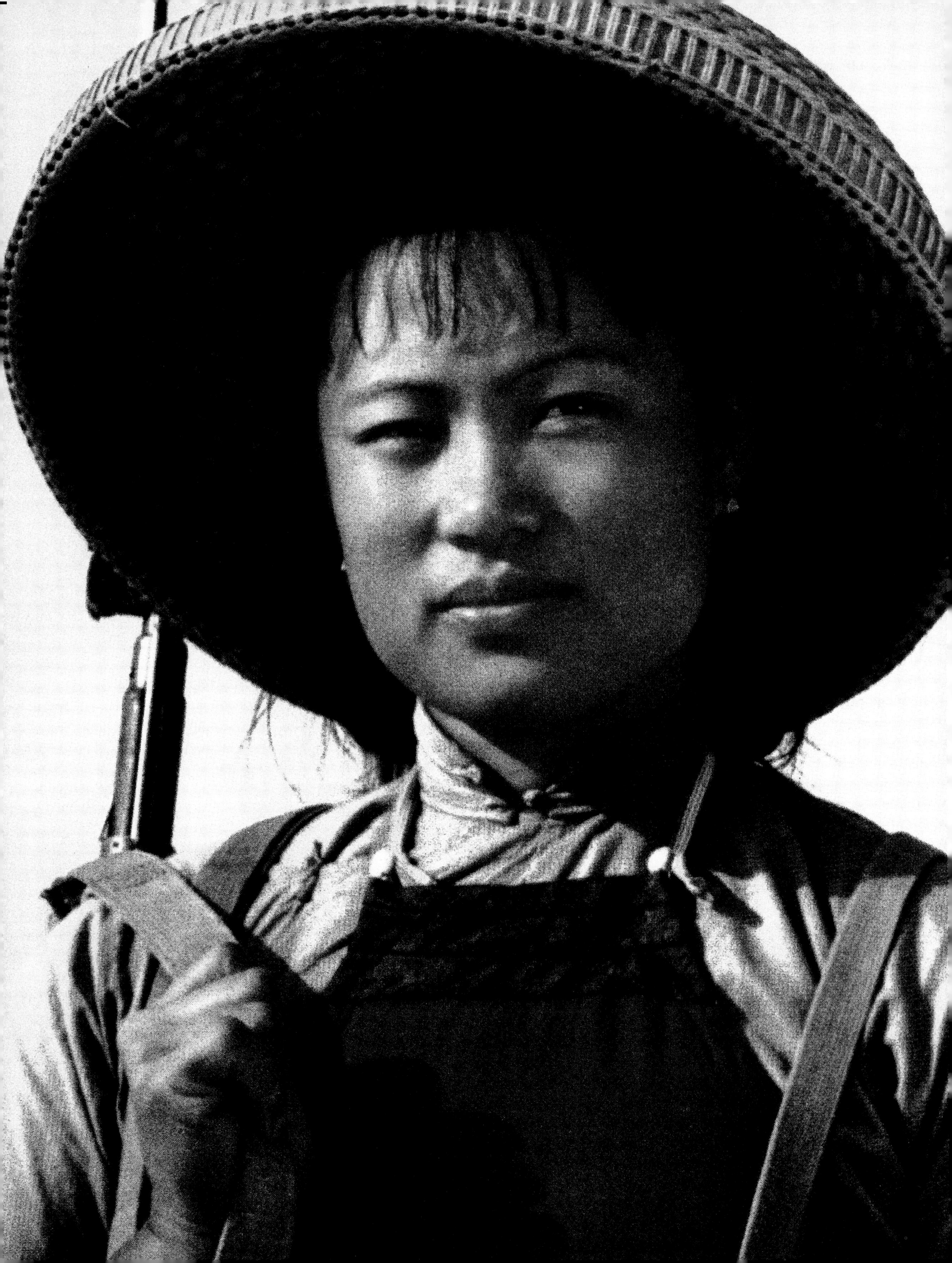

INTRODUZIONE

Katharina Sieverding, una delle personalità più stimolanti della scena artistica contemporanea, ha riesaminato e riproposto in chiave attuale l'idea della metamorfosi elaborata da Goethe più di duecento anni fa. Ne è risultata una mostra di sconcertante attualità in questo inizio del XXI secolo, realizzata in un periodo in cui nuove tecnologie minacciano la quotidiana scansione della vita e in cui, dopo gli eventi dell'11 settembre 2001, nessuno può chiudere più gli occhi di fronte all'amaro riconoscimento dell'elementare minaccia alla vita umana perpetrata dal terrorismo più spietato, dalla guerra e dal bioterrorismo.

L'idea di questa mostra nella Casa di Goethe è nata circa due anni fa. I curatori Cornelia Lauf e Ludovico Pratesi hanno invitato Katharina Sieverding, artista ben nota sulla scena internazionale, a scegliere e installare nella ex dimora romana del poeta una serie di pezzi significativi provenienti dalla collezione privata di Goethe a Weimar – che comprende ben 50.000 oggetti – e a collegare il tutto con un proprio lavoro originale.

L'artista – nata a Praga nel 1944 – ha optato per il lascito scientifico di Goethe, e nel corso di ripetute visite agli archivi della Stiftung Weimarer Klassik ha scelto circa 150 oggetti rappresentanti i quattro "regni della natura": minerali, piante, animali e infine l'uomo. A questi oggetti, risalenti agli albori della biologia moderna e tra i quali si trovano studi botanici, minerali, crani umani e animali, Katharina Sieverding affianca un proprio lavoro, ideato appositamente per questa mostra. La video proiezione di grande formato, un'opera d'arte mediale risultato del confronto dell'artista con le fondamentali teorie scientifiche goethiane, ha per oggetto la metamorfosi sia dal punto di vista tecnico che contenutistico. A tal fine l'artista ricorre anche a materiale visivo tecnico-scientifico tratto dall'ambito della medicina, come immagini raffiguranti la coagulazione del sangue o sequenze genetiche.

Katharina Sieverding, allieva di Joseph Beuys alla fine degli anni Sessanta e pioniera dell'arte fotografica, filmica e video di grande formato, con i suoi lavori sui temi dell'identità, individualità, società e tecnologizzazione di uomo e natura, si schiera a favore di un'arte socialmente responsabile. In questo spirito la mostra alla Casa di Goethe a Roma, che nel 2002 farà tappa anche a Weimar, è da intendersi come un appello dell'artista a rispettare i princìpi di vita fondamentali della natura.

Ursula Bongaerts
Direttrice della Casa di Goethe

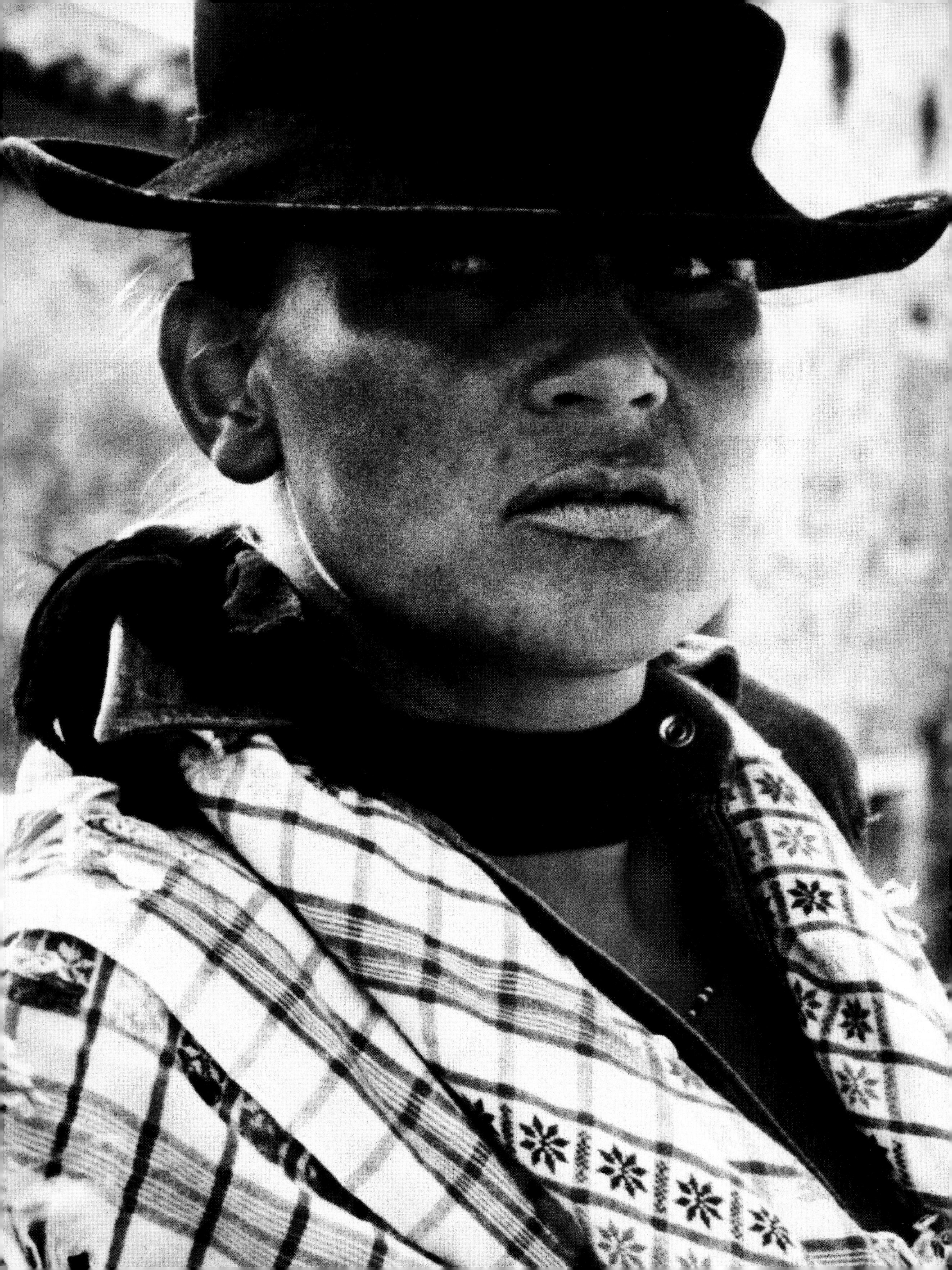

Katharina Sieverding, eine der wichtigsten Impulsgeberinnen der zeitgenössischen Kunst, hat die von Goethe vor mehr als zweihundert Jahren entwickelte Idee der Metamorphose auf ihre heutige Gültigkeit hin befragt und aktualisiert. Das Ergebnis ist ein bestürzend aktuelles Ausstellungsprojekt am Anfang des 21. Jahrhunderts, realisiert in einer Zeit, in der neue Technologien die Gesetzmäßigkeiten des Lebens zu unterlaufen drohen und in der nach den Ereignissen des 11. September 2001 endgültig niemand mehr die Augen verschließen kann vor der bitteren Erkenntnis der elementaren Gefährdung allen menschlichen Lebens durch menschenverachtenden Terror, Krieg und Bioterrorismus.

Die Idee für dieses Ausstellungsprojekt in der Casa di Goethe entstand vor fast zwei Jahren. Cornelia Lauf und Ludovico Pratesi, die beiden Kuratoren der Ausstellung, haben die international bekannte Künstlerin Katharina Sieverding eingeladen, aus der gut 50.000 Objekte umfassenden Privatsammlung Johann Wolfgang Goethes in Weimar signifikante Stücke auszuwählen, in Goethes ehemaliger römischer Wohnung am Corso zu installieren und mit einer eigenen künstlerischen Arbeit zu verbinden.

Die 1944 in Prag geborene Künstlerin hat sich für den naturwissenschaftlichen Bestand Goethes entschieden und nach mehreren Besuchen in den Archiven der Stiftung Weimarer Klassik ca. 150 Objekte ausgewählt, die die vier "Naturreiche" repräsentieren: Mineralien, Pflanzen, Tiere und schließlich den Menschen. Diesen Objekten aus den Anfängen der modernen Biologie, unter denen botanische Studien, Mineralien, Tier- und Menschenschädel zu finden sind, stellt Katharina Sieverding eine eigens für diese Ausstellung entwickelte neue Arbeit gegenüber. Die großformatige Beamer-Projektion, ein Medien-Kunstwerk als Resultat ihrer Auseinandersetzung mit Goethes grundlegenden naturwissenschaftlichen Überzeugungen, thematisiert die Metamorphose sowohl technisch als auch inhaltlich. Die Künstlerin verwendet dabei u.a. technisch-wissenschaftliches, aus dem medizinischen Kontext stammendes Bildmaterial wie Blutgerinnungsbilder oder Sequenzausschnitte der Genforschung.

Katharina Sieverding, Ende der 60er Jahre Meisterschülerin von Joseph Beuys und Pionierin der Foto-, Film- und Videokunst im Großformat, steht mit ihren Arbeiten zu den Themen Identität, Individualität, Gesellschaft und Technologisierung von Mensch und Natur für eine gesellschaftlich verantwortete Kunst. Ihre Ausstellung in der Casa di Goethe in Rom, die 2002 auch in Weimar gezeigt werden wird, will sie als einen Appell verstanden wissen, grundlegende Lebensprinzipien der Natur zu respektieren.

Ursula Bongaerts
Leiterin der Casa di Goethe

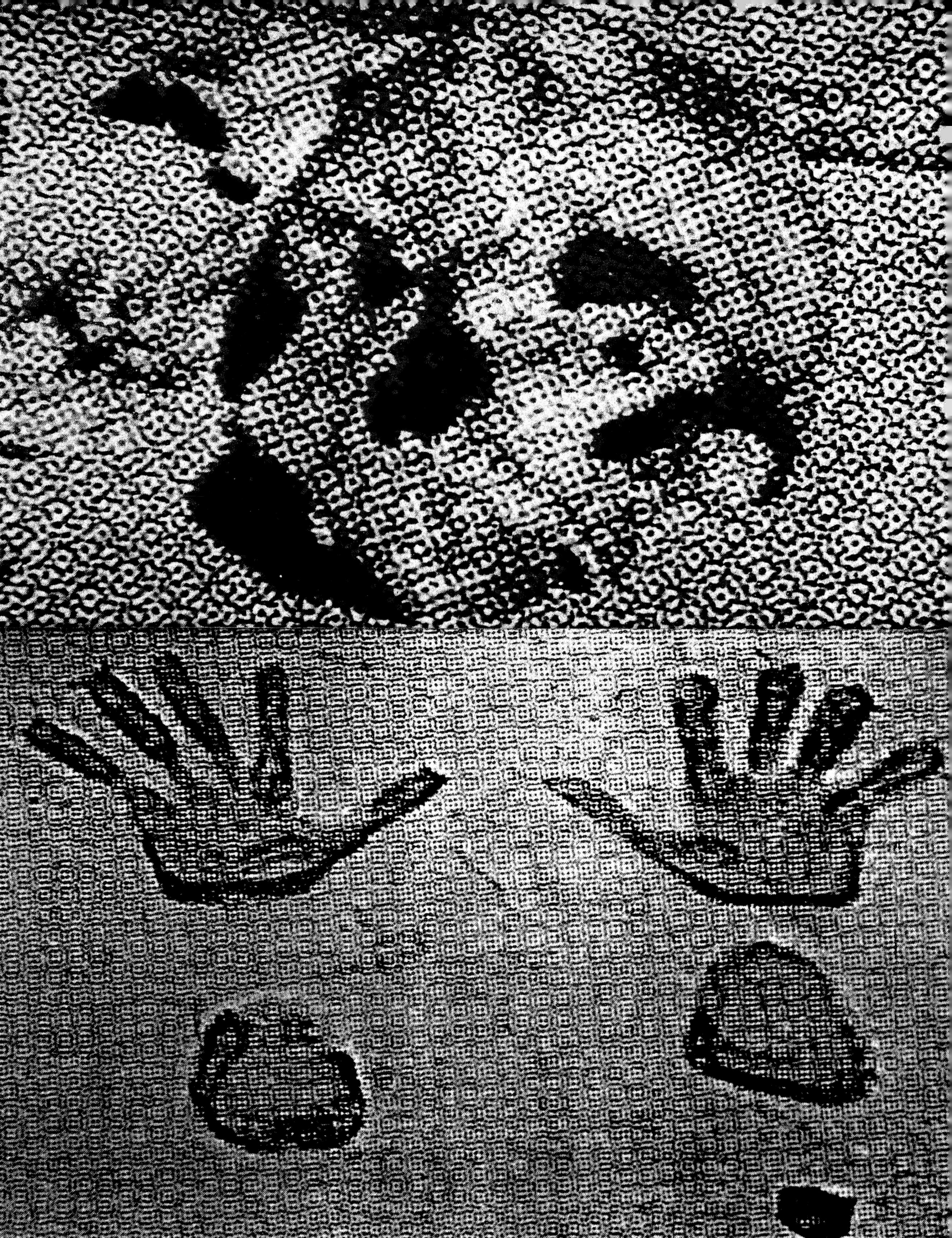

Katharina Sieverding, one of the most important stimulating forces in contemporary art, has taken the idea of metamorphosis, developed by Goethe more than two hundred years ago, interrogated it for its relevance today and brought it up to date. The result is a startlingly contemporary exhibition-project at the beginning of the twenty-first century, realized in an era in which new technologies threaten to circumvent the laws governing life and in which, after the events of September 11, 2001, no one can close their eyes any longer to a bitter awareness of the elementary threat posed to all human life by inhumane terrorism and war. "Bioterrorism" has become the byword for these dark times.

The idea for this exhibition-project at the Casa di Goethe came almost two years ago. Cornelia Lauf and Ludovico Pratesi, the two curators of the exhibition, invited internationally renowned artist Katharina Sieverding to select significant pieces from Johann Wolfgang Goethe's private collection in Weimar, comprising at least 50,000 objects, and to install them in Goethe's former home on the Corso, bringing them into relationship with her own artistic work.

The artist, born in Prague in 1944, opted for Goethe's scientific legacy and, after several visits to the archives of the Stiftung Weimarer Klassik (Foundation for Weimar Classicism), selected around 150 objects representing the four "realms of nature": minerals, plants, animals and, finally, man. Katharina Sieverding juxtaposes these objects from the beginnings of modern biology, among which are to be found botanical studies, minerals and animal and human skulls, with a new work of her own, developed for this exhibition. The large-format beamer-projection, a multimedia work of art resulting from her examination of Goethe's fundamental scientific convictions, explores metamorphosis both in technique and content. In it the artist uses, among other things, technical-scientific images taken from the sphere of medicine, such as images of blood coagulation or sequences of samples taken from gene research.

With her works on the themes of identity, individuality, society and the technologization of man and nature, Katharina Sieverding, master-class student of Joseph Beuys in the late sixties and pioneer of large-format photo, film, and video art, stands for socially responsible art. She wants her exhibition at the Casa di Goethe in Rome, which will also be shown in Weimar in 2002, to be understood as an appeal to respect the fundamental life-principles of nature.

Ursula Bongaerts
Director of the Casa di Goethe

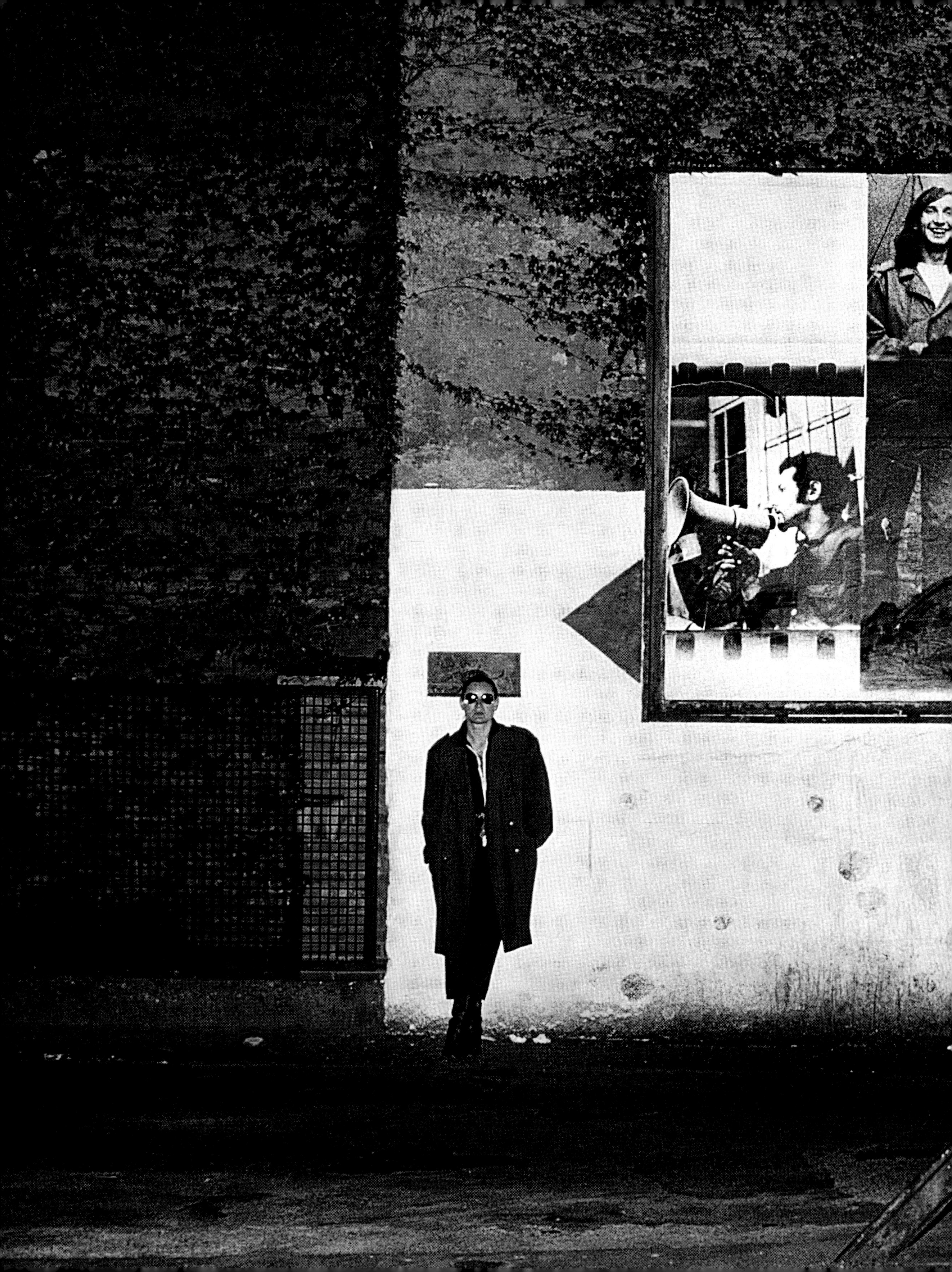

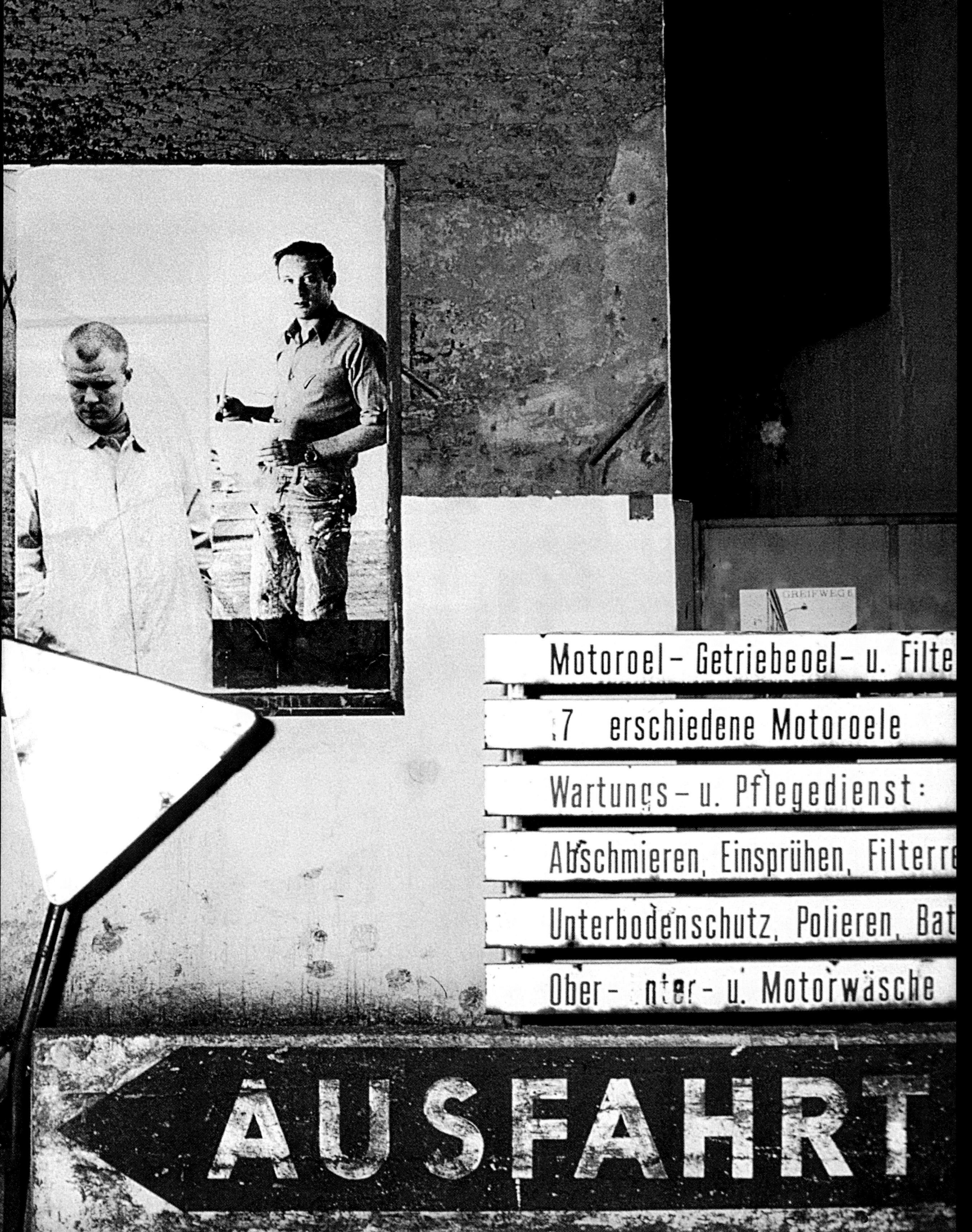
GREIFWEGE
Motoroel – Getriebeoel – u. Filte
7 erschiedene Motoroele
Wartungs – u. Pflegedienst:
Abschmieren, Einsprühen, Filterre
Unterbodenschutz, Polieren, Bat
Ober – nter – u. Motorwäsche
AUSFAHRT

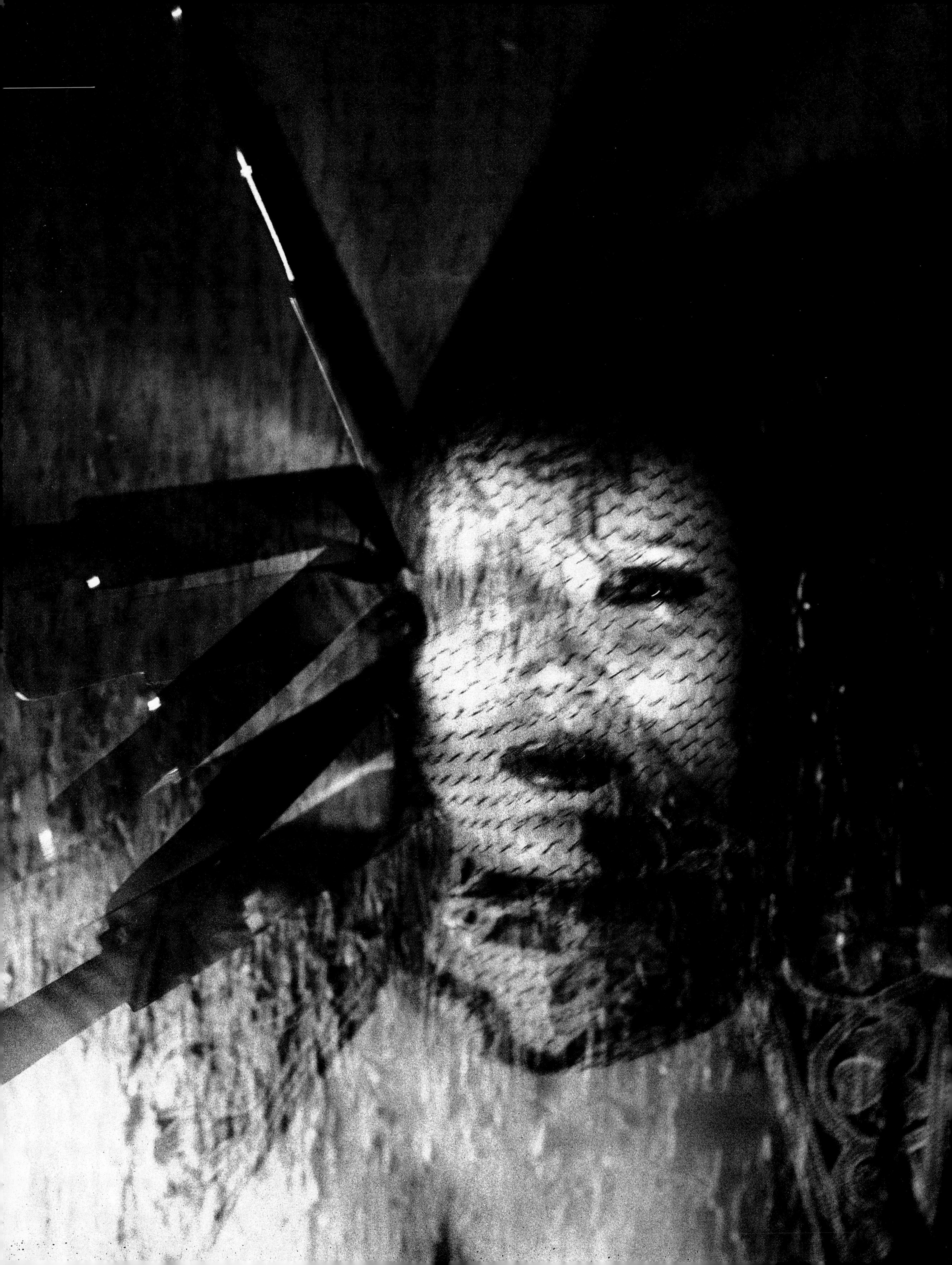

UNA BOMBA

Cornelia Lauf

Già ottant'anni fa l'arte aveva prefigurato il volto del XXI secolo. È un volto che esprime devastazione, che riflette una guerriglia condotta con mezzi tecnologicamente sofisticati e che minaccia e pervade la vita civile, che parla di autodistruzione. La corrente artistica dei Dadaisti fu il primo movimento ad effettuare una decostruzione dell'arte come strategia estetica. Il fenomeno conobbe poi un momento di accelerazione dopo la seconda guerra mondiale; intorno ai primi anni Sessanta sembrò che il solo modo per definire l'arte fosse quello di smembrarla, anche con mezzi violenti. Ad esempio, in un'opera del 1962 di Philip Corner veniva fracassato un pianoforte, come simbolo della cultura musicale. Nella nota dell'autore a commento dell'opera, che si intitolava *Piano Activities*, si legge: "Mostra ritegno ed esagerazione negli aspetti sia attivi sia inattivi della tua partecipazione. Poniti limiti costanti-esagerati. Fai diversi cambiamenti. Porta la sorpresa fino al suo limite. Allo stesso tempo sii moderato. Considera gli altri, ignorali o poniti in relazione con loro. Amplifica e distruggi o trasforma le loro azioni".

Se i politici avessero prestato più attenzione a ciò che stava maturando nel campo dell'arte, vi avrebbero forse potuto già scorgere *in nuce* le caratteristiche di quel comportamento, di quelle azioni che ora, con effetto terrificante, si sono spostate dalla più circoscritta arena della cultura per investire il tessuto sociale e politico. Il compositore Karl-Heinz Stockhausen ha recentemente osservato che non vi è opera d'arte che possa superare ciò che è stata la distruzione del World Trade Center. Al di là della patetica e retorica pomposità del commento, è importante il fatto che l'evento sia stato largamente ripreso dai media. Il rapporto tra arte e terrore ha sempre scandito il ritmo che lega immagini e azioni. Negli anni Sessanta movimenti come il Situazionismo, la Pop e il Fluxus portarono nelle strade una forma di pandemonio controllato. A partire dal 1958, Wolf Vostell fu l'autore di installazioni quali *Das Theater ist auf der Straße* (Il teatro è nelle strade), che riproducevano realisticamente scene di disastri ed eventi catastrofici. Molti movimenti artistici divennero poi puramente politici. Il Fluxus, alla cui guida era l'artista lituano George Maciunas, tentò di riproporre il programma politico del Costruttivismo. Il tedesco Klaus Staeck abbandonò l'attività artistica in favore di quella politica. Gli artisti si riunirono in gruppi e operarono insieme ai partiti politici in un modo apparentemente distaccato e marginale, ma che invece esercitò una profonda influenza sulla società. Nella sua struttura e nell'approccio alle cose, l'avanguardia del dopoguerra anticipò l'attuale organizzazione in cellule che caratterizza alcuni tra gli outsider più temuti dall'Occidente: gli hacker e i dirottatori.

La musica, la più effimera tra le arti, ha spesso saputo formulare le più radicali indicazioni sulla direzione da prendere. Compositori come Corner, Dick Higgins, George Brecht, La Monte Young, John Cage e Nam June Paik inaugurarono la tendenza a proporre commenti scritti in forma di composizione. Opere d'arte e composizioni musicali assunsero la forma di veri e propri manuali di istruzione scritti con un linguaggio codificato. Queste aride formulazioni vennero successivamente trasformate in prodotti artistici da alcuni personaggi-chiave come Douglas Huebler, Art & Language, Sol Lewitt e Gordon Matta-Clark. L'operazione ebbe vasta diffusione; venne riecheggiata in modo invadente tramite nuovi media come i giornali, i cartelloni, i video, la televisione e la radio, quasi questi fossero una sorta di "cavallo di Troia", peraltro ancora efficacemente impiegato dagli artisti contemporanei.

Attualmente, però, l'arte sembra essere del tutto assente dallo scenario del mondo reale, quasi essa fosse ininfluente come mezzo di comunicazione di massa. Al contrario, oggi, per confrontarci con un'immagine ufficiale delle paure che affliggono il mondo e con le catastrofi odierne, si deve ricorrere all'iconografia patriottica e ai *jingles* diffusi dalle emittenti televisive. Così, mentre oggi nella politica e nei media si avverte drammaticamente la mancanza di un adeguato vocabolario visivo, molti artisti potrebbero al contrario ritrarre la complessità degli eventi contemporanei senza ricorrere alla piatta natura documentaria della fotografia o ad un'interminabile sequela di parole; la tedesca Katharina Sieverding è tra questi.

La mostra della Sieverding alla Casa di Goethe a Roma rappresenta la dimostrazione di come l'arte possa adattarsi e usare un linguaggio adeguato alle circostanze, senza cedere a compromessi o volgere a una mera funzione illustrativa. In questo momento è perfettamente consono il ritorno a Roma della Sieverding. Qui l'artista tenne la sua prima mostra nel 1972; ora è il momento per rivolgersi nuovamente a una città che ancora riveste il ruolo di culla della civiltà europea. Da ormai almeno trent'anni, la Sieverding è riuscita a stabilire un delicato equilibrio tra un'arte che diremmo *agit-prop* e la politica reale, spesso in collaborazione con suo marito, il noto produttore cinematografico Klaus Mettig.

La Sieverding è figura colossale del mondo dell'arte; forse questo è dovuto al suo magnetismo personale: alta e imponente, con la sua corporatura da vichinga, i lunghi capelli rossi raccolti in una stretta coda di cavallo. Le sopracciglia, il trucco, le labbra colorate e brillanti di rossetto mi hanno sempre fatto venire in mente gli attori del teatro Kabuki o le eroine di Fassbinder. Il suo volto esercita un particolare fascino, come quello di Hanna Schygulla o di Ute Lemper.

Katharina Sieverding deve la sua notorietà agli enormi ingrandimenti fotografici che illustrano processi biologici, eventi politici o variazioni somatiche, come nei suoi stessi autoritratti. È stata tra i pionieri nell'uso delle pellicole di grande formato e del video come arte, aprendo la strada a generazioni successive di artisti che, peraltro, spesso hanno solo costituito una pallida imitazione del fascino esercitato dalle camere oscure della Sieverding, pulsanti di luci colorate. Pochi artisti hanno saputo lavorare così consapevolmente, così precocemente, ma con tenacia, su soggetti quali il genocidio, la ricerca genetica, la bellezza e la metamorfosi del sé. I suoi autoritratti, con il volto in costante cambiamento, fanno sembrare al confronto obsoleti tutti quegli artisti che manipolano e operano intorno al concetto stesso di genere umano.

Come donna oggi la Sieverding è nel fiore della sua vita: è una madre affezionata e una brillante insegnante all'apice della sua carriera artistica. Esaminando il panorama artistico tedesco – da Georg Baselitz a Jörg Immendorf, a Markus Lüpertz, a A.R. Penck e altri – appare chiaro che la Sieverding ha pochi eguali.

Recentemente si è costituito il "Consiglio per l'etica" federale tedesco, ma artisti come la Sieverding, le cui eloquenti immagini sulla clonazione e l'alterazione genetica precorrono l'indagine filosofica sull'argomento, sono stati esclusi dalla nomenclatura dei chierici, dei politici e dei sapienti che lo dirigono. Ma noi invece abbiamo di fronte un'artista veramente in grado di trasporre gli eventi della sua epoca. Persino Anselm Kiefer non sempre è riuscito a stabilire una netta demarcazione tra il senso del kitsch e quello della tragedia quanto la Sieverding; i suoi aforismi epici, i suoi cieli simili a quelli della pubblicità della Marlboro sono di ben altro spessore rispetto ai melodrammatici dipinti di Kiefer. Il suo *Adaption zu XI/1978*, un negativo che raffigura dei terroristi e che reca il titolo "Schlachtfeld Deutschland" (Campo di battaglia Germania) fa apparire le composizioni di Tibor Kalman per le copertine degli allora punk Talking Heads addirittura bonarie.

I tedeschi sono certamente alla ricerca di un monumento all'Olocausto e di un segno che possa testimoniare la loro stessa sofferenza prima del 1989. Quello che sarebbe potuto essere un eccellente sacrario – il Muro di Berlino e il filo spinato – è stato spensieratamente abbattuto, mentre si succedono a livello mondiale le proposte di appalto per realizzare nuove piazze con sopravvivenze simboliche di ferro e pietra. Provate a immaginare che effetto farebbe vedere spianare con i bulldozer le rovine di Roma! In Germania il passato viene dunque frettolosamente cancellato; così poeti e artisti di ogni sorta si grattano perplessi la testa, dipingono aquile a testa in giù, incidono i nomi delle vittime su stele sotterranee, come in una fiacca replica delle opere di Chris Burden e Maya Lin. Bombardare un monumento non significa cancellarlo.

Un problema cruciale è quello che riguarda la questione se oggi si possa ancora scrivere una storia dell'arte nazionale; ammesso poi che questa realmente esista. Nonostante i meritori sforzi di intere schiere di storici dell'arte come Norman Rosenthal, Robert Rosenblum, Christos Joachimedes, Donald Kuspit, fino a Martin Damus, l'arte contemporanea è e resta un fenomeno internazionale. È coerente menzionare Andy Warhol, Victor Burgin, Jack Smith, Heinz Mack e Arnulf Rainer che hanno lo stesso afflato di Katharina Sieverding. Può essere più appropriato e rilevante posizionare l'opera della Sieverding in rapporto all'arte concettuale, o ai film antecedenti all'epoca della Metro Pictures, collocandola in un momento subito anteriore alla riscoperta, effettuata da Richard Prince e Cindy Sherman, della forza artistica e semantica delle fotografie effettuate dai non-fotografi.

Nam June Paik ha rappresentato un punto nodale per la Sieverding. L'uso che Paik fa del video, che sperimentò per la prima volta in Germania nel 1963, e le sue dichiarazioni quali "Ridicolizzo la tecnologia... Amo la cosiddetta tecnologia anti-tecnologica", assumono oggi un valore pienamente oracolare. Il coreano per nascita Paik ha studiato musica in Germania, a Friburgo, nei tardi anni Cinquanta e ha elaborato una personale fusione di discipline in quel crogiolo che è la Renania e che ha anche generato la Sieverding. Un altro precursore della Sieverding, Wolf Vostell, ha tentato di liberare l'arte dal suo valore metaforico e di conferirle immediatezza lavorando direttamente su materiali particolari quali le turbine di motori a reazione o il filo spinato. L'artista viennese Arnulf Rainer e le sue *Automatenfotos* (Foto tessera) del 1968-69 devono similmente aver esercitato su di lei una certa influenza; inoltre, tra i colleghi artistici della Sieverding sono da annoverare Gerry Schum, Rebecca Horn e Franz Erhard Walther.

Si può ipotizzare che le fonti di ispirazione della Sieverding, così come per tutti gli artisti contemporanei, risalgano a quel nucleo internazionale che comprendeva, tra gli altri, Man Ray e Robert Rauschenberg. Però la Sieverding non può essere ricondotta, almeno a livello di interpretazione visiva, alle opere dei suoi "compagni di classe", come Imi Knoebel, Imi Giese, Blinky Palermo o Martin Kippenberger, o a qualunque altro Icaro della scena artistica contemporanea tedesca (pp. 12-13). Per comprendere l'essenza dell'opera della Sieverding è necessario oltrepassare i confini nazionali della storia dell'arte. Appare dunque evidente che la vecchia idea di un'arte legata a scuole e luoghi, condotta secondo una lettura stilistica uniforme e ottocentesca, nel solco dell'accademia dell'arte, è ormai svanita, già molti anni prima che la rete di Internet ne decretasse definitivamente la fine.

Va incluso tra i grandi meriti di Katharina Sieverding l'essere stata amica, allieva principe e accolita spirituale di Joseph Beuys, con cui ha studiato nel 1969 e del quale però non ha passivamente assorbito il vocabolario formale. Uno dei maggiori errori nella valutazione della storia dell'arte contemporanea è la sovra-interpretazione simbolica dei materiali artistici. Beuys ha sviluppato un lessico materico molto denso, che è stato erroneamente ricondotto alla sua personale biografia, mentre va piuttosto considerato come un risultato del suo confrontarsi con avanguardie artistiche internazionali quali quelle rappresentate da Robert Morris o George Brecht. L'uso altamente creativo che Beuys fa dei suoi stessi dati biografici e le date fittizie che egli attribuisce alle sue vasche da bagno di zinco o ai suoi elefanti impagliati hanno messo in scacco il giudizio di intere schiere di artisti e di storici dell'arte.

L'opera della Sieverding mostra chiaramente l'influenza indiretta di Beuys e della sua scuola di Düsseldorf; ella ha però saputo trasformare questa esperienza attraverso un mezzo assolutamente personale, vale a dire la fotografia, condividendo tale scelta soltanto con personaggi come Knoebel, Imi Giese, Peter Roehr e pochi altri isolati della tradizione pittorica di Düsseldorf.

I cataloghi artistici tedeschi a partire dagli anni Settanta spesso riportano il nome della Sieverding tra i riferimenti fotografici. L'artista ha, infatti, fotografato l'attivista radicale Peter Dürr nel contesto della sua attività nel Partito Studentesco Tedesco, testimoniando le agitazioni che accompagnarono la temporanea chiusura dell'Accademia d'Arte di Düsseldorf nel 1969. La sua fotografia militante stabilisce un'interessante contrapposizione con gli sfumati e agiografici ritratti di Beuys realizzati dall'amica fotografa Ute Klophaus di Düsseldorf. In un certo senso la Sieverding sembra avere ricollegato il collage fotografico e gli esperimenti tecnici di Robert Rauschenberg o di Nam June Paik, trasponendoli in immagini fotografiche statiche e innestandovi la propria personale forma di protesta contro le strutture accademiche e le autorità governative e militari.

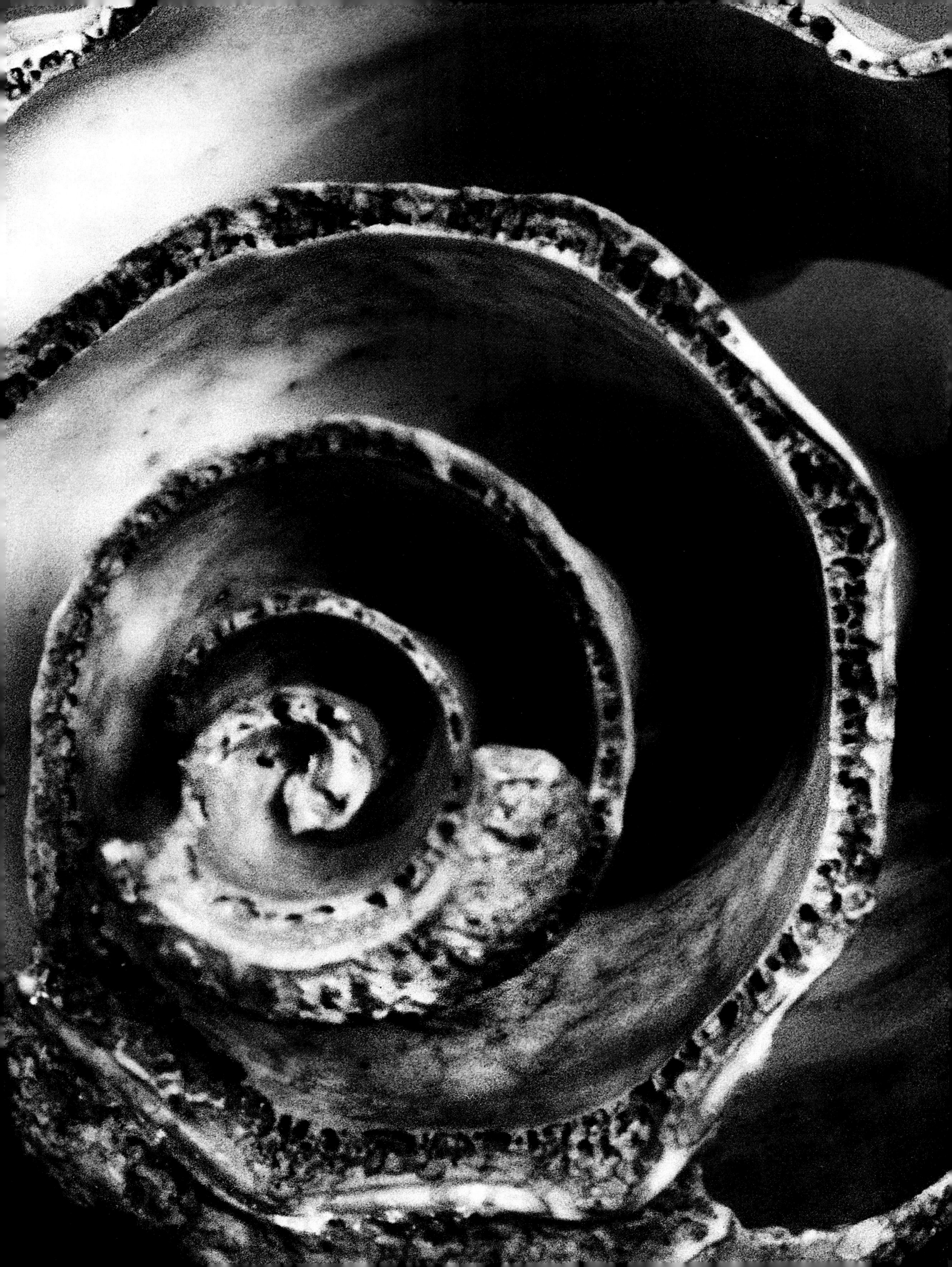

La maggiore influenza esercitata su di lei da Beuys sembra essere stata quella come insegnante, nel suo porre l'enfasi sull'importanza della pedagogia dell'arte (la Sieverding stessa ha intrapreso attivamente l'attività dell'insegnamento in molte accademie, tra cui Amburgo e, attualmente, Berlino). Negli anni Sessanta Düsseldorf e la Renania furono patria di eccellenti insegnanti d'arte. Alla fine degli anni Cinquanta e nei primi Sessanta, la galleria di Jean-Pierre Wilhelm a Düsseldorf ospitò le prime degli eventi musicali di John Cage e di Nam June Paik; con essi ebbe luogo un cambiamento estetico paradigmatico che presto avrebbe trovato articolazione anche nella letteratura. In questi eventi il concetto di paternità artistica e di proprietà creativa dell'autore venivano ribaltati sull'ascoltatore, o sul discepolo, o sul pubblico: in composizioni come *4'33"* di Cage, l'intero ambiente d'ascolto, cioè il rumore di fondo della sala da concerto, compresi i colpi di tosse e il tramestio causato dal movimento involontario delle sedie da parte del pubblico, assurgeva a forma d'arte, per la durata appunto di quattro minuti e trentatré secondi. Molti degli artisti considerati minori dell'Accademia di Düsseldorf, come Karl-Heinz Götz o Gerhard Hoehme, sono stati eccellenti e apprezzati insegnanti, capaci di creare un clima tale da rendere Düsseldorf un centro di educazione artistica indipendente dall'eredità di Joseph Beuys.

La Sieverding usa la fotografia, non il feltro; saccheggia il cinema e la pubblicità, non il cemento e la cenere. Ella rende l'arte eterea, non-preziosa, e quindi totalmente concettuale, piuttosto che proseguire nel solco delle tradizioni della scultura – da Ewald Mataré a Brancusi – che sono invece di così ricco nutrimento a Beuys. Katharina Sieverding sembra avere veramente preso a cuore uno dei lati migliori di Beuys: la sua appassionata difesa del ruolo dell'arte quale elemento di trasformazione sociale e politica. Insieme a pochi altri studenti – quasi nessuno della moltitudine degli alunni di Beuys è infatti sopravvissuto come artista – la Sieverding ha sviluppato la sua personalissima cifra iconografica, un compito di assoluta difficoltà al cospetto di una così carismatica, e spesso totalizzante, personalità quale fu quella del suo maestro.

Da Beuys, la Sieverding ha forse anche assimilato il valore della documentazione come forma d'arte, prassi nella quale Beuys era davvero maestro. La Sieverding può vantare più di venti imponenti cataloghi di mostre, di molti dei quali ha curato l'impostazione grafica, un'attività questa che non è certo secondaria rispetto alle sue opere più monumentali. Forse il suo catalogo migliore è *Großfotos I-X/1975-1977* (Foto di grande formato), edito a Essen/Eindhoven nel 1977. Un altro catalogo di eccellente qualità, per quanto riguarda il design, è quello prodotto dal Museum Ostdeutsche Galerie di Regensburg nel 1993 col titolo *Katharina Sieverding, eine Installation* (Katharina Sieverding, un'installazione). Rilevante è anche la monografia di Rudi Fuchs *Katharina Sieverding: 1963-1997*, pubblicata a Köln dalla Oktagon-Verlag, 1997.

Se dovessimo piegarci a giudicare l'arte secondo un criterio di etnicità, allora Sigmar Polke, Gerhard Richter e Anselm Kiefer sono gli unici al livello della Sieverding sulla scena tedesca. Ma, benché Polke abbia esplorato giocosamente i più intimi recessi della sua mente, ponendo l'evanescenza dei materiali impiegati al servizio della pittura, non è diventato uno degli spiriti-guida della mitologia popolare. Il contrappunto a

Polke, e senz'altro anche a Richter, è certamente l'arte americana, nello specifico la Pop Art ma, curiosamente, gli artisti tedeschi non sono mai assurti a quella popolarità un po' mercificata che fu invece volontariamente perseguita da artisti del rango di Roy Lichtenstein e Claes Oldenburg, fino a Warhol e, successivamente, a Jean-Michel Basquiat o Keith Haring.

L'opera della Sieverding ha sempre opposto una stoica resistenza al divenire un oggetto concreto, secondo il classico programma anti-utilitaristico dell'arte concettuale. La sua funzione è dunque più adeguata a un contesto pubblico e politico. E infatti le sue opere pubbliche sono, almeno nell'opinione di chi scrive, le più intense. Benché saldamente attestata nelle collezioni permanenti di molti prestigiosi musei, l'opera della Sieverding non ha assunto lo status di feticcio, un ruolo che certo l'artista non vorrebbe mai ricoprire. Forse questo è dovuto alla natura fotografica della sua produzione. È doveroso ricordare le prime opere di Richard Prince, di Cindy Sherman, di Louise Lawler, di Laurie Simmons e di Sarah Charlesworth: anche questi artisti hanno inizialmente tentato di resistere al richiamo del mercato; anche Gilbert & George si sono sempre mantenuti con disagio – se non altro dal punto di vista istituzionale – in distaccato equilibrio tra il mezzo pittorico e quello della fotografia. Ma occorre richiamare anche la ricca tradizione di montaggio e di grafica dell'Europa dell'Est, così come le tecniche del collage sperimentate e tramandate dal Cubismo al Costruttivismo, dalla Francia all'Ungheria, alla Polonia, fino alla nativa Cecoslovacchia della Sieverding.

Nella sua opera la Sieverding trasforma le immagini in feticci, rendendone impossibile la mercificazione. In questo processo ricorda quella fase dell'opera di Cindy Sherman, nella quale quest'artista mira ad estraniarsi dai suoi stessi collezionisti e dal suo pubblico con l'uso di immagini sempre più raccapriccianti. La Sieverding, insieme a Martha Rosler, Valie Export, Carolee Schneeman, e Marina Abramović, è stata tra i pionieri nell'uso filmico del corpo femminile, pratica di consolidato appannaggio maschile, attraverso un sapiente gioco che coinvolge il linguaggio della pubblicità e perfino quello della pornografia. Ella ha precorso i mascheramenti di Sherman, le ragazze in motocicletta di Richard Prince e le auto-campagne pubblicitarie di Jeff Koons, ritraendosi come una cowgirl o come una prostituta, come una criminale o come una rivoluzionaria e in centinaia di altre pose, tutte realizzate mediante minime variazioni nella tecnica dell'illuminazione e nel trucco (p. 8).

Il governo federale tedesco ha recentemente lanciato una campagna sulle cartoline postali che recita: "Den Holocaust hat es nie gegeben" (Non c'è mai stato un Olocausto). Si tratta forse di una forma di tetro umorismo per colpire i giovani neo-nazisti. In altre parole gente che prepara rudimentali bombe nelle cantine e che di notte va a dar fuoco agli africani; ma è questo forse il genere di persone che si ferma a osservare delle cartoline artistiche nei bar frequentati dagli studenti? Eppure, dieci anni fa, i ben più crudi cartelloni della Sieverding, come "Deutschland wird deutscher" (La Germania diventa più tedesca) del 1992, hanno tappezzato la Germania intera. Si trattava di un messaggio ben più persuasivo, che poteva essere ripreso e rilanciato (p. 14). Stupisce che il grande talento nei mezzi espressivi visivi della Sieverding sia così sottoutilizzato nel campo delle comunicazioni di massa.

La mostra alla Casa di Goethe a Roma è paradigmatica delle potenzialità dell'arte e della sua intrinseca capacità di costituire un antidoto al terrore. Questo messaggio cruciale discende dal profondo umanesimo che costituisce il nucleo dell'opera della Sieverding. Questa di Roma è per la Sieverding anche una mostra dal sapore interamente nuovo. Infatti, per la prima volta l'artista si misura con manufatti sia scultorei sia culturali, cioè con quelli che potrebbero essere definiti *ready-mades* [dal nome di alcune opere dei dadaisti, *n.d.t.*] storici. Tale sfida in termini di interpretazione, che è stata concepita dai curatori della mostra anche come sfida alla Sieverding stessa, ha consentito di proporre delle attualissime e precise istanze per quanto riguarda le arti visive contemporanee, condotte seguendo il rigoroso e inesorabile asse della storia.

Divisa in quattro parti, la prima sezione della mostra della Sieverding consiste in una stanza occupata dai minerali che Johann Wolfgang Goethe raccolse e collezionò nel corso dei suoi numerosi viaggi. La Sieverding ha forse scelto tali minerali a causa del loro rapporto con la sua personale ricerca sui cristalli, una cifra espressiva che l'artista usa per evocare sia la creazione sia la catastrofe. I cristalli, impiegati con valenza simbolica per tutto il XX secolo da artisti come Paul Klee, Lyonel Feininger, o dagli architetti che componevano il gruppo Glaskette, rimandavano spesso ad un puro, utopico ideale. La Sieverding cita le teorie di Rudolf Steiner, 1861-1925, il filosofo, scienziato e pedagogo austriaco che fu particolarmente attratto dagli scritti di Goethe.

La seconda sezione della mostra raccoglie un gruppo di teschi, compreso un cranio che si ritiene essere quello di Antonie van Dyck, se non addirittura quello di Raffaello. In questa stanza, la Sieverding fa apertamente riferimento sia alle teste dei morti del suo mentore artistico, Andy Warhol, sia alla tradizione storico-artistica del *memento mori*. Si tratta di un'allusione alla nascente teoria della necrologia e dei concetti di razza e classe che si possono collegare a quel genere di studi scientifici che hanno inizio con Johann Caspar Lavater e Charles Le Brun, nella Francia del tardo XVIII secolo, e che proseguono con le grandi teorie scientifiche elaborate da quell'uomo dal multiforme ingegno che fu Goethe, fino alle discriminatorie e, di fatto, razziste teorie sul tipo sviluppate indirettamente da fotografi come August Sander e, in ultima istanza, dagli scienziati della Germania nazista.

Nella terza stanza, la Sieverding ha installato un nucleo di disegni, tutti originali di Goethe. La Sieverding, come altri artisti, fa realizzare le sue opere fotografiche altrove. Qui ci presenta lo scrittore Goethe come autore manuale (Goethe, infatti, divenne anche famoso per le sue brillanti capacità di affidare la registrazione e le annotazioni dei suoi studi biologici a disegnatori professionisti e aiuti vari). Questi disegni racchiudono l'essenza del percorso che, nel Rinascimento, lega Leonardo, Dürer, Raffaello e Michelangelo nel principale oggetto della loro ricerca: l'anatomia, l'espressione del volto, gli scheletri, il vivace mercato delle merci esotiche, come i tulipani o le curiosità da *Wunderkammer*. Ma i disegni di Goethe che la Sieverding ha scelto sono anche rappresentativi di determinate categorie: la vita organica, il rapporto tra uomo e animale e piante, argomenti che emergono anche dalle teorie di Steiner e di Beuys, e che divengono così importanti per la Sieverding.

Nell'ultima sala della mostra alla Casa di Goethe, Katharina Sieverding riallaccia il flusso temporale tra passato e presente, tra Goethe e se stessa, tra se stessa e il contesto di un'artista al crinale di due secoli. In questa sede la Sieverding propone un'installazione video che tratta, sia da un punto di vista tecnico sia sotto il profilo del contenuto, il tema della metamorfosi. È questo, per la Sieverding, il tema cruciale che collega l'eredità di Goethe con i nostri giorni. Goethe, come è noto, fu in prima linea nella ricerca volta a stabilire le intercorrelazioni che si attuano, in particolare, nei processi biologici.

La Sieverding ci mostra un volto della sua produzione che ha intima origine nella sua ricerca condotta a Weimar, presso la Stiftung Weimarer Klassik. Proiettata da un fascio di luce, l'immagine statica viene manipolata in modo da assumere una sua dinamica propria, quasi cinematografica, nel senso indicato da Boccioni, o da Duchamp nel suo *Nudo che scende le scale*. Tale immagine è estremamente alterata, ma possiamo ancora riconoscerne l'essenza; tuttavia la sua manipolazione ha lo stesso valore della sua stessa definizione. Ci si potrà chiedere cosa questo abbia a che vedere con la dura realtà di questi tempi sinistri; forse tutto questo si collega con l'antrace e i virus geneticamente modificati, con i nostri corpi manipolati dalla cosmesi, con le nostre vite prolungate artificialmente dalla medicina. Viene da pensare al nesso fluido che intercorre tra il buono e il cattivo, alle piccole alterazioni genetiche o psicologiche che segnano il confine tra il bene e il male.

L'arte è niente e allo stesso tempo è tutto quello che noi umani possediamo. È il flebile strofinio della matita sulla carta, il misero ronzio del proiettore, la capricciosa fantasia di qualche genio folle nel suo tentare di dare concretezza a un'idea. Il fare artistico potrà a molti apparire marginale, ad altri un semplice divertimento. Ma non è così. Sia che esso venga espresso in poesia, in letteratura, in musica o nelle arti visive, sia che prenda le vesti della pura matematica o della biofisica, il pensiero artistico è vita reale, più concreta e presente della carne e del sangue. Come le rovine del Foro Romano, l'arte appare a volte come un frammento insignificante, ma, a coloro che vogliano vedere, diviene l'unica chiave per dischiudere il senso del nostro tempo. Le arti visive sono il volto stesso del tempo. Quando l'arte si realizza senza intenti di profitto o speculazione, senza implicazioni commerciali, senza riguardo per le mode e le tendenze del momento, allora essa è pura e nobile.

Prestiamo ascolto a ciò che ci dice la fulgida opera di Katharina Sieverding, poiché ella sa rivelarci molte cose di quest'epoca buia nella quale viviamo.

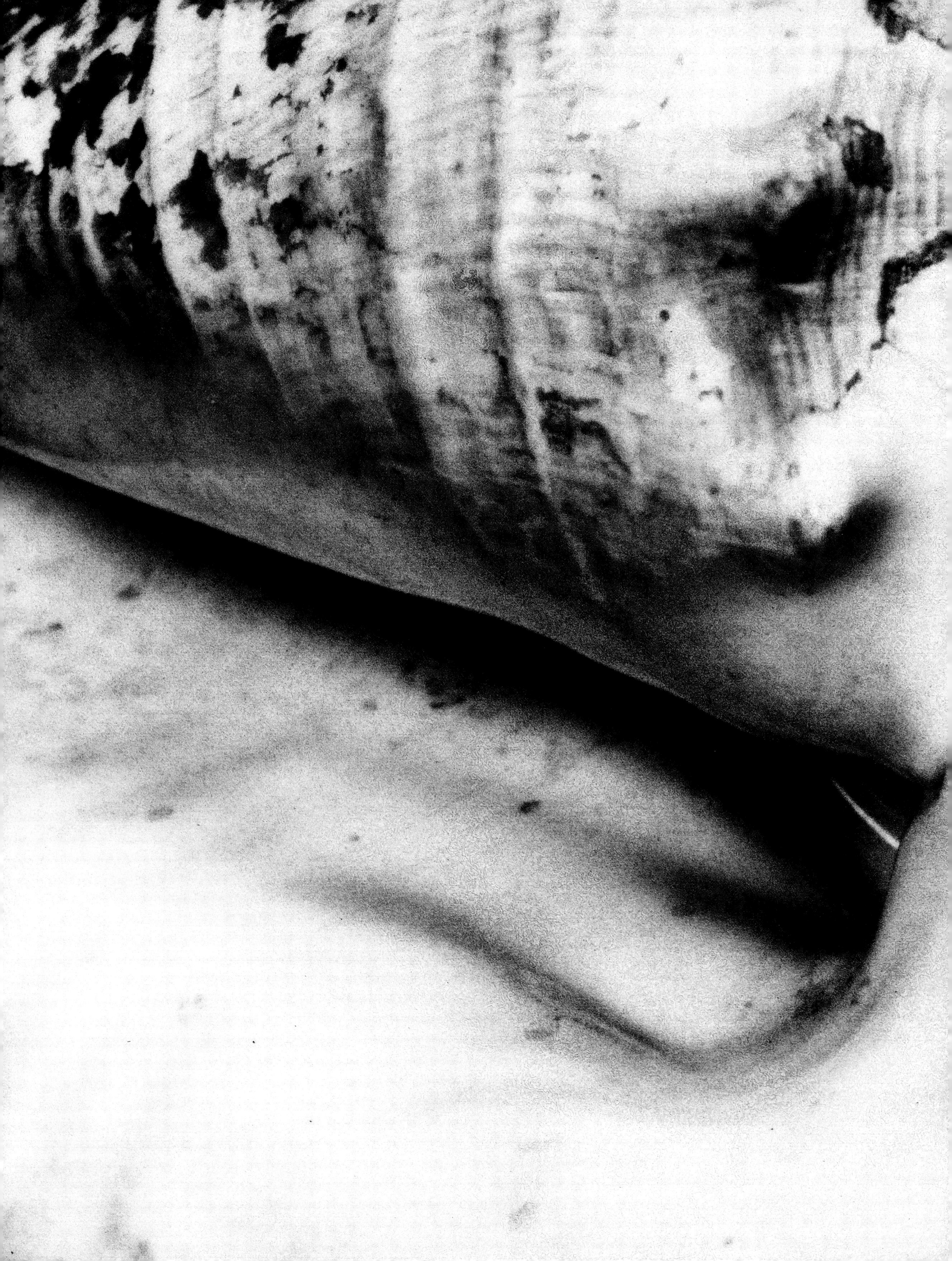

BOMBIG

Cornelia Lauf

Schon seit über achtzig Jahren gibt es in der Kunst Prophezeiungen, wie der Krieg des 21. Jahrhunderts aussehen würde. Immer sind es Bilder der Verwüstung: Hi-tech-Guerrilla-Aktionen, Durchdringung des gesamten Alltagslebens normaler Bürger und Selbstzerstörung. Als erste künstlerische Bewegung hat sich Dada die Dekonstruktion als Kunstgriff zu Eigen gemacht. Nach dem Zweiten Weltkrieg hat sich diese Entwicklung beschleunigt. Der Kunst nicht anzumerken, dass sie Kunst ist: Zu Beginn der sechziger Jahre schien das beinahe fester Bestandteil des Kunstbegriffs. 1962 beispielsweise komponierte Philip Corner ein Werk, in dem ein Klavier – Symbol der Musikkultur – zertrümmert wurde. In seiner Partitur für die "Piano Activities" heißt es: "In den aktiven wie in den inaktiven Phasen des Spiels Beherrschung und Übermaß zeigen. Konstant sein – Beschränkungen übertreiben. Häufig variieren. Fortwährend bis zum Äußersten überraschend sein. Auch gemäßigt sein. Die anderen berücksichtigen, ignorieren oder in Beziehung zu ihnen agieren. Ihre Aktionen steigern und zerstören oder transformieren".

Wenn sich Politiker mit Kunst befassen würden, hätten sie möglicherweise eine Erklärung für das Verhalten, das nun den Schauplatz der Kultur verlassen hat und zu einer gesellschaftlichen und politischen Grausamkeit geworden ist. Der Komponist Karl-Heinz Stockhausen hat vor kurzem die Zerstörung des World Trade Center als "das größte Kunstwerk, das es je gegeben hat" bezeichnet. Vom erbärmlichen Pathos dieser Äußerung einmal abgesehen ist es interessant, wie häufig dieser Ausspruch in den Medien abgedruckt wurde. Das Verhältnis zwischen Kunst und Terror war immer ein Rhythmus aus Vorstellungen und Handlungen.

In den sechziger Jahren brachten Bewegungen wie Situationismus, Pop Art und Fluxus kontrolliertes Chaos auf die Straße. Die Installationen von Wolf Vostell sind lebensechte Szenen der Zerstörung, angefangen 1958 mit Aktionen wie "Das Theater ist auf der Straße". Viele Kunstbewegungen wurden streng politisch. Fluxus, angeführt von dem litauischen Künstler George Maciunas, hat das politische Programm des Konstruktivismus wieder zu beleben versucht. Der deutsche Künstler Klaus Staeck hat die Kunst zugunsten seiner politischen Aktivitäten völlig aufgegeben. Künstler bildeten Gruppen und arbeiteten mit politischen Parteien zusammen; scheinbar waren sie eine bloße Randerscheinung an der Basis, tatsächlich jedoch hatten sie entscheidenden Einfluss. In ihrer Struktur und ihrem Ansatz nahm die Avantgarde der Nachkriegszeit die zelluläre Organisation jener Außenseiter vorweg, die von der westlichen Welt heute am meisten gefürchtet werden: Computerhacker und Flugzeugentführer.

Aus der Musik, der am wenigsten greifbaren Kunst, kamen oft die radikalsten Beschlüsse zur weiteren Vorgehensweise. Corner, Dick Higgins, George Brecht, LaMonte Young, John Cage und Nam June Paik schufen als Erste getippte Partituren als Kompositionsform. Kunstwerke und Musikpartituren hatten Ähnlichkeit mit Gebrauchsanweisungen und Kodesprachen. Diese trockenen Formulierungen wiederum wurden von zahlreichen Künstlern, darunter Douglas Huebler, Art & Language, Sol Le Witt und Gordon Matta-Clark, als künstlerisches Endprodukt verstanden. Neue Medien hielten wie ein trojanisches Pferd Einzug in die Kunst: Zeitungen, Plakatwände, Video, Fernsehen und Radio – alles von zeitgenössischen Künstlern noch immer effizient angewandte Techniken.

Dennoch scheint die Kunst in diesen Tagen im Weltgeschehen überhaupt nicht gegenwärtig. Sie spielt als Massenmedium offenbar keine Rolle. Stattdessen müssen wir uns auf die patriotischen Grafiken und das Wortgeklingel der Studiomoderatoren von CNN verlassen, die der Katastrophe und der Welt in Angst ein offizielles Gesicht verleihen. In Politik und Medien herrscht akuter Mangel an adäquatem Bildvokabular; hingegen gibt es viele Künstler, welche die Komplexität der gegenwärtigen Ereignisse darstellen würden, ohne auf das platt Dokumentarische der Fotografie oder auf endloses Geschwafel zurückzugreifen. Zu diesen Künstlern gehört auch die deutsche Künstlerin Katharina Sieverding.

Sieverdings Ausstellung in der Casa di Goethe in Rom zeigt, dass Kunst von Gegebenheiten sprechen kann, ohne illustrativ zu sein und ohne sich zu kompromittieren. Es trifft sich gut, dass Sieverding gerade jetzt nach Rom zurückkehrt. Hier hatte sie 1972 ihre erste Einzelausstellung, und es ist Zeit, dass sie erneut das Wort an diese Stadt richtet, die nach wie vor als Wiege Europas angesehen wird. Fast dreißig Jahre lang hat Sieverding nun einfühlsam ein Gleichgewicht zwischen Agitprop und Politik hergestellt, oft in Zusammenarbeit mit ihrem Mann, dem bekannten Filmemacher Klaus Mettig. Sie ist eine Riesin der Kunstszene.

Vielleicht liegt das an ihrer magnetischen Ausstrahlung. Sie ist eine große, stattliche Erscheinung, kräftig wie eine Wikingerin, das lange, fuchsrote Haar zu einem strengen Pferdeschwanz gebunden. Ihre Augenbrauen, ihr Make-up und die grell geschminkten Lippen haben mich stets an Schauspieler des Kabuki-Theaters oder an die Heldinnen Fassbinders erinnert. Ihr Gesicht ist faszinierend wie das von Hanna Schygulla oder Ute Lemper.

Die bekanntesten Werke der Katharina Sieverding sind ihre überdimensionalen Fotografien, die biologische Prozesse oder politische Ereignisse thematisieren oder ihre Selbstporträts verfremden. Als Pionierin der Film- und Videokunst im Großbildformat hat sie Generationen von Nachfolgern hervorgebracht, die jedoch die magische Kraft ihrer dunklen Gemächer mit dem pulsierenden bunten Licht oft lediglich nachgeäfft haben. Nur wenige Künstler haben so wohl durchdacht, so frühzeitig und so beharrlich Themen wie Völkermord, Genforschung, Schönheit und Selbstmetamorphosen bearbeitet. Neben den Selbstporträts der Katharina Sieverding, den Wandlungen ihres Gesichts, wirken die heutigen "gender bender"-Künstler, die mit der Auflösung der Geschlechtergrenzen spielen, wie ein alter Hut.

Als Frau steht Sieverding in voller Blüte: Sie ist eine begeisterte Mutter und eine ausgezeichnete Lehrerin.

Und sie ist auf dem Höhepunkt ihrer künstlerischen Laufbahn. Wenn man die deutsche Kunstszene betrachtet, von Georg Baselitz bis zu Jörg Immendorf, Markus Lüpertz, A. R. Penck und anderen, wird deutlich, dass Sieverding eine Ausnahmegestalt ist, die ihresgleichen sucht.

Vor kurzem wurde in der Bundesrepublik Deutschland der "Ethikrat" gegründet. Doch Künstler wie Katharina Sieverding, deren visueller Kommentar zu Klonen und Genmanipulation allen philosophischen Untersuchungen der Thematik vorausgeht, sind aus diesem Kreis von Geistlichen, Politikern und Experten ausgeschlossen. Dabei ist Katharina Sieverding eine Künstlerin, die das Zeitgeschehen umsetzt! Selbst Anselm Kiefer hat die Grenze zwischen Kitsch und Tragödie nicht immer so genau gezogen wie Sieverding; deren epische Aphorismen und Marlboro-Himmel wiegen viel schwerer als Kiefers opernhafte Gemälde. Neben ihrer *Adaption zu XI/1978*, dem Negativ einer Fotografie mit dem Spruchband *Schlachtfeld Deutschland* als Überschrift, wirken Tibor Kalmans Gestaltungen der Plattencover für die damals punkigen Talking Heads regelrecht brav.

Die Deutschen suchen landauf, landab nach einem Mahnmal für den Holocaust, nach einem Werk, das ihr eigenes Leiden vor 1989 dokumentiert. Die größten Heiligtümer aber – Stacheldraht und Berliner Mauer – wurden fröhlich abgerissen, während zugleich weltweit Wettbewerbe ausgeschrieben wurden, um öffentliche Plätze mit Symbolen des Überlebens in Stein und Stahl zu gestalten. Stellen Sie sich vor, die Ruinen Roms würden niedergewalzt! In Deutschland wird die Vergangenheit eiligst ausradiert, und dann kratzen sich alle möglichen Dichter und Künstler hinterm Ohr, malen auf dem Kopf stehende Adler oder gießen die Namen von Opfern in unterirdische Stelen, schwächere Ausgaben von Chris Burden und Maya Lin. Ein Monument ist grundsätzlich nicht leicht auszulöschen, nicht einmal durch Bombardement.

Ein grundlegendes Problem ist die Annahme, dass man auch heute eine nationale Kunstgeschichte schreiben kann. Das ist aber vollkommen unmöglich. Trotz der löblichen Versuche ganzer Legionen von Historikern, von Norman Rosenthal, Robert Rosenblum, Christos Joachimides und Donald Kuspit bis hin zu Martin Damus, ist und bleibt die zeitgenössische Kunst ein internationales Phänomen. Es ist angemessen, Andy Warhol, Victor Burgin, Jack Smith, Heinz Mack und Arnulf Rainer in einem Atemzug mit Katharina Sieverding zu nennen. Es ist sinnvoll, Sieverdings Werk in Beziehung zur Konzeptkunst zu setzen, und in Beziehung zu dem Interesse, das Metro Pictures und Richard Prince/Cindy Sherman vorausgeht: dem Interesse an der Frage, inwieweit Fotografien von Nicht-Fotografen Kunst sind.

Nam June Paik muss für Sieverding eine zentrale Rolle gespielt haben. Seine Videos, in Deutschland erstmals 1963 zu sehen, und seine Aussagen ("Ich mache die Technik lächerlich ... Ich mag so genannte Antitechnik-Techniken") haben heute etwas Orakelhaftes. Der gebürtige Koreaner studierte Ende der fünfziger Jahre in Freiburg Musik und entwickelte seine Verschmelzung verschiedener Disziplinen im "Hexenkessel Rheinland", aus dem auch Sieverding hervorgegangen ist. Ein weiterer Vorläufer Sieverdings, Wolf Vostell, versuchte, die Kunst von Metaphern zu befreien und sie unmittelbarer zu machen, indem er mit

Materialien wie Turbinen von Düsenjets oder Stacheldraht arbeitete. Auch der Wiener Künstler Arnulf Rainer und seine Grimassenfotos von 1968-69 mögen Sieverding beeinflusst haben; ihre eigentlichen Künstlerkollegen jedoch waren Gerry Schum, Rebecca Horn und Franz Erhard Walther.

Wie alle zeitgenössischen Künstler bezieht Katharina Sieverding ihre Inspiration aus einer internationalen Künstlerriege, zu der Man Ray, Robert Rauschenberg und viele andere zählen. Katharina Sieverding kann nicht durch Werke ihrer "Schulkameraden" – Imi Knoebel, Imi Giese, Blinky Palermo, Martin Kippenberger oder irgendeinen anderen Ikarus der deutschen modernen Kunst – interpretiert werden (S. 12-13). Diese Künstlerin versteht man am ehesten bei einer nicht-nationalistischen Annäherung. Die herkömmliche Vorstellung vom Einfluss der Schule und des Ortes, der im 18. Jahrhundert propagierte einheitliche Stil der Kunstakademie, sind verschwunden, und zwar Jahre bevor das Internet ihr Ende endgültig besiegelt hat.

Es ist Katharina Sieverding hoch anzurechnen, dass sie sowohl Freundin als auch, 1969, Meisterschülerin von Joseph Beuys und wie dieser ein geistiger Flüchtling war, dessen Formenvokabular jedoch nicht übernommen hat. Den künstlerischen Materialien wird zu große symbolische Bedeutung beigemessen; das ist einer der größten Irrtümer der modernen Kunstgeschichte. Beuys entwickelte ein mit Bedeutung aufgeladenes Vokabular von Materialien, das man irrtümlich mit seiner persönlichen Biografie erklärt hat. Dabei war es Ergebnis seiner Auseinandersetzung mit einer internationalen Künstleravantgarde, darunter Robert Morris und George Brecht. Beuys' äußerst kreativer Umgang mit der eigenen Biografie und die fiktiven Daten, die er auf Zinkbadewannen oder ausgestopften Elefanten angebracht hat, haben Legionen von Kunsthistorikern und Künstlern an der Nase herumgeführt.

Sieverdings Werk weist deutliche Einflüsse von Beuys und dessen Düsseldorfer Meisterklasse auf. Doch entstanden Sieverdings Übungen schon damals im eigenen Medium, der Fotografie. Dieses Medium nutzten außer ihr nur Imi Knoebel, Imi Giese, Peter Roehr und ein paar weitere Einzelgänger; in Düsseldorf lag der Schwerpunkt auf der Malerei.

In deutschen Kunstkatalogen der siebziger Jahre taucht unter den Fotonachweisen häufig der Name Katharina Sieverding auf. Die Künstlerin fotografiert den radikalen Aktivisten Peter Dürr, Aktionen der Deutschen Studentenpartei und den Wirbel um die vorübergehende Schließung der Düsseldorfer Kunstakademie 1969. Ihre aktivistische Fotografie bildet einen interessanten Kontrast zu den verschwommenen, hagiografischen Beuys-Porträts ihrer Düsseldorfer Fotografenkollegin Ute Klophaus. In mancher Hinsicht scheint Sieverding die Fotocollagen und technischen Experimente Robert Rauschenbergs oder Nam June Paiks kombiniert und in statische fotografische Bilder umgesetzt zu haben, angereichert mit dem ihr eigenen Protest gegen die Herrschaft von Regierung, Militär und akademischen Strukturen.

Den größten Einfluss auf Sieverding hatte wohl die enorme Bedeutung, die Beuys der Kunstpädagogik beimaß. (Sieverding hat selbst an mehreren Akademien unterrichtet, darunter Hamburg und derzeitig

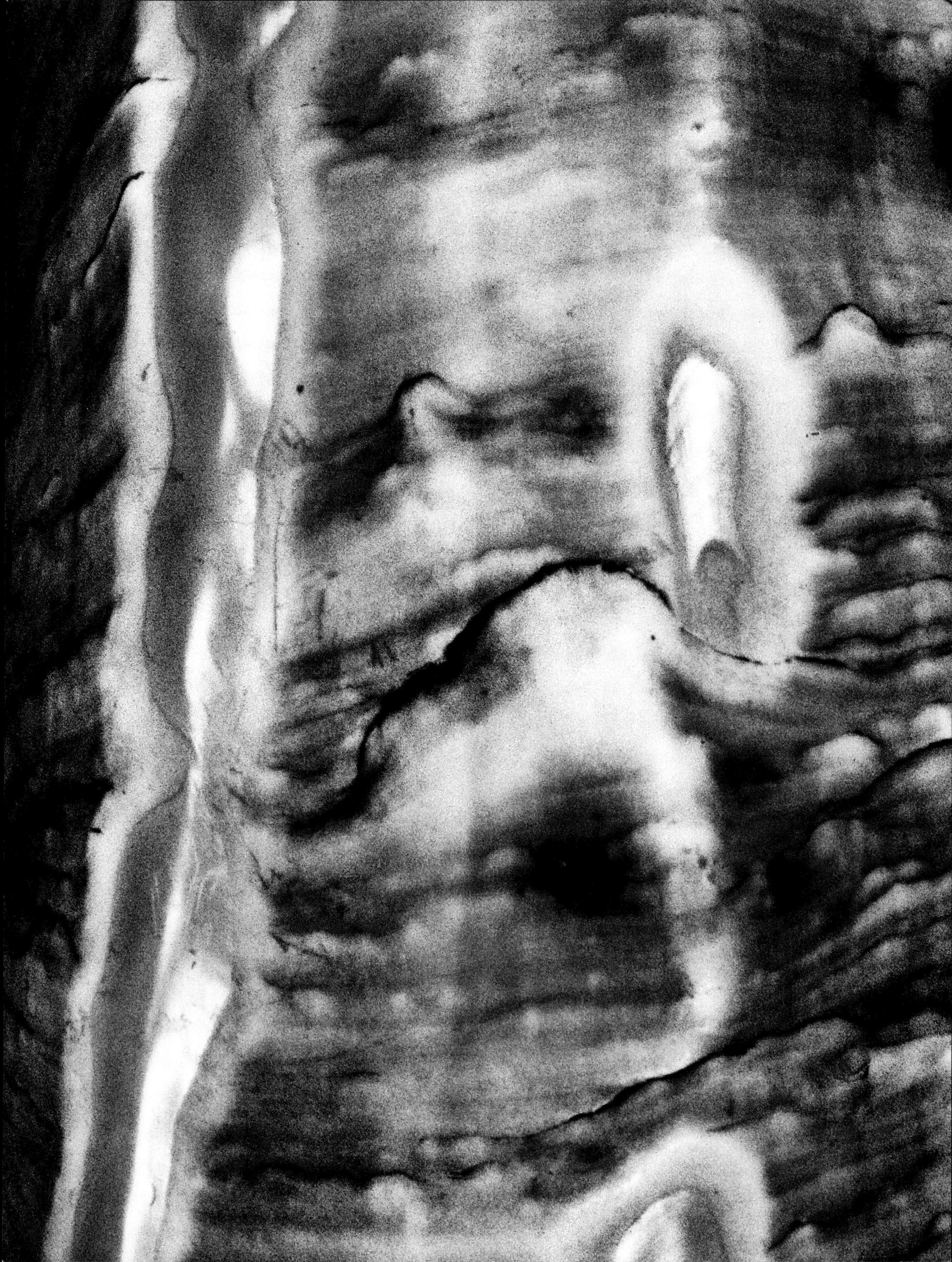

Berlin). In Düsseldorf und im Rheinland gab es in den sechziger Jahren gute Kunstlehrer zuhauf. Ende der fünfziger und Anfang der sechziger Jahre richtete die Düsseldorfer Galerie von Jean-Pierre Wilhelm Premieren musikalischer Performances von Cage und Nam June Paik aus. Ein Paradigmenwechsel hatte stattgefunden, der bald auch in der Literatur zum Ausdruck kommen sollte: Verantwortung und Autorschaft wurden auf Zuhörer/Schüler/Publikum übertragen. Mit Stücken wie *4'33"* von Cage wurde die gesamte Geräuschkulisse, einschließlich Husten, Rascheln und Sichzurechtsetzen, für eine Minute und dreiunddreißig Sekunden zu Kunst. Außerdem waren an der Düsseldorfer Akademie weniger bekannte Künstler wie Karl-Heinz Götz oder Gerhard Hoehme hervorragende und beliebte Lehrer. So entstand ein bestimmtes Klima, und Düsseldorf wurde auch unabhängig vom Vermächtnis eines Joseph Beuys zu einem Zentrum der künstlerischen Ausbildung.

Katharina Sieverding arbeitet nicht mit Filz, sondern mit Fotografien. Sie ergründet nicht Zement und Asche, sondern Kino und Werbung. Unter ihren Händen wird Kunst ätherisch und unpreziös – und damit wahrhaft konzeptuell. Hier endet die Tradition der Bildhauerkunst eines Ewald Mataré und Brancusi, die noch Beuys so reiche Nahrung geliefert hatte. Katharina Sieverding hat sich das Herausragendste an Beuys zu Herzen genommen: seine leidenschaftliche Verteidigung der Kunst als soziale und politische Kraft. Sieverding und nur wenige andere Schüler – von den Horden, die Beuys unterrichtet hat, hat kaum jemand in der Kunstszene überlebt – entwickelten ihre ganz eigene Ikonografie, was angesichts des charismatischen und oft imperialistischen Lehrers keine leichte Aufgabe war.

Vielleicht hat Sieverding von Beuys auch gelernt, wie wichtig die Dokumentation als Kunstform ist, denn darin war Beuys ein wahrer Meister. Sieverding hat mindestens zwei Dutzend beeindruckende Ausstellungskataloge produziert. Oft hat sie deren Design mitgestaltet. Diese Kataloge sind keineswegs geringer zu bewerten als ihre monumentaleren Arbeiten. Ihr vielleicht bester Katalog ist *Großfotos I-X/1975-1977*, Essen-Eindhoven, 1977. Ein weiterer, was das Design angeht, hervorragender Katalog wurde 1993 vom Museum Ostdeutsche Galerie, Regensburg, herausgegeben (*Katharina Sieverding, eine Installation*). Faszinierend ist auch *Katharina Sieverding: 1963-1997* von Rudi Fuchs, erschienen im Oktagon-Verlag in Köln, 1997.

Wenn wir wie die Mehrheit Kunst einmal nach der ethnischen Herkunft beurteilen, so sind in der deutschen Kunstszene Sigmar Polke, Gerhard Richter und Anselm Kiefer als Einzige Katharina Sieverding ebenbürtig. Doch Polke lotet vergnügt die Grenzen des eigenen Geistes aus, erforscht die Vergänglichkeit jedes im Dienste der Malerei verwendeten Materials und ist nicht zum Fantasieprodukt populärer Mythen geworden. Der Kontrapunkt zu Polke, und sicherlich auch zu Richter, war zweifellos die amerikanische Kunst, insbesondere die Pop Art. Doch seltsamerweise wurden die deutschen Künstler nie auf die Art und Weise vermarktet, die Künstler wie Roy Lichtenstein und Claes Oldenburg bis hin zu Warhol und später Jean-Michel Basquiat oder Keith Haring so gezielt anstrebten.

Das Werk von Katharina Sieverding hat sich, getreu dem Anti-Vermarktungs-Programm der Konzeptkunst, standhaft geweigert, zum Objekt zu werden. Um zu "funktionieren" gehört dieses Werk an einen öffentlichen und politischen Schauplatz. Und Sieverdings öffentliche Kunstwerke sind meiner Ansicht nach ihre stärksten. Ihre Arbeiten gehören zwar zur ständigen Sammlung renommierter Museen, müssen aber den Status des Fetisch erst noch erreichen. Einen solchen Status aber wollte Sieverding vielleicht nie haben. Möglicherweise, weil ihre Werke fotografischer Natur sind. Erinnern wir uns an das Frühwerk von Richard Prince, Cindy Sherman, Louise Lawler, Laurie Simmons und Sarah Charlesworth: Auch diese Arbeiten waren nicht zu vermarkten, nicht konsumierbar. Besinnen wir uns auch auf die reiche Tradition von Montage und Grafik-Design in Osteuropa, von Collage-Techniken im Übergang vom Kubismus zum Konstruktivismus, die von Frankreich nach Ungarn, Polen und in Sieverdings Heimat, die Tschechoslowakei, kamen.

Katharina Sieverding spricht vom Bild als Fetisch innerhalb ihres Werks, das Vermarktung nahezu unmöglich mache. Das erinnert mich an die Phase, in der Cindy Sherman versucht hat, Sammler und Betrachter durch immer grauenhaftere Bilder abzuschrecken. In ihrem Spiel mit der Sprache der Werbung und sogar Pornografie war Sieverding, zusammen mit Martha Rosler, Valie Export, Carolee Schneemann und Marina Abramović, Vorreiterin in der modernen filmischen Arbeit mit dem weiblichen Körper, die lange männliches Terrain war. Sie nahm Shermans Selbstverkleidungen vorweg, die Motorradbräute eines Richard Prince und Werbekampagnen eines Jeff Koons. Sie fotografierte sich als Cowgirl, Prostituierte, Kriminelle und Revoluzzerin. Sie nahm hundert Gestalten an, die sie sämtlich durch minimale Veränderungen von Beleuchtung und Make-up schuf (S. 8).

Vor kurzem hat die deutsche Bundesregierung eine Postkartenkampagne gestartet: *Den Holocaust hat es nie gegeben*. Das sollte wahrscheinlich schwarzer Humor sein, mit dem Ziel, junge Neonazis zu schockieren. Solche, die im Keller Rohrbomben basteln und nachts Afrikaner abfackeln. Aber schauen die sich in Studentenlokalen geschmäcklerische Postkarten an? Vor zehn Jahren waren in ganz Deutschland Plakatwände mit Sieverdings viel aussagekräftigerem *Deutschland wird deutscher*, 1992, plakatiert. Diese Arbeit ist weit überzeugender und hätte leicht neu produziert oder wieder veröffentlicht werden können (S. 14). Es ist seltsam, dass Sieverdings großes visuelles Talent im Bereich der Massenmedien so unzureichend genutzt wird.

Die Ausstellung von Katharina Sieverding in der Casa di Goethe in Rom ist ein starkes Symbol für die Möglichkeiten der Kunst als Gegengift zum Terror. Die zentrale Aussage dieser Ausstellung entspringt dem tiefen Humanismus, der Sieverdings Werk zugrunde liegt. Die Ausstellung ist insofern ein Novum, als die Künstlerin erstmals mit plastischen und kulturellen Artefakten arbeitet, die man auch als historische Ready-mades bezeichnen könnte. Diese interpretatorische Herausforderung haben die Kuratoren als solche für die Künstlerin entwickelt. Und sie veranschaulicht anhand der faszinierenden Geschichts-Achse zeitgenössische Themen.

Die Ausstellung besteht aus vier Bereichen. Den ersten bildet ein Raum voller Mineralien, die Johann Wolfgang von Goethe während seiner Reisen gesammelt hat. Vielleicht hat Sieverding diese Mineralien ausgewählt, weil sie einen Bezug zu ihren eigenen Forschungen über Kristalle haben; jedenfalls evoziert sie sowohl Schöpfung als auch Katastrophe. Kristalle wurden im Laufe des 20. Jahrhunderts von Künstlern wie Paul Klee, Lyonel Feininger oder den Architekten der Gläsernen Kette immer wieder als Symbole verwendet und häufig als reines, utopisches Ideal bezeichnet. Darüber hinaus zitiert Sieverding die Lehren Rudolf Steiners, 1861-1925, des österreichischen Philosophen, Wissenschaftlers und Erziehers, der Goethes Schriften höchste Bedeutung beigemessen hat.

Eine Gruppe von Totenköpfen bildet den zweiten Teil der Ausstellung; einer dieser Schädel ist angeblich der von Anthonis van Dyck oder sogar von Raffael. Sieverding bezieht sich eindeutig auf die Totenköpfe ihres künstlerischen Mentors Andy Warhol und auf die kunsthistorische Tradition des *Memento mori*. Sie spielt ferner auf die aufkommende Theorie von der Nekrologie sowie auf die Begriffe von Rasse und Klasse an. Diese Begriffe wurden in der Vergangenheit zunehmend zum Gegenstand wissenschaftlicher Untersuchungen, angefangen mit den Studien von Johann Caspar Lavater und Charles Le Brun im späten 18. Jahrhundert über die genialen wissenschaftlichen Schriften des Multitalents Goethe bis hin zur diskriminierenden, letztlich rassistischen Theorie der verschiedenen Rassentypen, die Wissenschaftler im nationalsozialistischen Deutschland entwickelt haben. Indirekt haben Fotografen wie August Sander zu dieser Theorie beigetragen.

Im dritten Raum präsentiert Katharina Sieverding eine Reihe von Originalzeichnungen Goethes. Sieverding, die wie viele Künstler ihre Fotografien nicht selbst entwickelt, zeigt Goethe hier in ironischer Umkehrung als Handarbeiter. (Goethe war nicht zuletzt für sein außerordentliches Geschick berühmt, die Aufzeichnungen und Anmerkungen zu seinen biologischen Untersuchungen an Zeichner und Untergebene zu delegieren). Diese Zeichnungen spiegeln die großen Themen der Renaissance-Künstler – Leonardo da Vinci, Dürer, Raffael, Michelangelo – wider: Anatomie, Mimik, Skelette, der Aufschwung des Handels mit exotischen Waren wie Tulpen oder Wunderkammer-Kuriositäten. Die von Sieverding ausgewählten Zeichnungen repräsentieren verschiedene Kategorien, die in den Theorien von Steiner und Beuys wieder auftauchen und für Sieverding von großer Bedeutung sind: die belebte Natur und das Verhältnis Mensch-Tier-Pflanze.

Im letzten Raum der Ausstellung fasst Katharina Sieverding den Fluss zwischen Vergangenheit und Gegenwart, zwischen Goethe und ihrem eigenen Selbst, zwischen sich und ihrem Kontext als Künstlerin an einer Jahrhundertwende zusammen. Dafür hat sie eine Videoinstallation vorgeschlagen, die sowohl technisch als auch inhaltlich die Metamorphose thematisiert; für Sieverding das entscheidende Bindeglied zwischen Goethes Erbe und unserer heutigen Zeit. Goethe etablierte bekanntlich als einer der Ersten die Forschung zu den wechselseitigen Beziehungen zwischen verschiedenen, vor allem biologischen, Prozessen.

Sieverding wählt hierfür ein Bild aus ihren Recherchen bei der Stiftung Weimarer Klassik in Weimar. Das statische Bild wird durch einen Beamer an die Wand projiziert und so verändert, dass es beinahe filmisch erscheint; es erinnert an Boccioni oder an Duchamps *Nu descendant un escalier* (Akt, eine Treppe hinabsteigend). Es wird verfremdet, so dass wir es zwar noch erkennen, die Manipulation jedoch ebenso wichtig wird wie das ursprüngliche Bild. Und was wird dadurch in diesen düsteren Zeiten heraufbeschworen? Milzbrand und genetisch veränderte Viren, kosmetische Manipulationen an Körpern und medizinisch verlängerte Leben. Darüber hinaus denken wir an die fließenden Übergänge zwischen Gutem und Schlechtem, an die kleinen genetischen oder psychologischen Veränderungen, die die Grenze zwischen Gut und Böse markieren.

Die Kunst ist nichts, und doch ist sie alles, was wir Menschen wirklich besitzen. Sie ist das schwache Kratzen von Bleistiften auf Papier, das armselige Knacken des Filmprojektors, der Spleen eines verrückten Genies, der seine Ideen Wirklichkeit werden lassen will. Die Arbeit der Künstler ist für viele Menschen nebensächlich, für die meisten nichts als Unterhaltung. Das ist sie jedoch nicht. Ob in Lyrik, Prosa, Musik oder bildender Kunst, ob in reiner Mathematik oder Biophysik, die Spekulationen der Künstler sind das Leben selbst, realer und dauerhafter als Fleisch und Blut. Wie die Trümmer des Forum Romanum, so ist auch die Kunst ein bedeutungsloses Bruchstück, und doch zugleich – für jeden, der sehen will – der einzige Schlüssel zur heutigen Zeit. Die bildende Kunst ist das Gesicht der Zeit. Wenn Kunst ohne Hintergedanken an materiellen Profit gemacht wird, ohne kommerzielle Interessen, ohne Rücksicht auf Mode und Stil, dann ist sie rein und gut.

Das glanzvolle Werk der Katharina Sieverding sollte nicht unbeachtet bleiben, denn sie lehrt uns vieles über die dunklen Zeiten, in denen wir leben.

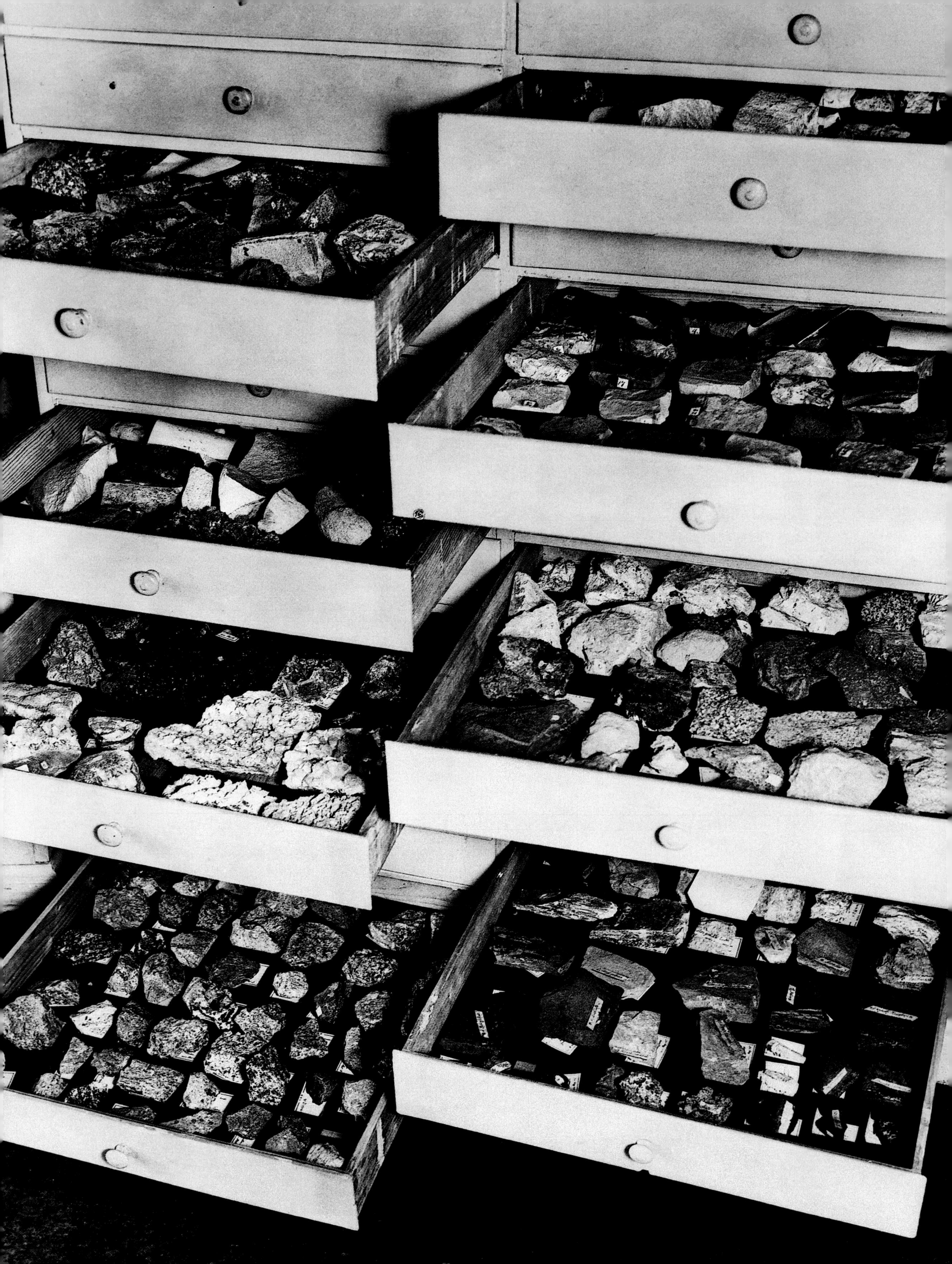

BOMBSHELL

Cornelia Lauf

Art has been predicting the face of twenty-first-century war for more than eighty years. It is an image of devastation: hi-tech guerrilla activity, the penetration of everyday civilian life, self-destruction. Deconstruction was first employed as an artistic device by the Dada movement. Things speeded up after the Second World War and, by the early 1960s, it almost seemed that art, in order to define, had to be disassembled, often by violent means. In 1962, for example, Philip Corner composed a work in which a symbol of musical culture—the piano—was smashed. His score for *Piano Activities* reads as follows: "Show restraint and extremity in both active and inactive aspects of your participation. Be constant–exaggerate limitations. Make diverse changes. Continue surprises at their limit. Be moderate as well. Regard others, ignore or relate to them. Enhance and destroy or transform their actions."

If politicians had looked at art, they might have found a blueprint for behavior that has now moved from the arena of culture to become socially and politically appalling. The composer Karl-Heinz Stockhausen recently suggested that the destruction of the World Trade Center cannot be surpassed by any artwork. Apart from the pathetic grandiosity of such a comment, it is interesting to note how widely it was reprinted in the media. The relation between art and terror has always created a rhythm between images and actions. In the 1960s, movements such as Situationism, Pop and Fluxus brought controlled pandemonium to the streets. Starting in 1958, Wolf Vostell installed lifelike scenes of wreckage in events such as *Das Theater ist auf der Straße* (The Theater Is on the Streets). Many art movements became purely political. Led by the Lithuanian artist George Maciunas, Fluxus attempted to revive the political agenda of Constructivism. German artist Klaus Staeck gave up art entirely for political action. Artists formed groups and worked with political parties in a grassroots and seemingly marginal way that nonetheless had profound influence. In structure and approach, the postwar avant-garde anticipated the cellular organization of the present-day West's most feared outsiders: hackers and hijackers.

Music, the most ephemeral art, has often offered the most radical formulation of how to proceed. Composers like Corner, Dick Higgins, George Brecht, La Monte Young, John Cage and Nam June Paik initiated typed scores as a form of composition. Artworks and musical scores took on the look of instruction manuals and code language. These dry formulas were, in turn, interpreted as end-product artwork by artists like Douglas Huebler, Art & Language, Sol Lewitt and Gordon Matta-Clark, among many others. This led to an artistic invasion of new media such as newspapers, billboards, video, television and radio: a "Trojan horse" technique that is still used effectively by contemporary artists.

Currently, however, art seems completely absent from the real world screen. It appears to be irrelevant as a means of mass communication. Instead, we must rely on CNN's patriotic graphics and studio jingles to give an official face to disaster and world fear. While the dearth of an adequate visual vocabulary in politics and the media is acute, there are many artists who portray the complexity of current events without resorting to the flatly documentary nature of photography or to an endless pool of words. German artist Katharina Sieverding is one of them.

Sieverding's exhibition at the Casa di Goethe in Rome is proof of art's ability to adapt itself to speaking about circumstances without being compromised or illustrative. It is apt that Sieverding return to Rome at this time. She held her first exhibition here in 1972 and the moment has come for her once again to address the city that is still regarded as the cradle of Europe. For almost thirty years, Sieverding has delicately created a balance between agitprop art and real politics, often collaborating with her husband, noted filmmaker Klaus Mettig. She is a giant on the art scene.

Perhaps this is due to Sieverding's personal magnetism. Tall and grand, she has the physical presence of a Viking, with long magenta hair swept into a severe ponytail. Her eyebrows, makeup and brilliantly painted lips have always made me think of Kabuki theater actors or Fassbinder heroines. Her face is mesmerizing, like that of Hanna Schygulla or Ute Lemper.

Katharina Sieverding is best known for enormous photographic enlargements depicting biological processes, political events, or mutations in her own self-portraiture. She was a pioneer in the use of large-scale film and video-as-art, ushering in successive generations that have often only mimicked the lure of her dark chambers pulsing with colored light. Few artists have worked as thoughtfully, precociously or persistently on subjects such as genocide, genetic research, beauty and self-metamorphosis. Her self-portraiture of mutating faces makes current gender-bending artists seem old hat. Sieverding is in full bloom as a woman: a devoted mother, a brilliant teacher and at the peak of her artistic career. Surveying the panorama of German art—from Georg Baselitz to Joerg Immendorf, Markus Lüpertz, A. R. Penck and company—it is clear that she has few equals.

Recently, the German federal "Ethics Council" was composed, yet artists like Sieverding, whose visual commentary on cloning and gene alteration predates philosophical inquiry into the subject, were excluded from the rank and file of clergymen, politicians and pundits. Here is an artist who can translate the events of her time! Not even Anselm Kiefer has walked the line between kitsch and tragedy as well as Sieverding; her epic aphorisms and Marlboro skies are far weightier than Kiefer's operatic paintings. Her *Adaption zu XI/1978*, a photographic negative of terrorists with "Schlachtfeld Deutschland" (Slaughter Yard Germany) as its banner headline, makes Tibor Kalman's cover designs for the then-punk Talking Heads look positively benign.

Germans look high and low for a monument to the Holocaust and a record of their own suffering pre-1989. The best shrine—barbed wire and the Berlin Wall—was gleefully torn down, while competitions were mounted worldwide to usher in stone and steel plazas by token survivors. Imagine bulldozing the ruins of Rome! In Germany, the past is hastily erased and then all manner of poets and artists scratch their heads, painting eagles upside down or casting names of victims on subterranean stelae, in watered-down versions of Chris Burden and Maya Lin. Bombing a monument does not mean erasure.

A fundamental problem is the belief that a national history of art can even be written today. There is no such thing. Despite the valiant attempts of legions of historians, from Norman Rosenthal, Robert Rosenblum, Christos Joachimedes and Donald Kuspit to Martin Damus, contemporary art is and remains an international phenomenon. It is germane to mention Andy Warhol, Victor Burgin, Jack Smith, Heinz Mack and Arnulf Rainer in the same breath as Katharina Sieverding. It is useful to situate Sieverding's work in relation to conceptual art and to a pre-Metro Pictures, pre-Richard Prince and Cindy Sherman interest in the capacity of photographs by non-photographers to function as art.

Nam June Paik must have been pivotal for Sieverding. His use of video, first featured in Germany in 1963, and statements such as "I make technology ridiculous . . . I like so-called anti-technology technology" take on an absolutely oracular dimension today. The Korean-born Paik studied music in Freiburg, Germany in the late 1950s and developed his fusion of disciplines in the Rhineland cauldron that also produced Sieverding. Another precursor to Sieverding, Wolf Vostell, attempted to rid art of metaphor and supply it with immediacy by working directly with materials like jet turbines or barbed wire. The Viennese artist Arnulf Rainer and his *Automatenfotos* of 1968-69 might have been influential; Sieverding's artistic colleagues were Gerry Schum, Rebecca Horn and Franz Erhard Walther.

Sieverding's inspirations, I would argue, like those of all contemporary artists today, are drawn from an international roster that includes Man Ray, Robert Rauschenberg and many others. Sieverding cannot be interpreted, at least visually, through the work of her "schoolmates," Imi Knoebel, Imi Giese, Blinky Palermo or Martin Kippenberger or other Icaruses of contemporary German art (p. 12-13). It is a non-nationalist history of art that goes furthest towards understanding the work of this artist. Thus we see that the old idea of school and place, the uniform eighteenth-century stylistic character of the art academy, had vanished years before the Internet made its demise absolute.

It is to Katharina Sieverding's great credit that, despite being a friend, master pupil and spiritual refugee of the class of Joseph Beuys, with whom she studied in 1969, she did not absorb her teacher's formal vocabulary. One of the greatest errors in contemporary art history is the symbolic over-interpretation of artistic materials. Beuys developed an enormously charged vocabulary of materials that has been erroneously grounded in his personal biography, rather than seen as a result of his confrontation with an international avant-garde of artists such as Robert Morris or George Brecht. Beuys's highly creative use of his own biography and the fictive dates he applied to zinc bathtubs or stuffed elephants have bamboozled legions of art historians and artists alike.

Sieverding's work clearly demonstrates the indirect influence of Beuys and his class in Düsseldorf, yet she transformed her practice there through her own medium, photography, shared only with Knoebel, Imi Giese, Peter Roehr and a few loners within Düsseldorf's painterly tradition.

German art catalogues from the 1970s often carry Sieverding's name in the photo credits. She photographed the radical activist Peter Dürr, activities of the German Student Party and the entire turmoil surrounding the temporary closing of the Düsseldorf Art Academy in 1969. Her activist photography stands in interesting contradistinction to the misty and hagiographic portraits of Beuys that were taken by fellow Düsseldorf photographer, Ute Klophaus. In some ways, Sieverding seems to have combined the photographic collage and technical experiments of Robert Rauschenberg or Nam June Paik and translated them into static photographic images, fused with her own brand of protest against the authority of governmental, military and academic structures.

Beuys's most powerful influence must have been as a teacher and in his emphasis on the importance of art pedagogy (Sieverding herself has taught actively at many academies, including Hamburg and, now, Berlin). Düsseldorf and the Rhineland abounded with good art teachers during the 1960s. In the late 1950s and early 1960s, the Düsseldorf gallery of Jean-Pierre Wilhelm had premiered musical performances by Cage and Nam June Paik, in which a paradigmatic shift, soon to be articulated in literature, had taken place: responsibility and authorship were shifted to the listener or the pupil or the audience. In pieces such as Cage's *4'33"*, the entire aural environment, including coughs and seat rustling, became art, for four minutes and thirty-three seconds. At the Düsseldorf Academy, many lesser-known artists, such as Karl-Heinz Götz or Gerhard Hoehme, both excellent and popular teachers, created a climate that made Düsseldorf a center of art education, quite apart from the legacy of Joseph Beuys.

Sieverding uses photography, not felt. She plumbs cinema and advertising, not cement and ashes. She makes art ethereal, non-precious and thus truly conceptual, rather than furthering the traditions of sculpture—from Ewald Mataré to Brancusi—that were to provide such rich fodder for Beuys. Katharina Sieverding seems to have taken to heart the best parts of Beuys: his passionate defense of the role of art as a social and political transformer. She, and only a few other students—hardly any surviving as artists from the hordes Beuys instructed—developed their very own iconography, surely a difficult task in the face of their charismatic and often imperious teacher.

From Beuys, Sieverding may also have learned the importance of documentation as a form of art, for in this Beuys was truly a master. Sieverding has produced at least two dozen imposing exhibition catalogues, many of which she had a hand in designing. These should not be considered secondary to her more monumental works. Perhaps her best catalogue is *Großfotos 1-X/1975-1977*, Essen/Eindhoven, 1977. Another excellent catalogue, with regard to design, was produced by the Museum Ostdeutsche Galerie, Regensburg, 1993 (*Katharina Sieverding, eine Installation*). Equally compelling is Rudi Fuchs' *Katharina Sieverding: 1963-1997*, published in Cologne by Oktagon-Verlag, 1997.

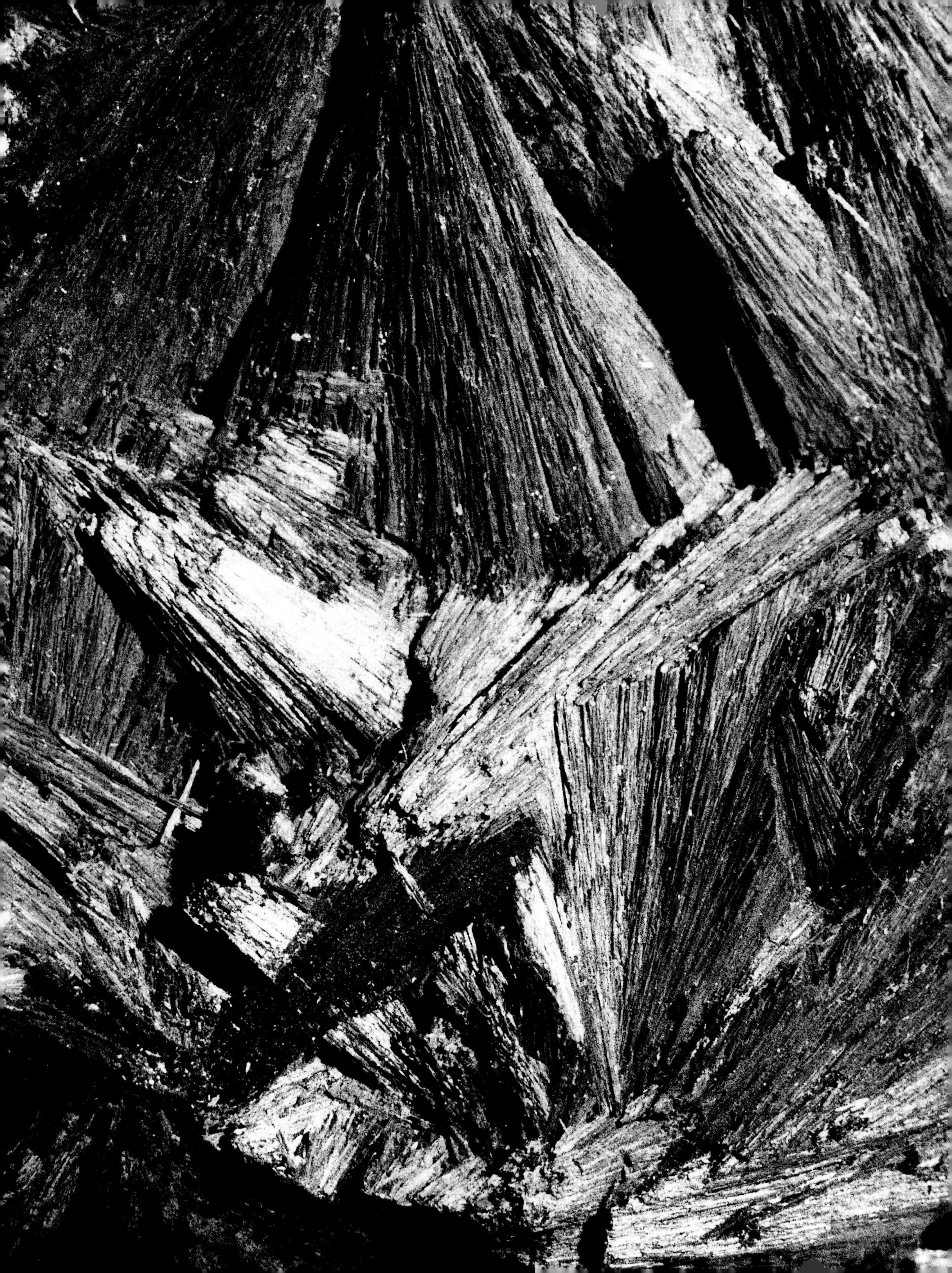

If we are to stoop and judge art by ethnicity, then Sigmar Polke, Gerhard Richter and Anselm Kiefer are the only equals to Sieverding on the German scene. But while Polke cheerfully explores the inner reaches of his own mind and the evanescence of any material used in the service of painting, he has not become a figment of popular mythology. The counterpoint to Polke, and certainly Richter, has been American art, specifically Pop Art. Curiously, though, German artists have never become commodified or popular in the way that was purposefully courted by American artists ranging from Roy Lichtenstein and Claes Oldenburg to Warhol and, later, to Jean-Michel Basquiat or Keith Haring.

Sieverding's work has stoically resisted becoming a real object, according to the classic anti-commodity program of conceptual art. Its function, therefore, is much more appropriate to a public and political arena. And her public artworks are, in my opinion, her strongest. Although she is certainly in the permanent collections of many prestigious museums, Sieverding's work has yet to assume the status of fetish, a role she perhaps has never intended it to play. This may be due to the fact that it is photographic in nature. We might remember the early work of Richard Prince, Cindy Sherman, Louise Lawler, Laurie Simmons and Sarah Charlesworth: this work, too, initially resisted marketability, just as Gilbert & George have always hovered uncomfortably— at least institutionally speaking—between the format of painting and the medium of photography. We must also recall the rich tradition of Eastern European montage and graphic design, of collage techniques that passed from Cubism to Constructivism and from France to Hungary, Poland and Sieverding's native Czechoslovakia.

Sieverding speaks about the image as fetish within her work, rendering it almost impossible to commodify. It reminds me of the phase in Cindy Sherman's work when she attempted to alienate her collectors and viewers through increasingly horrific images. Sieverding, in the company of Martha Rosler, Valie Export, Carolee Schneeman and Marina Abramović, pioneered the contemporary filmic use of the female body, long the domain of males, through her play with the language of advertising and even pornography. She anticipated Sherman's self-disguises, Richard Prince's biker chicks and Jeff Koons' publicity campaigns on his own behalf, photographing herself as a cowgirl, prostitute, criminal, revolutionary and in hundreds of other guises, all created through minimal technical shifts in lighting and makeup (p. 8).

The German federal government has recently launched a postcard campaign: *Den Holocaust hat es nie gegeben* (There Has Never Been a Holocaust). This is probably meant as black humor intended to shock young neo-Nazis: the kind that are making pipe bombs in their cellars and torching Africans at night. Yet are they really looking at arty postcards in student bars? Ten years ago, Sieverding's far stronger *Deutschland wird deutscher* billboards, 1992, were plastered throughout Germany. These are much more cogent and could easily have been updated or re-launched (p. 14). It seems odd that Sieverding's great visual talent is so under-utilized in the sphere of mass communications.

The exhibition of Katharina Sieverding at the Casa di Goethe in Rome is a real symbol of the possibilities for art and its role as an antidote to terror. Its central message stems from the deep humanism at the core of Sieverding's work. It is also a novel exhibition for Sieverding in that, for the first time, the artist is dealing with sculptural and cultural artifacts, what might be called historical *ready-mades*. This interpretative challenge, developed by the curators as a challenge to Sieverding, has made it possible to address visual contemporary issues through the utterly compelling axis of history.

Divided into four parts, the first section of Sieverding's exhibition consists of a room filled with the minerals that Johann Wolfgang Goethe collected during his many travels. Sieverding has perhaps chosen these minerals because of their relation to her own research into crystals, a form she uses to evoke both creation and disaster. Crystals, used symbolically throughout the twentieth century by artists such as Paul Klee and Lyonel Feininger, or the architects composing the Glaskette, often referred to a pure, utopian ideal. Sieverding is also citing the theories of Rudolf Steiner, 1861-1925, the Austrian philosopher, scientist and educator, who was deeply taken by the writings of Goethe.

The second section of Sieverding's Goethe exhibition contains a group of skulls, including a cranium allegedly attributed to Anthony van Dyck or, perhaps, even Raphael. In this room, Sieverding neatly references both the death heads of her artistic mentor, Andy Warhol, and the art historical tradition of the *memento mori*. She alludes to the burgeoning theory of necrology and notions of race and class that were increasingly tied to scientific studies, starting with the work of Johann Caspar Lavater, and Charles Le Brun in late eighteenth-century France, continuing through the great scientific formulations of the multi-talented Goethe and culminating in the discriminatory and racist theories of type developed indirectly by photographers such as August Sander and, finally, by the scientists of Nazi Germany.

In room three, Sieverding has installed a group of drawings, all executed in Goethe's own hand. Sieverding, like many artists, sends her own photographic work to be fabricated elsewhere. Here, she ironically presents the writer Goethe as manual maker. (Goethe was famous not least for his brilliant ability to delegate the recording and annotation of his biological studies to draughtsmen and underlings.) These drawings span the essence of the Renaissance—Leonardo, Dürer, Raphael, Michelangelo—in their subject matter: anatomy, facial expression, skeletons and the brisk market in exotic merchandise such as tulips or "Wunderkammer" curios. But the drawings by Goethe that she has chosen are also representative of categories—organic life, the relation of man to animal to plant—that would surface in the theories of Steiner and Beuys and become so important for Sieverding.

In the final room of the exhibition at the Casa di Goethe, Katharina Sieverding encapsulates the flux between past and present, between Goethe and herself, between herself and her context as an artist on the cusp of two centuries. Here, Sieverding has proposed a video installation that deals technically and in terms of content with the theme of metamorphosis. This, for Sieverding, is the crucial theme that binds the legacy of Goethe with our own time. Goethe, as is widely known, was at the forefront of research establishing the interrelatedness of, in particular, biological processes.

Sieverding shows an image culled from her research in Weimar at the Stiftung Weimarer Klassik. Projected by a "beamer," the static image is manipulated so as to appear in an almost filmic state, a little like a Boccioni or Duchamp's *Nude Descending the Staircase*. It is also altered so that although we still recognize its essence, its manipulation counts equally as its present definition. What does this conjure forth in these sinister times? Anthrax and genetically modified viruses, cosmetically manipulated bodies and medically elongated lives. We think of the flux between good and bad, the small genetic or psychological alterations that define the fork between good and evil.

Art is nothing and yet it is all that we humans really possess. It is the feeble scratching of pencil on paper, the poor rumble of the film projector, the whimsy of some mad genius on how to make an idea concrete. Artistic activity seems marginal to many and entertainment to most. It is not. Whether poetry, literature, music or visual art, whether pure mathematics or biophysics, artistic speculation is life itself, more real and permanent than flesh and blood. Like the rubble of the Roman forum, art is at once a meaningless fragment and yet, to those willing to see, the only key we have to unlock our own time. Visual art is time's face. When art is made without speculation and profit in mind, without commercial application, without regard for fashion and style, it is pure and it is good.

Heed the shining work of Katharina Sieverding, for she shows us many things about the dark times that we inhabit.

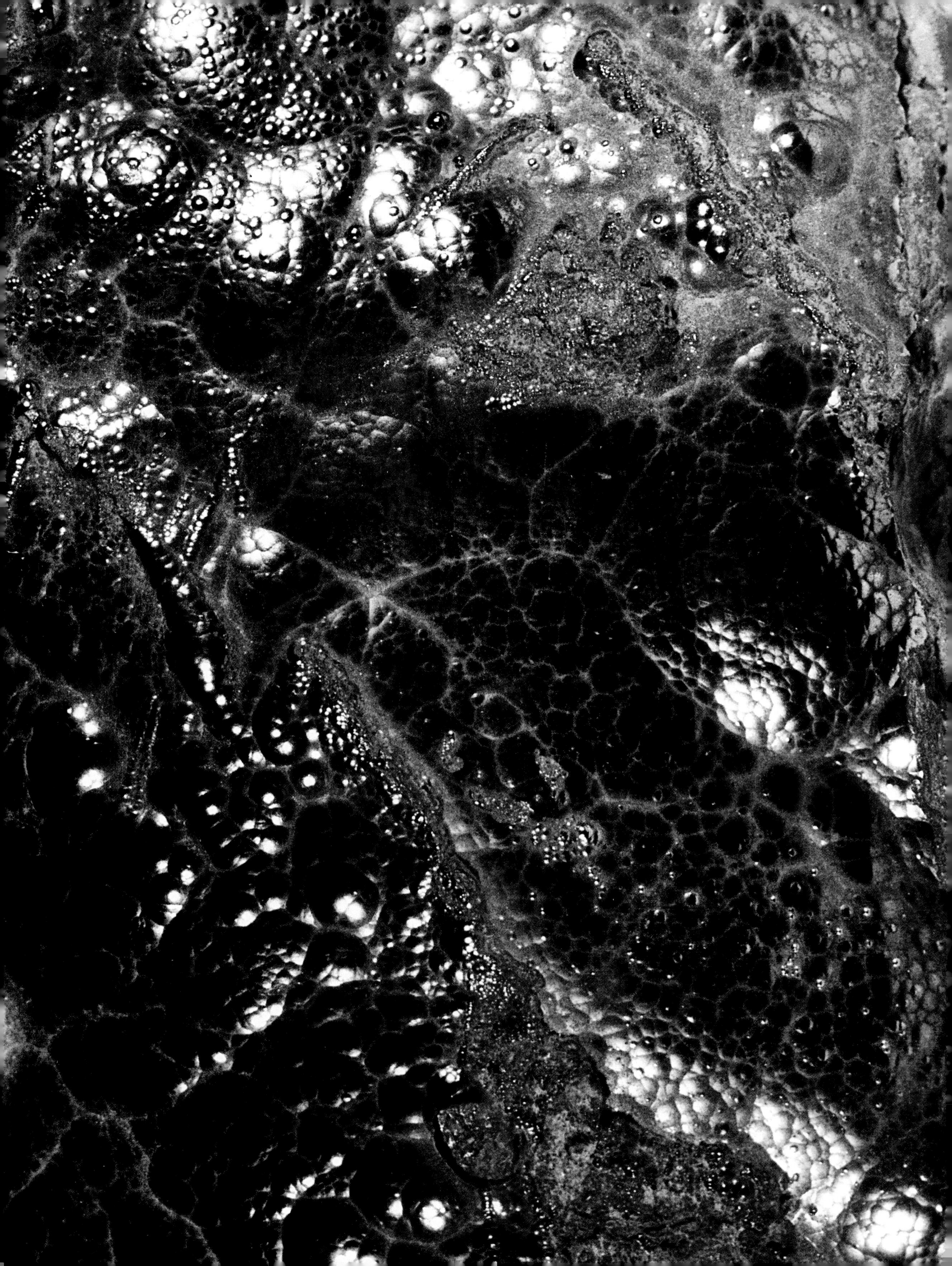

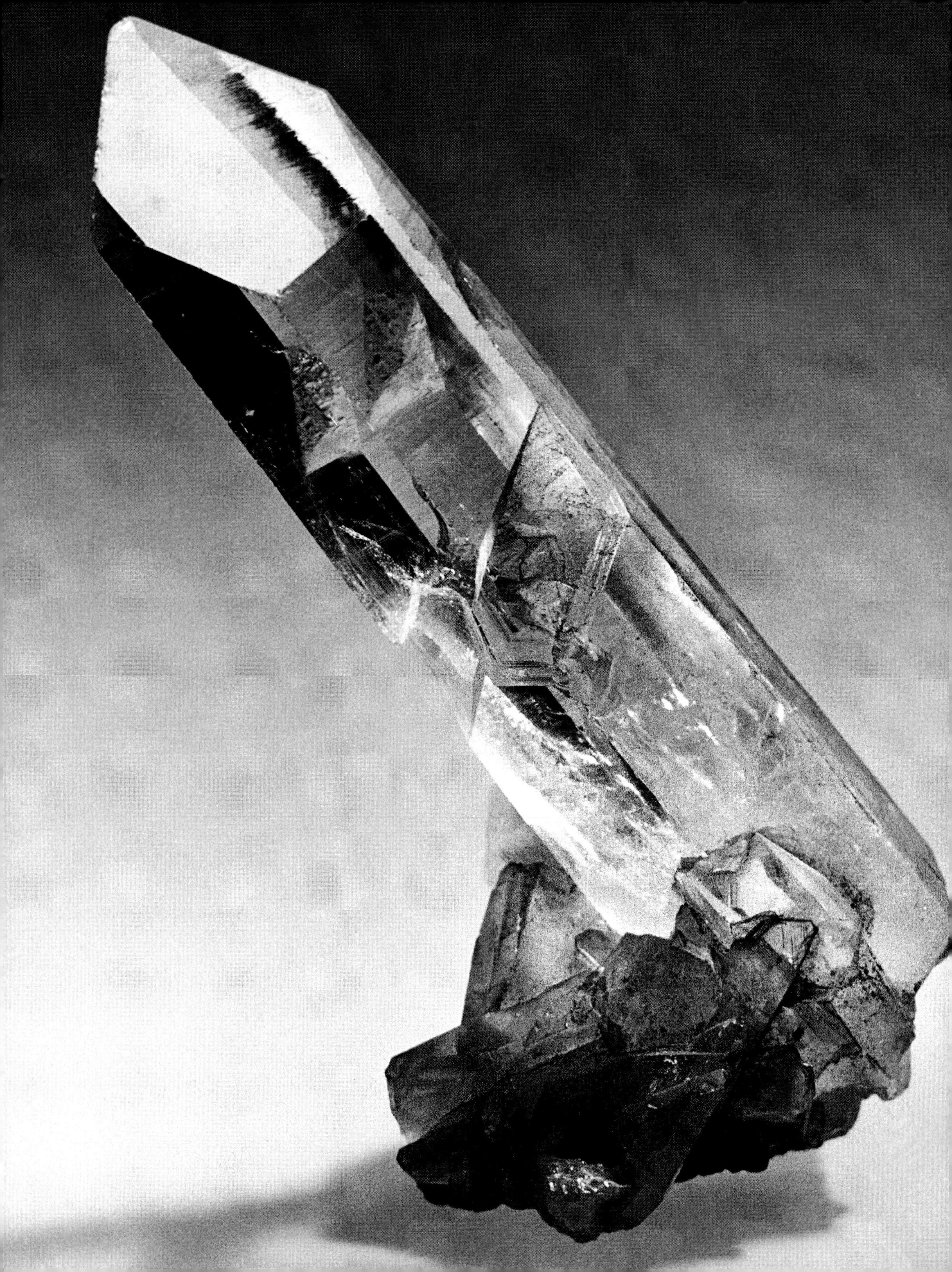

Come sarà la mostra nella Casa di Goethe?

Gli ambienti della Casa di Goethe accoglieranno, in quattro spazi collegati tra loro, una selezione di circa 150 oggetti provenienti dalle collezioni scientifiche di Goethe e utilizzati per i suoi studi. Questi oggetti, che ho selezionato tra molti altri, rappresentano i quattro *Naturreiche* (regni naturali): minerali, piante, animali e infine l'uomo. Nelle prime due stanze saranno aperte le finestre che danno sul cortile interno affinché la luce del giorno e il sole illuminino gli spazi e l'interno e l'esterno possano compenetrarsi. Nella terza stanza la luce artificiale sarà ridotta al minimo e nel quarto spazio ci sarà un video che, grazie a un *beamer*, sarà proiettato sulla parete attraverso uno specchio. È curioso dover collocare tutta la sezione delle piante (stanza 3) proprio accanto all'installazione che è quasi al buio: il concetto goethiano della metamorfosi dunque sarà posto accanto a un'opera mediale. Esiste quindi un nesso, sia primario che secondario, tra il principio della metamorfosi e quello della costruzione di un'opera d'arte. L'altra cosa interessante è che la materia resistente alla luce appartiene alla sfera degli animali e degli uomini: cioè, la loro scultura organica e osteologica, tipo il cranio o le ossa e, naturalmente, gli ambiti della morfologia inorganica e la cristallizzazione dei minerali, all'origine del concetto base di forze elementari formative, materiali e chimiche.

Qual è il suo personale rapporto con Goethe?

In fondo non ho nessun rapporto personale con Goethe. Mi piace però il suo modo interdisciplinare di lavorare e fare ricerca, il suo metodo induttivo della percezione, la sua sensibilità per la *cross-culture*.

Come ha scelto gli oggetti per questa mostra?

Sono andata a Weimar e a Buchenwald tre volte. Negli archivi del Nationalmuseum ho sviscerato ogni volta i concetti di *Methamorphose-Lehre* (teoria della metamorfosi) e di *Ur-Pflanze* (pianta archetipica). Ho cercato di comprendere se tale "visione" potesse essere attualizzata e se essa fosse in grado di ribaltare le idee classiche di evoluzione umana e di rendere illegittime le manipolazioni genetiche e transgeniche conseguenti, la diagnosi pre-impianto, la clonazione e altre tecnologie cellulari.

Ritiene che, attraverso la scelta di questi oggetti in mostra, si possa ricostruire la personalità di uno come

Goethe, con tutti i suoi diversi interessi culturali?

Per intenderci: la questione non è se ricostruire la personalità di Goethe, ma è se proseguire e approfondire la sua ricerca, le sue idee sulle scienze naturali. Si tratta di una profonda comprensione della polarizzazione e del riflesso, e si tratta anche del principio non-lineare di evoluzione e involuzione.

Quali aspetti della personalità di Goethe sottolinea in modo particolare?

Quelli dello scienziato e dell'artista.

Come è stato concepito il progetto della mostra?

Si tratta di un concetto articolato, è una sfida per trasformare il complesso principio della metamorfosi – cioè della polarizzazione, contrazione, espansione, induzione, deduzione – in una mostra che attualizzi il paradigma dell'evoluzione in un paradigma dell'evoluzione metafisica.

Qual è il rapporto tra la sua opera come artista e la cultura scientifica di Goethe?

Non vi è nessuna contraddizione tra l'artista e lo scienziato. I migliori scienziati possono essere artisti. Vogliamo sapere tutto sugli organismi, sulle loro forme di organizzazione, sulle forze e sulle leggi formative, sulla vita e sulla morte di ogni essere vivente. Ma il metodo goethiano della teoria della metamorfosi può frenare l'isteria e le realtà attuali che perseguono solo insensibili ideologie scientifiche non organiche, e che non rispettano i principi vitali della natura? Il *link* tra il metodo goethiano e il processo o la prassi artistici consiste nel superare lo status materialista, la morte, il "bio-terrorismo" economico capitalizzante. Goethe ha saputo innestare nelle scienze e nelle arti un complesso e nobile principio vitale che è certamente anti-capitalistico, anti-fondamentalista, anti-razzista e anti-colonialista.

Wie wird die Ausstellung in der Casa di Goethe aussehen?

Die Casa di Goethe zeigt in vier miteinander verbundenen Räumen eine Auswahl von fast 150 Objekten aus der persönlichen Forschungstätigkeit und Sammlung Goethes. Diese von mir aus einer weit größeren Anzahl ausgewählten Objekte repräsentieren die vier "Naturreiche": Mineralien, Pflanzen, Tiere und schließlich den Menschen. In den ersten beiden Räumen sollen die Fenster zum Innenhof geöffnet werden, damit Tageslicht und Sonne diese Räume erhellen, Innen und Außen sich durchdringen. Im dritten Raum ist das künstliche Licht auf das konservatorische Limit gedämpft und im darauffolgenden vierten installiere ich eine über einen Spiegel geleitete Beamer-Projektion. Es ist interessant, dass ich den gesamten Pflanzenkomplex (Raum 3) in direkter Nachbarschaft zu meiner Arbeit im Dunklen installieren muss, d.h. diesen Goethe-Impuls der Pflanzenmetamorphose neben der medialen Arbeit. Also muss da ein primärer und sekundärer Zusammenhang zwischen dem Prinzip der Metamorphose und dem Prinzip und der Konstruktion von Kunst bestehen. Der zweite interessante Aspekt ist, dass die licht-resistente Materie zur Sphäre der Tiere und Menschen gehört: also ihre organische und osteologische Skulptur wie Schädel und Knochen, und natürlich die Bereiche der anorganischen Morphologie und Kristallisation von Mineralien, die die Basisidee der materialistischen, chemischen und elementaren Bildekräfte begründen.

Welche persönliche Beziehung haben Sie zu Goethe?

Eigentlich habe ich keine persönliche Beziehung zu Goethe. Ich schätze seine interdisziplinäre Arbeitsweise und Forschung, seine induktive Methode der Wahrnehmung, seine Sensibilität für Cross-Culture.

Wie haben Sie diese Objekte für die Ausstellung ausgewählt?

Dreimal bin ich nach Weimar und Buchenwald gereist. In den Archiven des Nationalmuseums überkam mich jedes Mal ein Brainstorming zu den Begriffen: "Metamorphose-Lehre" und "Ur-Pflanze". Ich versuchte herauszufinden, ob diese "Vision" aktualisiert werden kann und ob sie in der Lage ist, die gängigen Vorstellungen der menschlichen Evolution umzukehren und ebenso die daraus resultierenden Gen- und Transgender-Manipulationen, PID (Präimplantationsdiagnostik), Cloning und andere Zelltechnologien zu illegalisieren.

Glauben Sie, dass man durch die Auswahl dieser Objekte die Persönlichkeit eines Goethe, mit all seinen kulturellen Interessen, rekonstruieren kann?

Um es auf den Punkt zu bringen: Es geht nicht darum, die Persönlichkeit Goethes zu rekonstruieren, sondern seine Forschung, seine Ideen zu den Naturwissenschaften weiterzuführen und zu vertiefen. Es geht um dieses tiefe Verständnis von Polarisation und Spiegelung, um das nicht-lineare Prinzip von Evolution und Involution.

Welche Aspekte der Persönlichkeit Goethes betonen Sie besonders?

Die des Wissenschaftlers und Künstlers.

Wie haben Sie das Projekt für Ihre Ausstellung konzipiert?

Es ist ein sehr integratives Konzept und eine Herausforderung, die komplexe Idee des Metamorphose-Prinzips von Polarisierung, von Kontraktion und Extension, Induktion und Deduktion in eine Ausstellung zu verwandeln, um das Paradigma von Evolution in ein Paradigma der metaphysischen Evolution zu aktualisieren.

Worin besteht der Zusammenhang zwischen Ihrer Arbeit als Künstlerin und der wissenschaftlichen Kultur von Goethe?

Es gibt keinen Widerspruch zwischen Künstler und Wissenschaftler. Die besten Wissenschaftler könnten Künstler sein. Wir wollen alles wissen über Organismen, Organisationen, Gestaltungskräfte und -gesetze, über Leben und Tod jeder Kreatur. Kann diese Idee und Methode der Goetheschen Metamorphose-Lehre diese Hysterie und diese Maßnahmen stoppen, die nur unorganischen, untersinnlichen wissenschaftlichen Ideologien folgen und die die Lebensprinzipien der Natur nicht respektieren? Der Link zwischen der Goetheschen Methode und künstlerischem Prozess und Praxis besteht darin, den materialistischen Status, den Tod, den ökonomisch kapitalisierenden Bio-Terrorismus zu überwinden. Goethe implantierte innerhalb der allgemeinen Wissenschaft und Kultur ein sehr komplexes und hoch qualifiziertes, qualifizierendes Lebensprinzip, das anti-kapitalistisch, anti-fundamentalistisch, anti-rassistisch und anti-kolonialistisch ist.

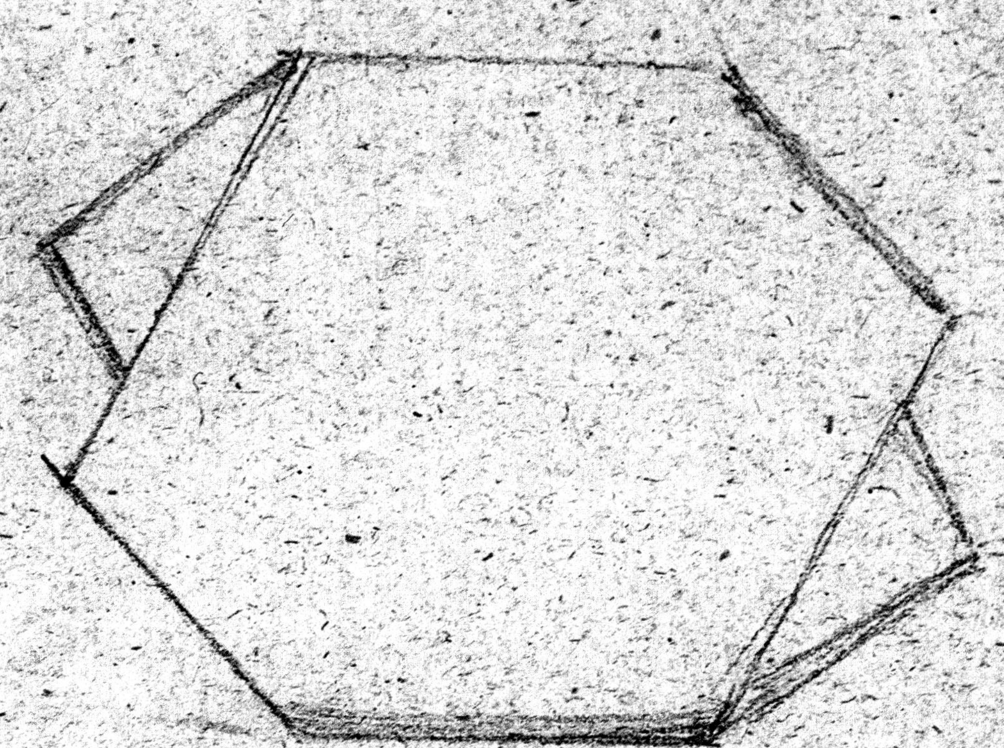

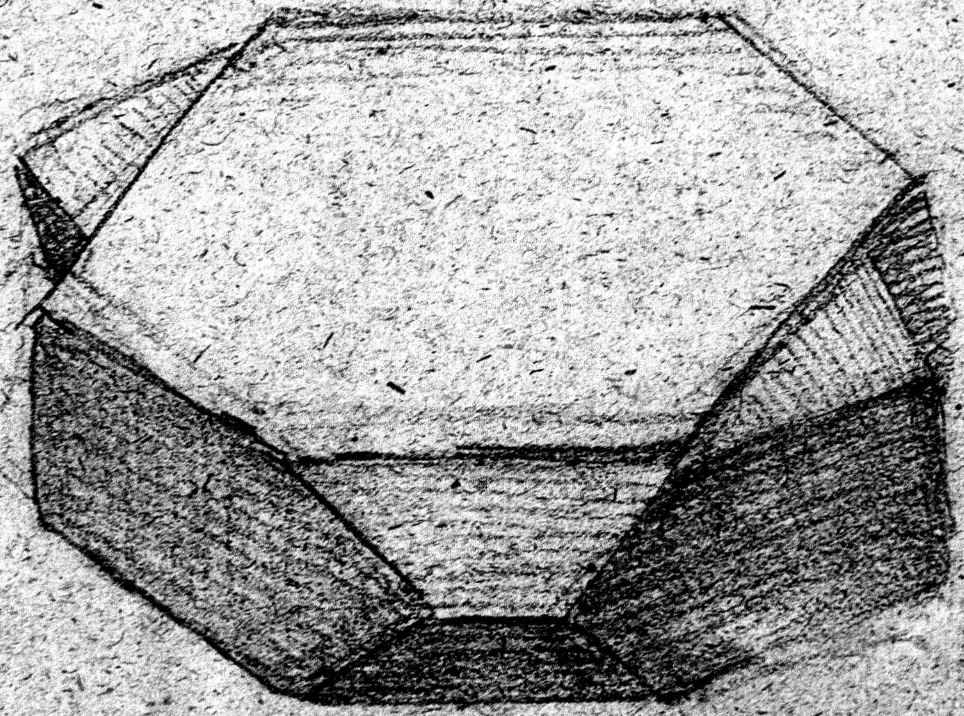

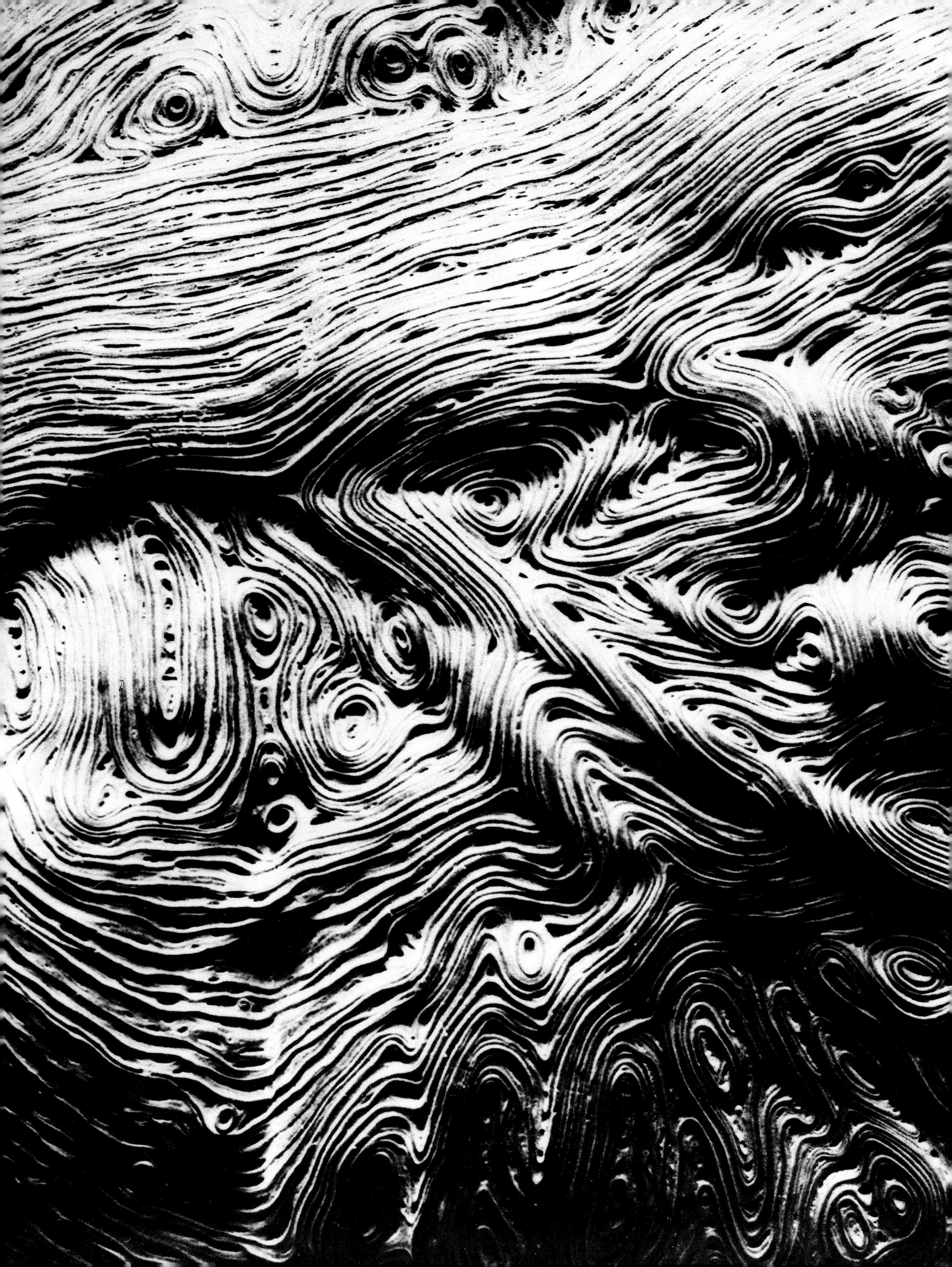

How will the exhibition at the Casa di Goethe look?

The Casa di Goethe is showing, in four connected rooms, a selection of almost 150 objects from Goethe's personal collection and research activities. These objects, selected by me from a far greater number, represent the four *Naturreiche* (realms of nature): minerals, plants, animals and, finally, man. In the first two rooms the windows onto the inner court are to be opened so that daylight and sun can illuminate them, penetrating both inside and out. In the third room the artificial light is dimmed to the curatorial limit and in the adjoining fourth room I will install a beamer-projection over an accompanying mirror. It is interesting that I have to install the whole plant-complex (room three) directly adjacent to my work in the dark, i.e. this stimulus from Goethe about the metamorphosis of plants next to the medial work. So there must be a primary and a secondary relationship here between the principle of metamorphosis and the principle and construction of art. The second interesting factor is that the light-resistant material belongs to the sphere of animals and humans, namely, the organic and osteological sculpture of their skulls and bones, and of course the realms of inorganic morphology and the crystallization of minerals, which establish the fundamental idea of materialistic, chemical, and elemental creative forces.

What sort of personal relationship do you have with Goethe?

Actually I have no personal relationship with Goethe. I value his interdisciplinary approach and research, his inductive method of perception, and his sensitivity for cross-culture.

How did you select the objects for the exhibition?

I traveled to Weimar and Buchenwald three times. Each time in the archives of the Nationalmuseum I was overcome by brainstorms involving *Metamorphose-Lehre* (Metamorphosis Theory) and *Ur-Pflanze* (Primal Plant) concepts. I tried to find out if this "vision" could be realized and if it could subvert current ideas about human evolution, and to this extent make illegitimate the cell technologies that have resulted from those ideas, such as genetic and transgender engineering, PID (pre-implantation diagnosis), and cloning.

Do you believe that through this selection of objects the personality of a man such as Goethe, with all his cultural interests, can be reconstructed?

To get straight to the point, this is not about reconstructing Goethe's personality, but about continuing and deepening his research, his ideas about the natural sciences. It is about this deep understanding of polarization and reflection, about the non-linear principle of evolution and involution.

Which aspects of his personality do you especially emphasize?

The scientist and artist.

How did you conceive of the project for your exhibition?

It is a highly integrative concept and a challenge to transform into an exhibition the complex idea of the metamorphosis-principle of polarization—of contraction and expansion, induction and deduction—in order to modernize the paradigm of evolution, making it into a paradigm of metaphysical evolution.

What is the relationship between your work as an artist and Goethe's scientific culture?

There is no contradiction between artist and scientist. The best scientists could be artists. We want to know everything about organisms and organizations, about the forces and laws of all formations, about the life and death of every creature. Can the idea and methodology of the Goethean theory of metamorphosis bring an end to this hysteria, to these practices that follow only inorganic, sub-sensual scientific ideologies and do not respect the life-principles of nature? The link between the Goethean method and artistic procedure and practice consists in overcoming materialism, death and the capitalizing economics of bioterrorism. Goethe implanted into science and culture in general a very complex and highly qualified/qualifying life-principle that is anti-capitalist, anti-fundamentalist, anti-racist and anti-colonialist.

GOETHE E LE SCIENZE NATURALI

Gisela Maul

Per illuminare la complessità di questo aspetto della vita di Goethe occorre ricordare la sua attività di anatomista, di botanico, di geologo, di creatore della dottrina dei colori, nonché di promotore scientifico e di collezionista.

Goethe entrò in contatto con la storia naturale nella cerchia dei commensali riuniti presso il rettore dell'Università di Lipsia, quando appena sedicenne si trasferì in quella città per studiarvi giurisprudenza. Fu lì che udì per la prima volta nomi famosi come quelli di Haller, Linneo e Buffon. I loro errori e i loro meriti erano oggetto di dibattito e di polemica, e Goethe poco alla volta familiarizzò con il nuovo campo scientifico e con la sua terminologia.

Una malattia lo costrinse tuttavia a interrompere l'università e a trascorrere un periodo di convalescenza nella casa di famiglia di Francoforte. Nel 1770 egli riprese gli studi di giurisprudenza a Strasburgo. Anche qui la maggioranza dei suoi commensali erano studenti di medicina, a suo parere "gli unici che discutono con entusiasmo della loro scienza e della loro professione, anche al di fuori dell'orario di lezione. Ciò è insito nella natura stessa della loro disciplina. La medicina occupa l'uomo intero, perché si occupa dell'uomo intero".[1]

Sotto l'egida delle facoltà di medicina, le scienze naturali come la zoologia e la botanica avevano conosciuto un significativo sviluppo nel XVIII secolo. La loro emancipazione in discipline accademiche indipendenti avvenne nel corso del XIX secolo. Più tardi, una volta assunta una posizione stabile, Goethe sostenne fortemente queste aspirazioni emancipatorie all'interno dell'Università di Jena con la sua attività di amministratore.

Nel secondo semestre a Strasburgo, Goethe cominciò a seguire le lezioni di chimica e anatomia e prese parte anche alle esercitazioni di anatomia. Molti anni dopo egli ricorderà in *Dichtung und Wahrheit* (Poesia e verità): "L'anatomia mi era due volte cara anche perché mi insegnava a sopportare la vista più spiacevole, appagando al tempo stesso la mia sete di sapere. Frequentai così anche la clinica [...] e le lezioni di ostetricia [...] con la doppia intenzione di conoscere tutte le condizioni fisiche possibili e di liberarmi da ogni disagio davanti a oggetti ripugnanti. E mi esercitai a tal punto che nulla poté più farmi perdere il dominio di me stesso".[2]

Nel 1774 Goethe conobbe il teologo svizzero Johann Caspar Lavater, il quale destò in lui l'interesse per la fisiognomica. Per i *Physiognomische Fragmente* (Frammenti fisiognomici) di Lavater egli scrisse un saggio sulla struttura dei diversi crani animali, che rappresenta il suo primo contributo di carattere storico-naturalistico.

Nel novembre 1775 l'invito del giovane duca Carl August di Sassonia-Weimar, allora appena maggiorenne, segna l'inizio di una nuova fase di vita per Goethe. La visita si trasformò infatti in una lunga e stabile permanenza nel ducato.

L'11 giugno 1776 Goethe fu nominato consigliere segreto di legazione, carica con la quale ha inizio la sua carriera ufficiale, che lo mette in contatto per le vie più varie con l'ambito delle scienze naturali. Già all'inizio del 1776 il duca Carl August aveva ordinato misure preparatorie per la ripresa dei lavori minerari a Ilmenau. Ancora prima della sua entrata in carica, Goethe aveva visitato le miniere di scisto di rame di Ilmenau e quelle di carbon fossile di Kammerberg. Dal 1777 egli diresse la commissione mineraria, assumendo così la responsabilità politica per il progettato risanamento delle miniere nella foresta della Turingia. Questa carica, che non poteva essere esercitata senza una competenza specifica in materia, gli diede modo di acquisire delle conoscenze sistematiche nel campo minerario e geologico.

Per l'impresa di Ilmenau Goethe raccolse informazioni sulle questioni minerarie non solo in Turingia. Anche nel corso di un viaggio nello Harz, nel dicembre 1777, visitò delle miniere a Clausthal, Zellerfeld e Andreasberg. Significativo per quanto riguarda il crescente interesse di Goethe per la geologia è il suo secondo viaggio in Svizzera in compagnia di Carl August nel 1779. Una lettera datata 11 ottobre 1780 e indirizzata all'amico di Darmstadt, Johann Heinrich Merck, mostra come l'interesse di Goethe si fosse trasformato in vero e proprio entusiasmo: "Ti darò ora qualche informazione sui miei studi di mineralogia. Giustificato dal mio incarico ufficiale, mi sono dato a queste scienze con una totale passione e ne ricavo una grandissima gioia, poiché tu stesso sai quanto grande sia il loro fascino".[3]

Una volta create le necessarie premesse economiche e giuridiche, nel 1784 iniziò la costruzione di un nuovo pozzo minerario. Solo nel settembre 1792 si riuscì a ottenere la prima tonnellata di scisto di rame. Tuttavia esiti insoddisfacenti nel settore dell'estrazione e il cedimento di una galleria nell'ottobre 1796 segnarono il fallimento definitivo dell'impresa.

L'incarico di responsabile minerario guadagnò a Goethe una serie di rapporti duraturi di natura sia personale che professionale. Tra gli altri, quello con il sovrintendente alle miniere della Sassonia, Friedrich Wilhelm Heinrich von Trebra, che lo aveva accompagnato nel viaggio sullo Harz, e con il geologo Johann Carl Wilhelm Voigt, cui Goethe doveva una delle prime acquisizioni per la sua collezione geologica: la raccolta di esemplari geologici del ducato di Sassonia-Weimar-Eisenach. Corredata da uno scritto sul tema, essa fu presentata da Voigt come risultato di un suo viaggio di studio. Questa collezione comprende 421 esemplari di catalogo ed è attualmente ospitata nell'anticamera dello studio della casa di Goethe a Weimar.

Il collezionismo, non limitato al solo campo della geologia, apparteneva all'insieme degli strumenti autodidattici di Goethe. Il 19 novembre 1830, nel redigere il suo testamento, si espresse così con il cancelliere weimariano von Müller: "Tutte le mie collezioni meritano la cura più meticolosa. Non ho collezionato a seconda dell'umore o dell'arbitrio, ma ogni volta con un piano e un obiettivo precisi, al fine di promuovere in modo coerente la mia formazione, e ho appreso qualcosa da ogni pezzo delle mie collezioni. In questo spirito desidero vedere conservata questa mia raccolta".[4] Nel suo testamento l'ultimo nipote dello scrittore, Walther Wolfgang von Goethe, rispettò le volontà del nonno affidando l'intero suo lascito materiale allo stato di Sassonia-Weimar. La collezione geologica da sola aumentò di circa 18.000 pezzi in cinque decenni, circostanza che spinse Goethe ad acquistare nel 1817 un piccolo padiglione confinante con la sua proprietà per ospitarvela. Essa consta di 100 serie regionali e di tre raccolte sistematiche – la collezione sistematica di minerali, la collezione sistematica di pietre e la collezione di paleontologia.

Altri 5.000 oggetti botanici, osteologici e fisici, nonché strumenti per gli esperimenti di fisica e sulla dottrina dei colori, costituiscono il lascito di storia naturale di Goethe, oggi conservato nel Goethe-Nationalmuseum. Accanto ai documenti scritti, queste collezioni forniscono la testimonianza più eloquente delle sue attività scientifiche. Il collezionismo, tuttavia, è solo un aspetto del confronto di Goethe con le scienze naturali. A esso si aggiungono la discussione delle teorie contemporanee intrapresa con amici e scienziati e infine i suoi scritti nelle varie discipline. La geologia, che occupa un ampio spazio all'interno degli studi naturalistici di Goethe, fornì degli impulsi importanti alla sua visione del mondo, influenzata dal pensiero evoluzionistico. A sua volta Goethe contribuì a promuovere questa scienza ancora giovane. Grazie al suo impegno la Società di Mineralogia, fondata a Jena nel 1798, fu posta sotto il patrocinio del duca Carl August nel 1803. La fusione della collezione ducale e dei fondi della società e la disponibilità di mezzi finanziari per ulteriori acquisizioni, portarono alla creazione di una collezione di rango europeo che è a tutt'oggi conservata e attualmente appartiene alla facoltà di scienze geologiche dell'Università di Jena.

Uno sguardo alle pubblicazioni di Goethe nel campo della geologia – e in particolare alla serie dei *Naturwissenschafliche Hefte* (Quaderni di scienze naturali) da lui stesso edita e il cui sottotitolo è *Erfahrungen, Betrachtungen, Folgerungen durch Lebensereignisse verbunden* (Esperienze, osservazioni e conclusioni collegate tramite avvenimenti reali) – rivela chiaramente come il suo vivo interesse per la scienza superasse di molto l'ambito dei doveri ufficiali. La sua attenzione si concentrò in particolare sulla geologia della Boemia, che egli conobbe, esplorò e fece oggetto di raccolta nel corso di numerosi soggiorni termali, discutendone altresì con amici ed esperti. La visione del Vesuvio in eruzione durante il soggiorno in Italia lo indusse inoltre a riesaminare la sua posizione sulla cosiddetta disputa tra nettunisti e vulcanisti sull'origine del basalto. Da questa riflessione nacque il saggio dal titolo *Vergleichs-Vorschläge die Vulkanier und Neptunier über die Entstehung des Basaltes zu vereinigen* (Suggerimenti comparativi per conciliare vulcanisti e nettunisti sulla questione dell'origine del basalto).[5]

Nel 1781 Goethe riprese gli studi di anatomia a Jena con il professor Justus Christian Loder. Le conoscenze così acquisite costituiranno parte delle sue lezioni alla scuola di disegno di Weimar. Oltre a Loder, l'altro interlocutore e corrispondente di Goethe nelle questioni di anatomia era l'amico di Darmstadt, Johann Heinrich Merck. In quel periodo entrambi seguivano le discussioni degli anatomisti sull'esistenza dell'osso

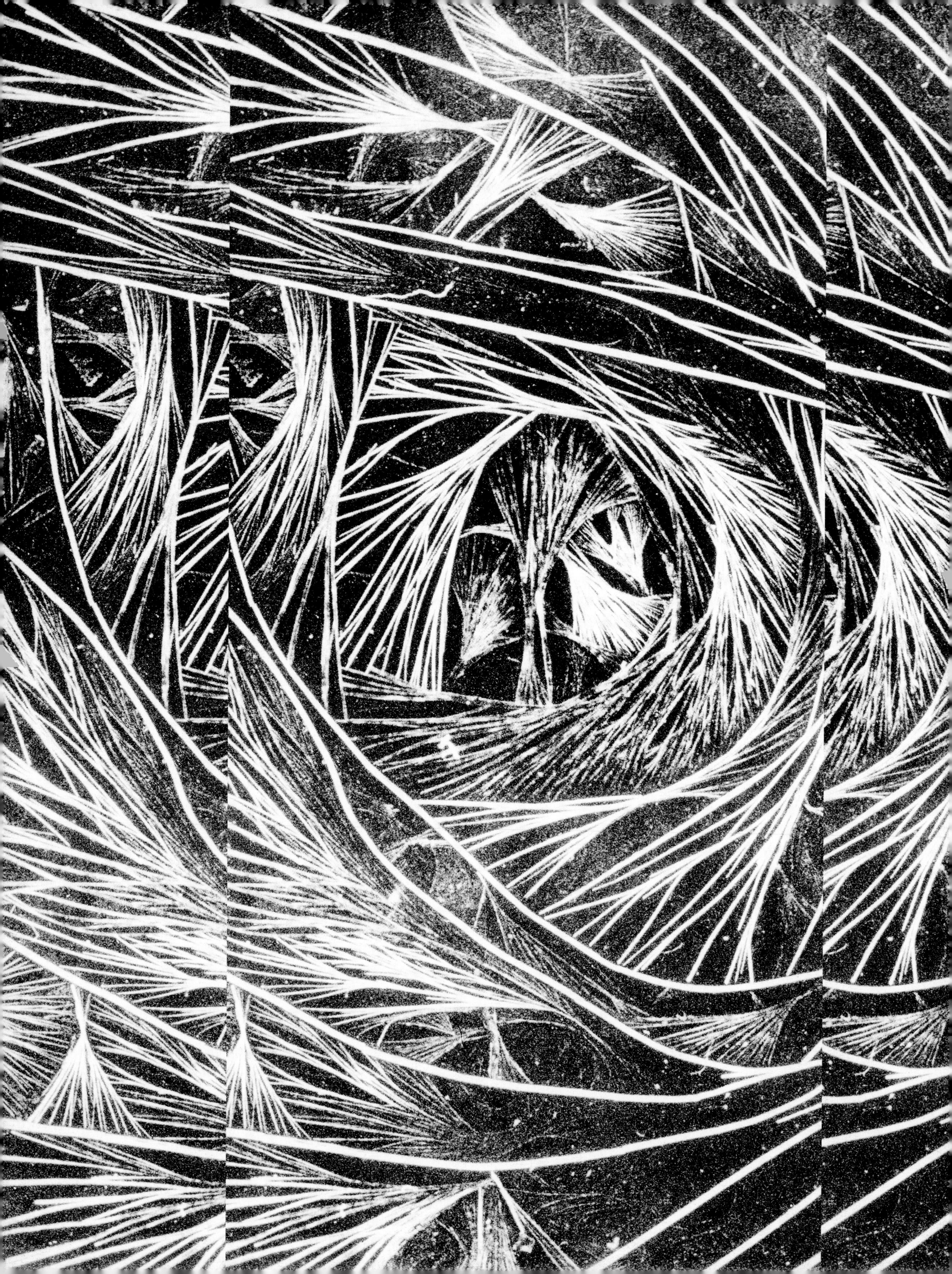

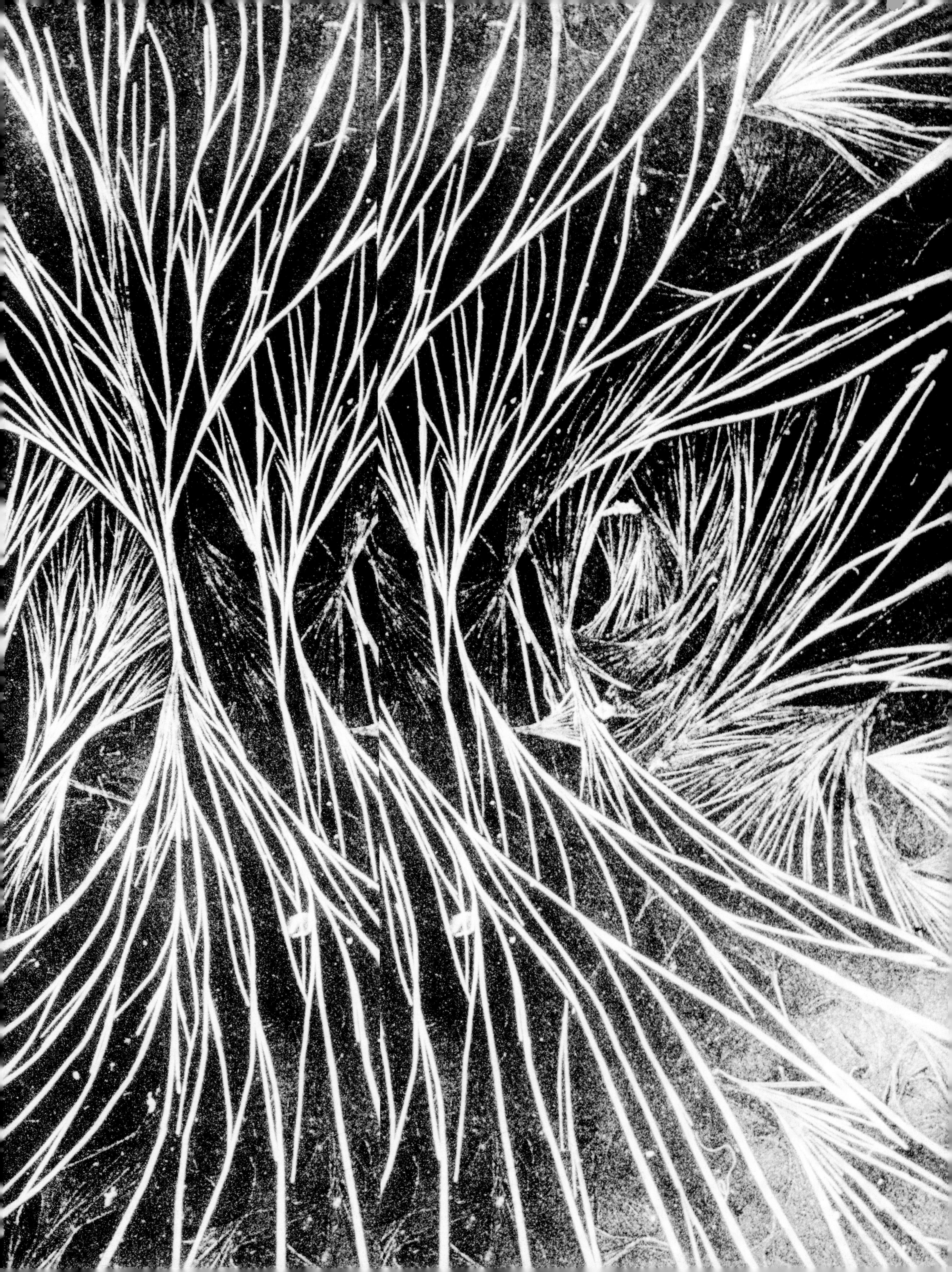

intermascellare – quella parte del cranio che sostiene i denti incisivi superiori in diverse specie animali e nell'uomo. L'anatomista Blumenbach a Gottinga contestava l'esistenza dell'osso intermascellare nell'uomo e in alcuni mammiferi, mentre Samuel Thomas Soemmering e l'olandese Petrus Camper sostenevano che esso fosse assente solo nell'uomo. Le conoscenze anatomiche di Goethe avevano fatto progressi tali che egli non vedeva la ragione di assegnare all'anatomia umana un posto a sé stante. Ciò che non era visibile nella parte anteriore del cranio umano erano le suture dell'osso intermascellare con le parti confinanti della mascella superiore. In seguito all'esame sistematico dei preparati della collezione anatomica di Loder, Goethe giunse alla decisiva conclusione che anche nel cranio dell'uomo adulto la sutura dell'osso intermascellare è riconoscibile nell'area palatina. Il 27 marzo 1784, il giorno della scoperta, scrisse da Jena a Herder che si trovava a Weimar: "Non ho trovato l'oro né l'argento, ma – cosa che mi dà una gioia indicibile – l'osso intermascellare umano. Ho confrontato con Loder i crani dell'uomo e quelli degli animali, l'ho rintracciato e guarda, eccolo qui".[6] Lo stesso giorno Goethe comunicò a Charlotte von Stein: "Mi ha dato un piacere enorme, ho fatto una scoperta anatomica che è importante e bella. Ne devi avere parte anche tu, ma non farne parola con nessuno. Una lettera lo annuncia anche a Herder sotto il sigillo del silenzio. Provo una gioia tale che mi sento tutte le viscere in subbuglio".[7] Goethe ricostruì il percorso della sua scoperta nel saggio sull'osso intermascellare. Questo cosiddetto "Prachthandschrift" (manoscritto rilegato) in lingua tedesca e latina si trova dal 1894 nel Goethe- und Schiller-Archiv di Weimar, ed è illustrato con dieci disegni del giovane pittore weimariano Wilhelm Waitz. Waitz apparteneva agli allievi della Freie Zeichenschule di Weimar e il suo talento indusse Goethe ad avviarlo alla tecnica particolare del disegno anatomico. Tramite Merck e Soemmering, Goethe inviò il manoscritto a Petrus Camper, il più famoso oppositore scientifico della sua teoria. Per quanto l'argomentazione di Goethe possa apparire ancora oggi convincente, essa non trovò tuttavia l'eco desiderata in Camper e Soemmering. Questa circostanza potrebbe essere all'origine della decisione di Goethe di astenersi, almeno per il momento, dalla pubblicazione. Solo nel 1820 egli fece stampare il suo saggio sull'osso intermascellare, privo delle illustrazioni, nel secondo quaderno del primo volume della sua serie *Zur Morphologie* (Sulla morfologia). Nel 1831 il saggio fu ripubblicato nel quindicesimo volume dei *Nova Akta Leopoldina*,[8] questa volta con cinque tavole illustrate tratte da disegni di Wilhelm Waitz. Dei 38 crani animali della collezione osteologica goethiana conservata, otto sono riprodotti nelle illustrazioni.

Nell'agosto 1786 Goethe lasciò Weimar per due anni e, passando per Karlsbad, si diresse in Italia. La situazione a Weimar non lo soddisfaceva più, la sua creatività era in crisi, il futuro doveva essere interamente ripensato. Accanto agli studi sull'arte e l'architettura dell'antichità e del Rinascimento e agli sforzi per perfezionare il suo talento di disegnatore, il viaggio in Italia fornì a Goethe anche nuovi impulsi per i suoi scritti naturalistici. Il *Versuch die Metamorphose der Pflanzen zu erklären* (Tentativo di spiegazione della metamorfosi delle piante), pubblicato in occasione della fiera di Pasqua del 1790, fu ispirato dal contatto con la rigogliosa vegetazione mediterranea. Questo saggio, la prima pubblicazione autonoma di Goethe in materia di scienze naturali, fu inoltre il primo lavoro nel quale egli affrontò il tema dello sviluppo individuale nell'ambito della natura organica. Nella scoperta dell'osso intermascellare umano Goethe era partito dalla premessa che dei princìpi strutturali unitari fossero alla base degli scheletri dei vertebrati, senza che le questioni relative all'origine, mutamento e sviluppo delle condizioni anatomiche rivestissero ancora un'importanza decisiva. Fu grazie ai suoi studi botanici che Goethe giunse a descrivere la forma e la formazione nella loro interazione: "Mi sono dato cura di mostrare che le diverse parti della pianta derivano da un organo del tutto omologo, il quale – per quanto in sostanza rimanga lo stesso – viene tuttavia progressivamente modificato e mutato".[9]

Al fine di dimostrare la sua ipotesi della natura fogliare degli organi della pianta, Goethe suddivise l'evoluzione della pianta annuale in una sequenza comprendente sei tappe fondamentali. A partire dalla germinazione, attraverso la formazione delle foglie caulinari, del calice, della corolla e degli organi sessuali, fino alla formazione del frutto, l'evoluzione della pianta si compie attraverso la metamorfosi funzionale della foglia. Che a questa ipotesi contribuisse anche l'idea di un principio strutturale unitario della pianta è dimostrato dall'idea dell'esistenza di una "pianta archetipica", che Goethe all'inizio credeva di poter rinvenire di fatto tra le varie piante italiane, ma che in seguito intese come tipo vegetale ideale. Goethe non impiegò il concetto di "pianta archetipica" nel senso di una forma originaria dal punto di vista genetico. Nel 1817 egli ripubblicò la *Metamorphose der Pflanzen* negli *Hefte zur Morphologie* (Quaderni di morfologia). Le raccolte tuttora conservate di Goethe testimoniano dei suoi sforzi di illustrare lo scritto sulla metamorfosi. A questo fine egli trasferì in immagini, attraverso disegni di sua mano o eseguiti da altri su sua commissione, tutti i fenomeni atti a dimostrare la natura fogliare degli organi della pianta. Anche nel suo erbario, comprendente 2000 foglie, e tra i preparati della collezione botanica, si trovano molti esempi di metamorfosi. Sebbene per la prevista illustrazione fossero già state eseguite e colorate le prime incisioni in rame, Goethe non poté realizzare il suo progetto di un'edizione illustrata delle metamorfosi. Lo scritto fu pubblicato un'ultima volta nel 1831, con la cura di Goethe e in un'edizione franco-tedesca. La storia della fortuna del saggio sulle metamorfosi, con cui Goethe si è assicurato un posto permanente nella storia della botanica, giunge fino ai giorni nostri. Per quanto non ogni sua ipotesi o affermazione si mostri ancora oggi valida, con il suo metodo morfologico storico-evolutivo Goethe ha esplorato un nuovo territorio della scienza.

Nel 1790 gli studi anatomici di Goethe ricevettero un significativo impulso grazie a una nuova scoperta. Per riaccompagnare a Weimar la duchessa madre Anna Amalia, che si trovava in viaggio di formazione in Italia, Goethe fece ritorno al Sud. "Quando sollevai il capo fracassato di un montone (il cranio di una pecora) dal terreno sabbioso del cimitero ebraico di Venezia, mi accorsi immediatamente che le ossa facciali dovevano essere a loro volta equiparate alle vertebre, poiché vidi chiaramente davanti ai miei occhi il passaggio dall'ala dello sfenoide all'osso etmoide e ai padiglioni auricolari; a quel punto tutto concordò nelle sue linee generali" – così scrisse Goethe negli *Hefte zur Morphologie*, il cui secondo volume apparve tra il 1823 e il 1824.[10] Sulla base degli studi osteologici grazie ai quali aveva scoperto e descritto l'osso mascellare umano, Goethe postulò un tipo generale di scheletro di vertebrato, un modello di base cui ricondurre tutti gli scheletri dei vertebrati. Alla vertebra spettò il ruolo di unità fondamentale dello scheletro, un'idea che era all'origine dell'ipotesi della natura vertebrale del cranio. Dal 1794 al 1796 Goethe espose queste sue congetture nel corso delle lezioni tenute a Jena. L'università della cittadina nei pressi di Weimar rappresentava, come si è già detto, una sede ulteriore delle attività amministrative di Goethe, e in questo contesto la sua competenza scientifica gli tornò particolarmente utile.

Per quanto inizialmente Goethe avesse curato l'ampliamento delle collezioni mosso da un interesse di natura puramente personale, a partire dal 1803 questa attività divenne anche parte dei suoi doveri ufficiali di sovrintendente. Nello stesso anno infatti il professor Loder, che aveva seguito da esperto gli studi di Goethe sull'osso intermascellare, fu chiamato a Halle, e Jena perse così la sua preziosa collezione anatomica. Ciò portò all'ulteriore incremento della collezione ducale attraverso l'acquisizione di molti preparati per uso didattico. Da parte sua Goethe ridusse le proprie collezioni, mettendole a disposizione dell'università. Alcuni dei pezzi originariamente di sua proprietà si trovano ancora oggi nelle collezioni anatomiche e zoologiche dell'istituto. Considerando le complesse giurisdizioni politiche di molti ducati sassoni rispetto alle università, l'ampliamento dei gabinetti ducali e la loro accessibilità al pubblico accademico ebbe anche un significato politico-culturale. In tal modo si creò infatti la possibilità di impiegare dei giovani docenti che, se anche non possedevano di norma una collezione di preparati personale, portavano tuttavia una serie di idee innovative all'interno dell'università.

La questione relativa all'essenza del colore e alla sua percezione, che aveva occupato Goethe durante il viaggio in Italia, continuò a essere oggetto delle sue riflessioni anche a Weimar, dove egli si concentrò soprattutto sulle leggi della colorazione e sull'effetto di luce e ombra nella pittura.

"Quando però si trattava del colore" – annotò Goethe a distanza di anni nel 1810 – "sembrava che tutto fosse lasciato al caso [...] Infine mi resi conto che bisognava avvicinarsi ai colori in quanto fenomeni fisici a partire dalla natura, se si voleva apprendere qualcosa su di loro a fini artistici".[11] Seguirono delle ricerche orientative nella letteratura specializzata; ma nel 1790 fu l'osservazione casuale di spettri colorati attraverso un prisma, che per Goethe assunse il valore di una rivelazione, a indurlo a rigettare la teoria newtoniana dei colori allora dominante, con delle conseguenze decisive per il destino della sua dottrina cromatica. La sensazione di avere scoperto un errore scientifico di Newton restituì nuovo vigore alle sue ricerche sui colori. Già un anno più tardi, nel 1791, fu pubblicato il primo risultato di queste indagini, i *Beiträge zur Optik* (Contributi all'ottica) in cui Goethe, con un metodo accattivante e in tono quasi giocoso, suggerisce al lettore degli esperimenti divertenti con il prisma allo scopo di convertirlo al suo modo di pensare, secondo il quale l'osservazione e l'esperienza sono il fondamento di tutte le scienze. L'osservazione della natura è alla base dell'esperimento, che ha il compito di chiarire l'intreccio di fenomeni oggettivi e perce-

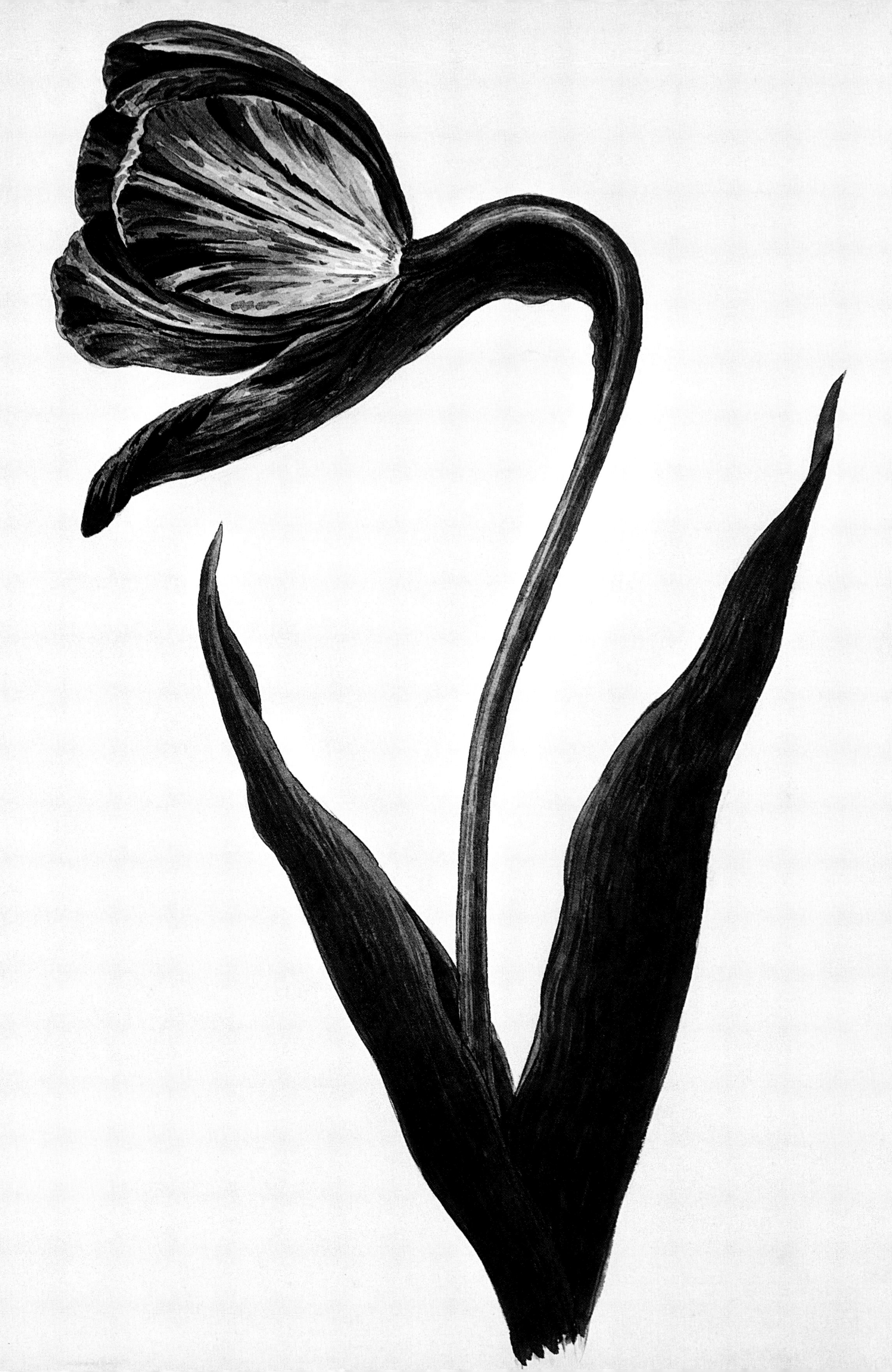

zione e valutazione soggettiva degli stessi. Secondo Goethe, una teoria è valida solo "se comprende sotto di sé tutte le esperienze e viene in aiuto nella loro applicazione pratica".[12]

L'ampia opera di Goethe *Zur Farbenlehre* (La teoria dei colori) fu pubblicata nel 1810. Essa comprende una sezione didattica, in cui è esposta la vera e propria dottrina dei colori di Goethe, una sezione polemica, riservata alla critica della teoria newtoniana del colore, e una vasta "Storia della teoria dei colori" dall'antichità fino ai tempi di Goethe.

Sebbene gli sforzi di Goethe per spiegare il carattere fisico della luce colorata avessero suscitato fin dall'inizio la critica di contemporanei come Georg Christoph Lichtenberg a Gottinga, i suoi esperimenti sulla percezione visiva del colore, metodicamente bene impostati, fornirono importanti chiarimenti sul funzionamento dell'occhio umano.

Interessante a questo proposito è il giudizio espresso da Goethe stesso sulla sua teoria dei colori che, come emerge dalle conversazioni con Johann Peter Eckermann, egli considerava l'opera più significativa della sua vita: "Non mi faccio alcuna illusione sui risultati da me raggiunti come poeta. Dei grandi poeti hanno vissuto ai miei tempi, altri ben più grandi mi hanno preceduto, e altri ancora verranno dopo di me. Ma il fatto che nel mio secolo sono stato il solo a conoscere la verità sulla difficile scienza della cromatica mi riempie di orgoglio e mi dà un senso di superiorità su molti altri".[13]

Il tentativo di ripercorrere in poche pagine una vita durata ottantadue anni, cinquanta dei quali sono stati dedicati allo studio della natura, ci costringe a sintetizzare molto e a tralasciare materiale anche importante. Vale la pena di ricordare a questo proposito che gli scritti sulla natura di Goethe occupano da soli 14 volumi in-quarto della Sophien-Ausgabe di Weimar, di cui formano la seconda sezione. A ciò si aggiungono i molteplici rapporti intrattenuti da Goethe con gli scienziati contemporanei, che qui abbiamo potuto menzionare solo in parte. Personaggi importanti come Alexander von Humboldt, George Cuvier e Geoffroy Saint-Hillaire a Parigi, i medici Hufeland, padre e figlio, i fratelli Nees von Esenbeck, entrambi botanici a Bonn, e il loro collega di Monaco Karl Friedrich Philipp von Martius rappresentarono per Goethe degli stimolanti interlocutori e corrispondenti. I fratelli Nees von Esenbeck e von Martius, al pari del medico dal talento eclettico Carl Gustav Carus, erano i rappresentanti di una nuova generazione di scienziati che raccoglieva l'eredità di Goethe; in essi il poeta vedeva continuato e sviluppato il suo pensiero scientifico. Vale inoltre la pena di ricordare la lunga attività amministrativa di Goethe a favore delle istituzioni scientifiche del ducato, nonché delle biblioteche di Weimar e Jena e dell'Orto botanico, la cura delle collezioni di scienze naturali di Jena con i loro gabinetti zoologici, anatomici e mineralogici, e la responsabilità dell'istituto di fisica e chimica, dell'osservatorio e della scuola veterinaria, con sede a Jena.

Il molteplice intreccio fra gli scritti scientifici di Goethe e la sua opera letteraria meriterebbe una trattazione a parte; tuttavia nel *Wilhelm Meister*, nel *Faust* o nelle *Wahlverwandtschaften* (Le affinità elettive) si possono rinvenire gli esiti importanti delle conoscenze di Goethe nel campo della natura.

Goethe si irritava quando le sue ambizioni scientifiche non gli erano riconosciute, sia che si mettesse in dubbio la sua capacità di penetrare da dilettante nell'universo chiuso degli scienziati, sia che gli si rimproverasse di sprecare in un campo per lui non fertile il suo talento che andava in un'altra direzione. Agli scettici egli rispose in tono offeso o brusco, o anche con dei versi che suonano come una dichiarazione poetica:

Arte e natura sembrano fuggirsi,

e in men che non si dica si ritrovano;

ogni conflitto anche in me s'è dileguato

e in entrambe mi pare di provar diletto.[14]

1   *Goethes Werke*, pubblicate su incarico della granduchessa Sophie von Sachsen (cosiddetta Weimarer oppure Sophien Ausgabe), Weimar 1887-1919, I 27, p. 236 (d'ora in avanti indicata con la sigla WA).

2   WA I 27, p. 257 sg.

3   WA IV 4, p. 309 sg.

4   Wolfgang Herwig (a cura di), *Goethes Gespräche*, Zürich/Stuttgart 1965-84, vol. 3.2, p. 723.

5   Johann Wolfgang von Goethe, *Die Schriften zur Naturwissenschaft*. Edizione completa con annotazioni su incarico dell'Accademia tedesca degli scienziati (Leopoldina), Weimar 1947, I 1, p. 189 sgg. (d'ora in avanti indicata con la sigla LA).

6   WA IV 6, p. 258.

7   WA IV 6, p. 259.

8   *Nova Acta Physico-Medica Academiae Cesareae Leopoldino-Carolinae*, Bonnae MDCCCXXXI, p. 1 sg.

9   Johann Wolfgang von Goethe, *Metamorphose der Pflanzen, Zweiter Versuch*, LA I 10, p. 67.

10 LA I 9, p. 309.

11 Johann Wolfgang von Goethe, *Zur Farbenlehre, Historischer Teil*, LA I 6, p. 417.

12 WA II 5.1, p. 9.

13 Regine Otto (a cura di), *Johann Peter Eckermann: Gespräche mit Goethe in den letzten Jahren seines Lebens*, Berlin/Weimar 1987, p. 283.

14 WA I 4, p. 127.

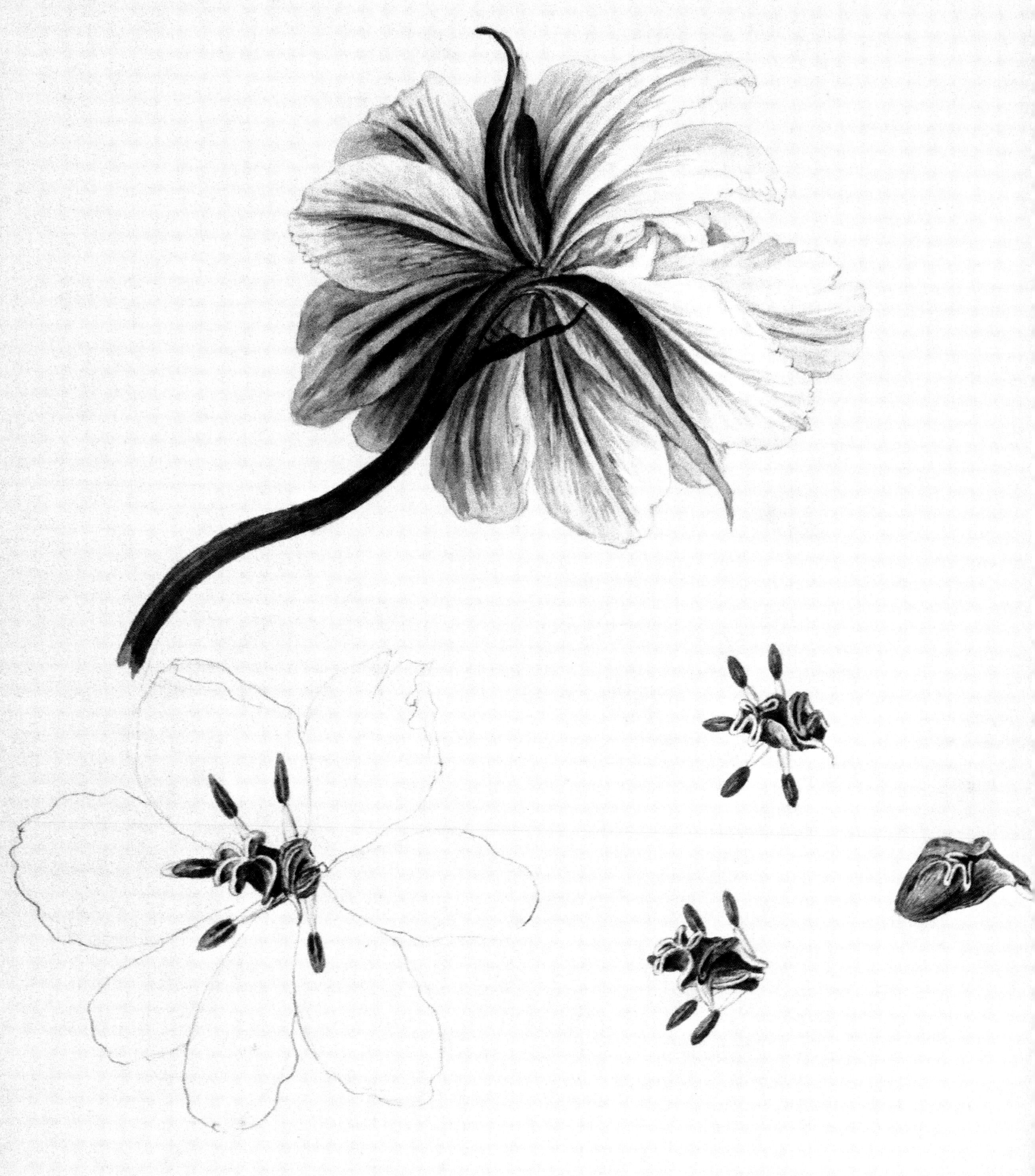

GOETHE UND DIE NATURWISSENSCHAFTEN

Gisela Maul

Die Vielschichtigkeit dieser Seite der Goetheschen Existenz zu beleuchten, heißt den Anatomen, Botaniker, Geologen, den Schöpfer einer Farbenlehre, den Wissenschaftsorganisator und den Sammler hervortreten zu lassen.

Mit naturhistorischen Fragestellungen kam der 16-jährige Student der Jurisprudenz zuerst im Kreise seiner Tischgenossen beim Rektor der Leipziger Universität in Berührung. Berühmte Namen wie Haller, Linné und Buffon hörte er dort zum ersten Mal. Über ihre Irrtümer und Verdienste wurde debattiert und gestritten, und Goethe wurde nach und nach mit dem neuen Feld und seiner Terminologie vertraut.

Unterbrochen durch Krankheit und die anschließende Zeit der Genesung im Frankfurter Elternhaus setzte Goethe sein Jurastudium im Jahre 1770 in Straßburg fort. Auch hier waren die meisten Tischgenossen Mediziner, die, so Goethe, "einzigen Studierenden, die sich in ihrer Wissenschaft, in ihrem Metier, auch außer den Lehrstunden mit Lebhaftigkeit unterhalten. Es liegt in der Natur der Sache. Die Medizin beschäftigt den ganzen Menschen, weil sie sich mit dem ganzen Menschen beschäftigt".[1]

Unter dem Dache der medizinischen Fakultäten hatten naturwissenschaftliche Fächer wie Zoologie und Botanik im 18. Jahrhundert eine bedeutende Entwicklung vollzogen. Ihre Emanzipation zu eigenständigen akademischen Disziplinen setzte im Verlaufe des 19. Jahrhunderts ein. An der Jenaer Universität wurden diese Emanzipationsbestrebungen später, als Goethe längst etabliert war, maßgeblich durch sein amtliches Wirken befördert.

Im zweiten Straßburger Semester beginnt Goethe Chemie und Anatomie zu hören und nimmt auch an anatomischen Übungen teil. Rückblickend heißt es in *Dichtung und Wahrheit*: "Die Anatomie war mir auch deshalb doppelt wert, weil sie mich den widerwärtigsten Anblick ertragen lehrte, indem sie meine Wißbegierde befriedigte. Und so besuchte ich auch das Klinikum [...] sowie die Lektionen der Entbindungskunst [...] in der doppelten Absicht, alle Zustände kennenzulernen und mich von allen Aprehensionen gegen widerwärtige Dinge zu befreien. Ich habe es wirklich darin soweit gebracht, dass nichts dergleichen mich jemals aus der Fassung setzen konnte".[2]

1774 regte die Bekanntschaft mit dem Schweizer Theologen Johann Caspar Lavater zur Beschäftigung mit der Physiognomik an. Für Lavaters *Physiognomische Fragmente* lieferte Goethe ein Jahr später einen Aufsatz über die Beschaffenheit verschiedener Tierschädel und damit seinen ersten Beitrag naturhistorischen Charakters.

Mit einer Einladung des jungen, eben volljährig gewordenen Herzogs Carl August von Sachsen-Weimar im November 1775 beginnt für Goethe eine neue Lebensepoche. Aus dem Besuch wurde ein lebenslanges Bleiben.

Am 11. Juni 1776 wurde Goethe zum Geheimen Legationsrat ernannt, damit begann seine amtliche Laufbahn, die ihn auf unterschiedlichste Weise mit den Naturwissenschaften verbindet. Bereits seit Anfang des Jahres 1776 hatte der Herzog Carl August vorbereitende Maßnahmen zur Wiederaufnahme des Ilmenauer Bergbaus angeordnet. Noch vor seinem Amtsantritt besuchte Goethe die Ilmenauer Kupferschiefergruben und die Steinkohlegruben von Kammerberg. Seit 1777 stand er der Bergwerkskommission vor und erhielt damit die politische Verantwortung für die geplante Sanierung des Bergbaus im Thüringer Wald. Dieses Amt, das ohne Sachverstand nicht kompetent auszuüben gewesen wäre, gab ihm Anlass zur systematischen Aneignung bergbaulicher und geologischer Kenntnisse.

Für das Ilmenauer Unternehmen informierte sich Goethe in Bergwerksangelegenheit nicht nur in Thüringen. Auch während einer Reise in den Harz im Dezember 1777 wurden Gruben in Clausthal, Zellerfeld und Andreasberg besichtigt. Im Hinblick auf ein zunehmendes geologisches Interesse war Goethes zweite Reise in die Schweiz in Begleitung Carl Augusts im Jahre 1779 bedeutsam. Wie sich das Interesse zur Begeisterung ausweitete, zeigt ein Brief Goethes an seinen Darmstädter Freund Johann Heinrich Merck vom 11. Oktober 1780: "Nun muß ich Dir von meinen mineralogischen Untersuchungen einige Nachricht geben. Ich habe mich diesen Wissenschaften, da mich mein Amt dazu berechtigt, mit einer völligen Leidenschaft ergeben und habe, da Du das Anzügliche davon selbst kennst, eine sehr große Freude daran".[3]

Nach Schaffung der wirtschaftlichen und rechtlichen Voraussetzungen wird 1784 der Bau eines neuen Schachtes begonnen. Erst im September 1792 kann die erste Tonne Kupferschiefer gewonnen werden. Unbefriedigende Förderergebnisse und ein Stollenbruch im Oktober 1796 verurteilen das Unternehmen endgültig zum Scheitern.

Für Goethe ergeben sich aus dem Bergbauamt dauerhafte persönliche und fachliche Beziehungen. So zu dem sächsischen Berghauptmann Friedrich Wilhelm Heinrich von Trebra, mit dem er den Harz bereist hatte, oder zu dem Geologen Johann Carl Wilhelm Voigt, dem Goethe eine der ersten Erwerbungen für seine geologische Sammlung verdankte: die Belegsammlung zur Geologie des Herzogtums Sachsen-Weimar-Eisenach. Sie wurde von Voigt als Ergebnis einer Studienreise zusammen mit einer entsprechenden Veröffentlichung vorgelegt. Diese Sammlung umfasst 421 Katalognummern und ist bis heute im Arbeitsvorzimmer des Goetheschen Wohnhauses in Weimar untergebracht.

Sammeln, nicht nur im Bereich der Geologie, gehörte zu Goethes autodidaktischem Instrumentarium. Gegenüber dem Weimarer Kanzler von Müller äußerte er am 19. November 1830 im Zusammenhang mit der Abfassung seines Testamentes: "Meine Sammlungen jeder Art sind der genauesten Fürsorge wert. Ich habe nicht nach Laune oder Willkür sondern jedesmal mit Plan und Absicht zu meiner folgerechten Bildung gesammelt und ich habe an jedem Stück meines Besitzes etwas gelernt. In diesem Sinne will ich diese meine Sammlung konserviert sehen".[4] Dem Willen des Großvaters trug der letzte Goethe-Enkel, Walther Wolfgang von Goethe, mit seinem Testament Rechnung, indem er den gesamten gegenständlichen Nachlass des

Großvaters an den Weimarisch-Sächsischen Staat übergab. Die geologische Sammlung allein wuchs in fünf Jahrzehnten auf ca. 18.000 Stücke an, was Goethe 1817 dazu veranlasste, einen an sein Grundstück grenzenden kleinen Pavillion für die Unterbringung dieser Sammlung zu erwerben. Sie besteht aus 100 regionalen Suiten und drei systematischen Sammlungen – der systematischen Mineraliensammlung, der systematischen Gesteinssammlung und der Sammlung zur Paläontologie.

Weitere 5.000 botanische, osteologische, physikalische Objekte und Experimentiergeräte zur Physik und zur Farbenlehre bilden den naturhistorischen Sammlungsnachlass Goethes, der heute im Goethe-Nationalmuseum aufbewahrt wird. Neben den schriftlichen Überlieferungen gehören diese Sammlungen zu den aussagekräftigsten Zeugnissen seiner naturwissenschaftlichen Aktivitäten.

Das Sammeln freilich ist nur ein Aspekt der Auseinandersetzung mit naturwissenschaftlichen Fragestellungen. Hinzu kommt die Diskussion zeitgenössischer Theorien mit Freunden und Wissenschaftlern und schließlich die eigenen Arbeiten in den verschiedenen Disziplinen. Es steht außer Zweifel, dass die Geologie einen breiten Raum innerhalb der naturkundlichen Studien Goethes einnahm. Ihr verdankte er wichtige Impulse für sein vom Entwicklungsdenken geprägtes Weltbild. Fördernd wirkte Goethe seinerseits auf die noch junge Wissenschaft zurück. Seinem Engagement ist es zu verdanken, dass die 1798 in Jena gegründete Mineralogische Gesellschaft 1803 unter den Schutz des Herzogs Carl August gestellt wurde. Durch die Vereinigung der herzoglichen Sammlung mit den Beständen der Sozietät, durch die Bewilligung finanzieller Mittel für weitere Ankäufe entstand eine Sammlung von europäischem Rang, die bis heute erhalten geblieben ist und jetzt zur geowissenschaftlichen Fakultät der Jenaer Universität gehört.

Beim Blick auf Goethes publizistische Versuche in der Geologie, so auf die von ihm selbst herausgegebene Folge der *Naturwissenschaftlichen Hefte*, die den Untertitel *Erfahrungen, Betrachtungen, Folgerungen durch Lebensereignisse verbunden* trägt, wird deutlich, dass sein lebhaftes Interesse für die Wissenschaft weit über das Wirkungsfeld seiner dienstlichen Verpflichtungen hinausgeht. Die bei zahlreichen Badeaufenthalten erlebte, erwanderte, ersammelte und mit Freunden oder Fachleuten erörterte Geologie Böhmens beanspruchte in hohem Maße die Aufmerksamkeit Goethes. Das Erlebnis eines Vesuvausbruches während der Italienreise veranlasst ihn, seine Position zum so genannten Neptunisten-Vulkanisten-Streit, der geologischen Auseinandersetzung um die Entstehung des Basaltes, zu überdenken. Im Ergebnis entsteht ein Aufsatz mit dem Titel: *Vergleichs-Vorschläge die Vulkanier und Neptunier über die Entstehung des Basaltes zu vereinigen.*[5]

1781 nimmt Goethe seine Anatomiestudien bei dem Jenaer Professor Justus Christian Loder wieder auf. Die erworbenen Kenntnisse gibt er bei Vorlesungen an der Weimarer Zeichenschule weiter. Neben Loder ist der Darmstädter Freund Johann Heinrich Merck Gesprächspartner und Korrespondent in anatomischen Fragen. Beide verfolgten zu dieser Zeit die Diskussionen unter Anatomen um die Existenz des Zwischenkieferknochens – jenes Bereiches des Gesichtsschädels, der die oberen Schneidezähne trägt – bei

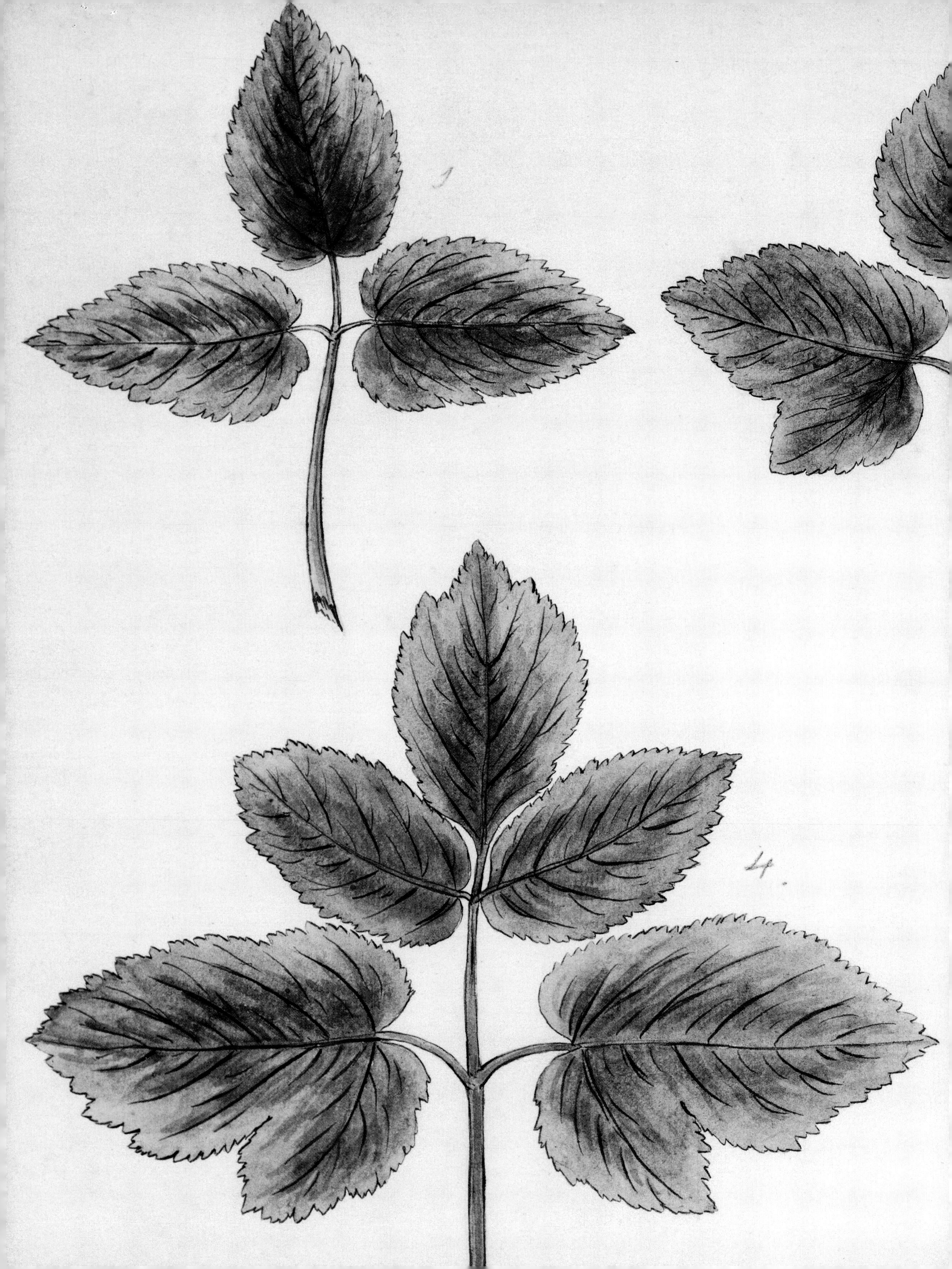

1
4

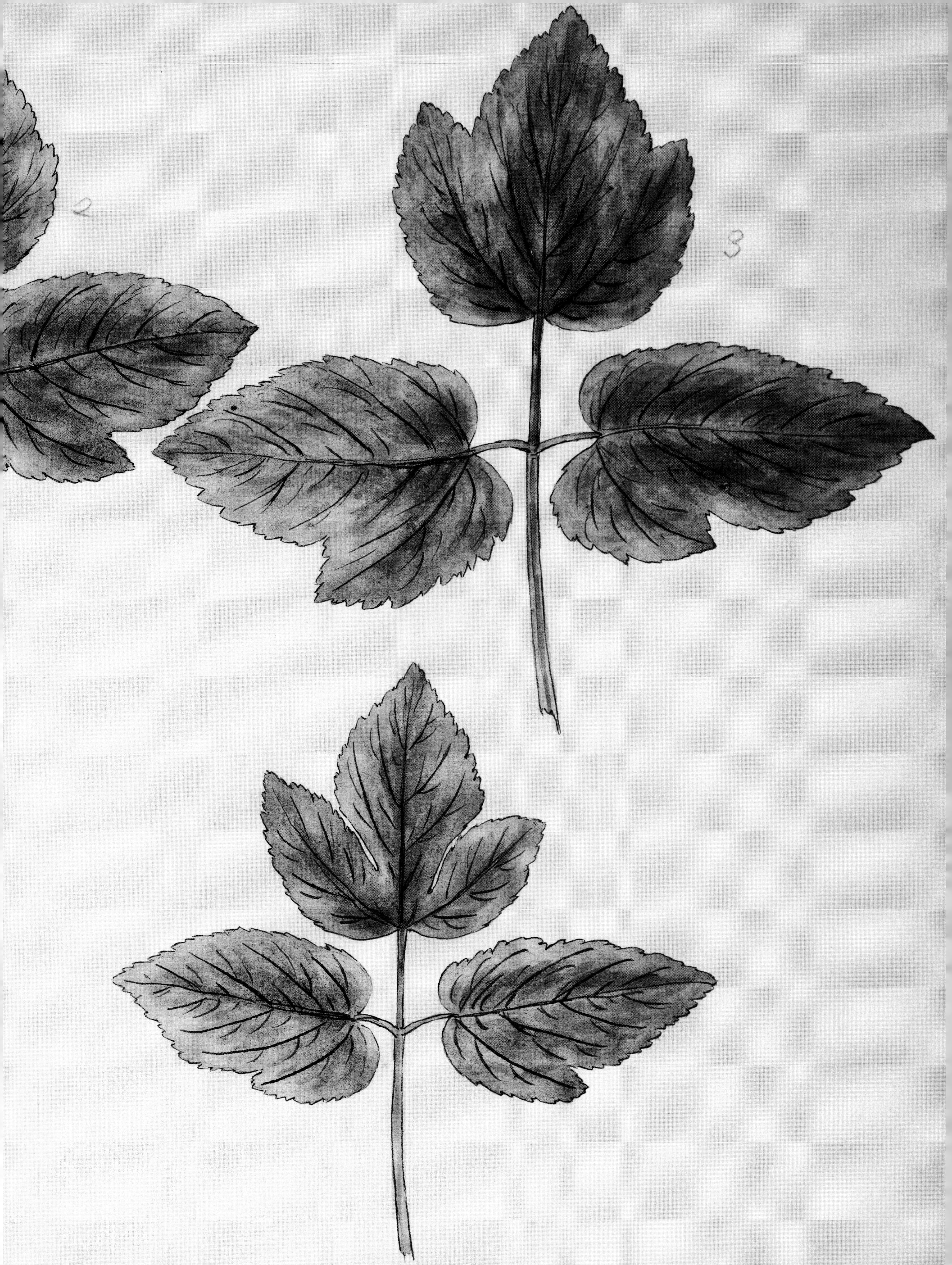
2
3

verschiedenen Tierarten und beim Menschen. Der Anatom Blumenbach in Göttingen sprach dem Menschen sowie einigen Säugetieren den Zwischenknochen ab, wogegen Samuel Thomas Soemmering und der Niederländer Petrus Camper nur dem Menschen keinen Zwischenkieferknochen zugestehen wollten. Goethes anatomische Kenntnisse waren inzwischen soweit gediehen, dass es keinen Grund für ihn geben konnte, der menschlichen Anatomie einen gesonderten Platz zuzuweisen. Was man am menschlichen Gesichtsschädel nicht sehen konnte, waren die Begrenzungsnähte des Zwischenkieferknochens zu den benachbarten Teilen des Oberkiefers. Nach systematischen Untersuchungen an den Präparaten der anatomischen Sammlung Loders, gelang Goethe die entscheidende Beobachtung: Auch bei Schädeln erwachsener Menschen ist die Zwischenkiefernaht noch im Bereich des Gaumendaches zu erkennen. Und er schreibt am Tage der Entdeckung am 27. März 1784 aus Jena an Herder in Weimar: "Ich habe gefunden weder Gold noch Silber, aber was mir eine unsägliche Freude macht, das os intermaxillare am Menschen. Ich verglich mit Lodern Menschen und Tierschädel, kam auf die Spur und siehe, da ist es".[6]

An Charlotte von Stein heißt es am gleichen Tag: "Es ist mir ein köstliches Vergnügen geworden, ich habe eine anatomische Entdeckung gemacht, die wichtig und schön ist. Du sollst auch Dein Teil daran haben, sage aber niemand ein Wort. Herdern kündigt's auch ein Brief unter dem Siegel der Verschwiegenheit. Ich habe eine solche Freude, dass sich mir alle Eingeweide bewegen".[7] Den Gang seiner Entdeckung vollzog Goethe in der Abhandlung vom Zwischenkieferknochen nach. Diese so genannte Prachthandschrift in deutscher und lateinischer Sprache befindet sich seit 1894 im Weimarer Goethe- und Schiller-Archiv. Sie ist mit zehn Zeichnungen des jungen Weimarer Malers Wilhelm Waitz illustriert. Waitz gehörte zu den Zöglingen der Weimarer Freien Zeichenschule. Sein Talent schien Goethe geeignet, ihn in die besonderen Anforderungen anatomischen Zeichnens einzuweisen. Goethe sandte die Prachthandschrift vermittelt durch Merck und Soemmering an Petrus Camper, den namhaftesten wissenschaftlichen Opponenten seiner Auffassung. So überzeugend uns Goethes Beweisführung auch heute erscheinen mag, sie fand nicht den erwünschten Widerhall bei Camper und Soemmering. Diese Umstände mögen den Ausschlag gegeben haben, dass Goethe von einer Veröffentlichung vorerst absah. Erst 1820 im 2. Heft des 1. Bandes seiner Schriftenreihe *Zur Morphologie* lässt Goethe seine Zwischenkieferarbeit, allerdings ohne Abbildungen, drucken. 1831 wurde sie im 15. Band der *Nova Acta Leopoldina*[8] erneut publiziert. Diesmal mit fünf illustrierenden Tafeln nach den Zeichnungen von Wilhelm Waitz. Von den 38 Tierschädeln der erhalten gebliebenen Goetheschen osteologischen Sammlung sind acht Schädel auf den Darstellungen wiedergegeben.

Im August 1786 verließ Goethe Weimar für zwei Jahre. Über Karlsbad reiste er nach Italien. Die Weimarer Verhältnisse schienen ihn eingeschränkt zu haben, das künstlerische Schaffen steckte in einer Krise, die weitere Zukunft musste neu bedacht werden. Neben den Studien zur Kunst und Architektur der Antike und Renaissance, neben den Bemühungen um die weitere Ausbildung der eigenen zeichnerischen Fähigkeiten brachte die Italien-Reise auch für die naturwissenschaftlichen Arbeiten Goethes neue Impulse: So wurde der zur Ostermesse 1790 erschienene *Versuch die Metamorphose der Pflanzen zu erklären* wesentlich durch das Erleben der üppigen mediterranen Vegetation angeregt. Dieser Essay, die erste eigenständige naturwissenschaftliche Publikation Goethes, war zudem die erste Arbeit, mit der er den Gedanken der Individualentwicklung im Bereich der belebten Natur thematisierte. Bei der Entdeckung des menschlichen Zwischenkieferknochens war Goethe allein von den Prämissen einheitlicher Konstruktionsprinzipien der Wirbeltierskelette ausgegangen, ohne dass schon die Fragen nach Entstehung, Wandel und Entwicklung der anatomischen Gegebenheiten eine entscheidende Rolle gespielt hätten. Erst seine botanischen Studien führten Goethe dazu, Gestalt und Bildung in ihrer Wechselwirkung zu beschreiben: "Ich habe zu zeigen mich bemüht, dass die verschiedenen Teile der Pflanze einem völlig ähnlichen Organ entspringen, welches ob es gleich im Grunde immer dasselbe bleibt, durch eine Progression modifiziert und verändert wird".[9]

Um die Hypothese von der Blattnatur der Pflanzenorgane zu beweisen, gliederte Goethe die Entwicklung der (einjährigen) Pflanze in eine sechs Hauptschritte umfassende Stufenfolge. Beginnend mit der Keimung über die Ausbildung der Stengelblätter, gefolgt von der Bildung des Kelches, der Krone und der Geschlechtswerkzeuge bis zur Ausbildung der Frucht wird die Pflanzenentwicklung durch den funktionsbedingten Gestaltwandel des Blattes vollzogen. Dass dabei auch Vorstellungen von einem einheitlichen Konstruktionsprinzip der Pflanze beteiligt waren, zeigt Goethes Annahme der Existenz einer Urpflanze, von der er erst meinte, sie realiter unter der Vielzahl der Gewächse Italiens finden zu können, die er später jedoch als ideellen Pflanzentypus verstanden wissen wollte. Im Sinne einer realgenetischen Stammform verwendete Goethe den Begriff der Urpflanze nicht. 1817 veröffentlichte Goethe die *Metamorphose der Pflanzen* erneut in den *Heften zur Morphologie*. Die überlieferten Sammlungen Goethes zeugen von seinen Bemühungen, die Metamorphoseschrift zu illustrieren. Dabei setzte er alle Erscheinungen ins Bild durch eigene oder aber bei Künstlern in Auftrag gegebene Zeichnungen, die geeignet sind, die Blattnatur der Pflanzenorgane zu belegen. Auch im 2000 Blatt umfassenden Herbarium und unter den Präparaten der botanischen Sammlung befinden sich viele Metamorphosebeispiele. Obwohl für die beabsichtigte Illustration bereits erste Kupferstiche gestochen und koloriert wurden, konnte Goethe seinen Plan einer illustrierten Metamorphoseausgabe nicht realisieren. Ein letztes Mal erschien die Arbeit unter Goethes editorischer Aufsicht 1831 als deutsch-französische Ausgabe. Bis in die Gegenwart reicht die Rezeptionsgeschichte der Metamorphoseschrift, mit der sich Goethe einen bleibenden Platz in der Geschichte der Botanik erworben hat. Wenn auch nicht jede Hypothese, jede Aussage bis heute standhalten konnte, betrat Goethe mit seiner morphologisch-entwicklungsgeschichtlichen Methode doch wissenschaftliches Neuland.

Im Jahre 1790 werden Goethes anatomische Studien durch einen Fund belebt: Um die Herzogin-Mutter Anna Amalia von einer Bildungsreise in Italien nach Weimar zurückzuholen, reiste Goethe erneut in den Süden. "Als ich aus dem Sande des dünenhaften Judenfriedhofs von Venedig einen zerschlagenen Schöpsenkopf [Schafsschädel] aufhob, gewahrt` ich augenblicklich, dass die Gesichtsknochen gleichfalls aus

Wirbeln abzuleiten seien, indem ich den Übergang vom ersten Flügelbeine zum Siebbeine und den Muscheln ganz deutlich vor Augen sah; da hatt' ich denn das Ganze im allgemeinen beisammen" – so schrieb Goethe in den *Heften zur Morphologie*, deren 2. Band zwischen 1823 und 1824 erschien.[10] Geschult durch die osteologischen Studien bei der Entdeckung und Beschreibung des menschlichen Zwischenkiefers schlug Goethe jetzt einen allgemeinen Typus des Wirbeltierskelettes vor, ein Grundschema, auf das alle Wirbeltierskelette zurückzuführen seien. Dabei kam dem Wirbel die Rolle der Grundeinheit des Skelettes zu – eine Vorstellung, an die sich die Annahme von der Wirbelnatur des Schädelskelettes folgerichtig anschloss. In den Jahren 1794 bis 1796 trug Goethe seine Anschauung bei Lesungen in Jena vor.

Die Universität in der Weimar benachbarten Stadt war, wie schon oben erwähnt, ein weiteres amtliches Wirkungsfeld Goethes, bei dem seine naturwissenschaftliche Kompetenz den wissenschaftsorganisatorischen Aufgaben zugute kam.

War Goethe zunächst an der Erweiterung der Sammlungen aus eigenem Interesse beteiligt, so wurde sie ihm seit 1803 im Rahmen seiner oberaufsichtlichen Tätigkeit zur amtlichen Pflicht.

Im selben Jahr folgte Professor Loder, der Goethes Zwischenkieferstudien kompetent begleitet hatte, einem Ruf nach Halle, wodurch Jena dessen wertvolle anatomische Sammlung verlor. Das führte zum weiteren Ausbau der herzoglichen Sammlung durch den Ankauf vieler als Lehrmittel geeigneter Präparate. Dabei lichtete Goethe auch seine eigenen Studiensammlungen und stellte sie der Universität zu Verfügung. Einigen der Stücke können wir noch heute in den anatomischen und zoologischen Institutssammlungen begegnen. Bei komplizierten politischen Zuständigkeiten mehrerer sächsischer Herzogtümer für die Universität war der Ausbau der herzoglichen Kabinette und ihre Bereitstellung für den Lehrbetrieb auch von bildungspolitischer Bedeutung. So bestand die Möglichkeit, junge Lehrkräfte einzustellen, die für gewöhnlich noch keine eigenen Präparatensammlungen besaßen, ihrerseits aber innovatives Ideengut an die Universität bringen konnten.

Die Frage nach dem Wesen der Farbe und der Farbwahrnehmung brachte Goethe von seiner Italienreise mit nach Weimar, wobei es ihm vor allem um die Gesetzmäßigkeiten der Farbgebung und die Wirkung von Licht und Schatten in der Malerei ging.

"Kam es aber an die Färbung", erinnerte sich Goethe 1810, "so schien alles dem Zufall überlassen zu sein [...] Ich hatte nämlich zuletzt eingesehen, dass man den Farben, als physischen Erscheinungen, erst von der Seite der Natur beikommen müsse, wenn man in Absicht auf die Kunst etwas über sie gewinnen wolle".[11] Nach tastenden Orientierungen in der Literatur führte 1790 eine eher zufällige Beobachtung farbiger Kantenspektren beim Blick durch ein Prisma, die Goethe in den Rang einer Offenbarung erhob, zu der bedeutungsvollen und später für das Schicksal seines chromatischen Lehrgebäudes folgenreichen, dezidierten Abkehr von der allgemein anerkannten Farbentheorie Newtons. Die instinktive Ahnung, einen wissenschaftlichen Irrtum Newtons aufgespürt zu haben, belebte ganz entscheidend seine eigenen

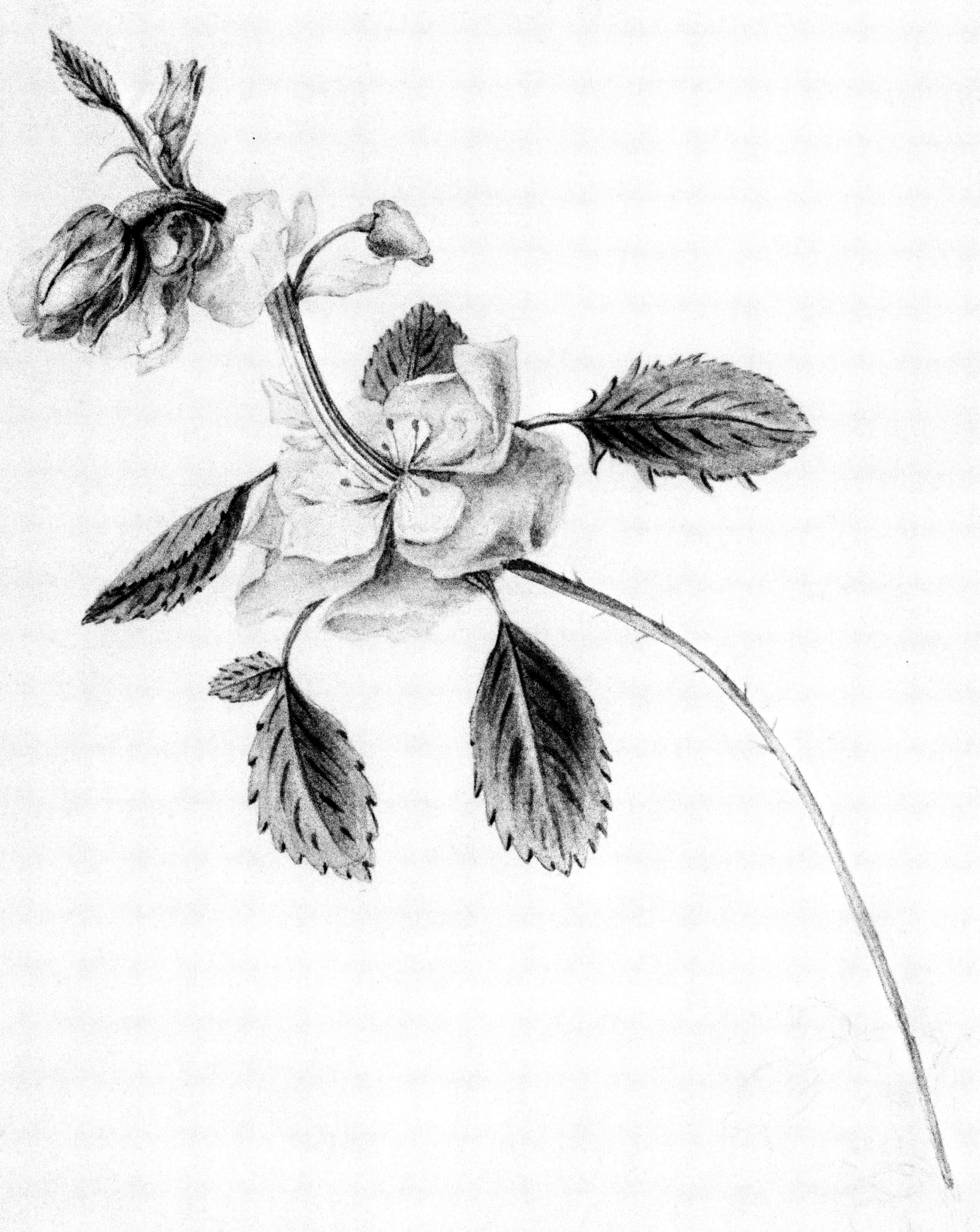

Bemühungen zum Thema Farbe. Schon ein Jahr später, 1791, erschienen als erstes Resultat die *Beiträge zur Optik*, in denen Goethe in faszinierender Didaktik dem Leser geradezu spielerisch anmutende Experimente mit dem Prisma vorschlägt, die ihn auf seine Denkungsart einstimmen sollen: Danach sind Anschauung und Erfahrung das Fundament aller Naturwissenschaft. Die Naturbeobachtung berechtigt zum Experiment, das die Verstrickung zwischen der objektiven Erscheinung und der subjektiven Wahrnehmung und Bewertung zu klären hat. Die Theorie, so Goethe, sei erst dann schätzenswert, "wenn sie alle Erfahrungen unter sich begreift und der praktischen Anwendung derselben zu Hilfe kommt".[12]

1810 erscheint Goethes umfangreiches Hauptwerk *Zur Farbenlehre*. Es besteht aus dem didaktischen Teil, der eigentlichen Farbenlehre Goethes, dem polemischen Teil, Goethes Auseinandersetzung mit der Farbentheorie Newtons, und einer umfangreichen "Geschichte der Farbenlehre" von der Antike bis zu Goethes Gegenwart.

Werden seine Bemühungen, den physikalischen Charakter des farbigen Lichtes zu erklären, bereits von Zeitgenossen wie Georg Christoph Lichterberg in Göttingen kritisiert, so geben die methodisch gut aufgebauten Versuche zum Farbsehen wichtige Aufschlüsse über die Funktionsweise des menschlichen Auges.

Interessant ist Goethes eigene Bewertung seines Farbenlehrewerkes, das er gegenüber Johann Peter Eckermann als seine wichtigste Lebensleistung hervorhebt: "Auf alles, was ich als Poet geleistet habe, bilde ich mir gar nichts ein. Es haben treffliche Dichter mit mir gelebt, es lebten noch trefflichere vor mir, und es werden ihrer nach mir sein. Dass ich aber in meinem Jahrhundert in der schwierigen Wissenschaft der Farbenlehre der einzige bin, der das Rechte weiß, darauf tue ich mir etwas zugute, und ich habe daher ein Bewusstsein der Superiorität über viele".[13]

Ein 82 Jahre währendes Leben und mehr als 50 Jahre engagierter Naturstudien auf wenigen Seiten Revue passieren zu lassen zwingt dazu, Vieles, auch Wichtiges zu verkürzen. Man bedenke, dass allein die naturwissenschaftlichen Schriften Goethes als Zweite Abteilung der Weimarer Sophien-Ausgabe 14 Quart-Bände umfassen. Hinzu kommen die vielfältigen Verbindungen zu zeitgenössischen Forschern, von denen hier nur wenige erwähnt werden konnten. Anregende Gesprächs- und Briefpartner für Goethe waren weitere bedeutende Männer wie Alexander von Humboldt, George Cuvier und Geoffroy Saint-Hillaire in Paris, die Ärzte Hufeland, Vater und Sohn, die Gebrüder Nees von Esenbeck als Botaniker in Bonn und ihr Kollege Karl Friedrich Philipp von Martius aus München. Letztere sind bereits wie der vielseitig begabte Mediziner Carl Gustav Carus die Vertreter einer neuen Wissenschaftlergeneration, die Goethe nachfolgt, mit denen er seine naturwissenschaftliche Denkungsart fortgesetzt und weiterentwickelt sieht. Bedenken wir weiter das langjährige amtliche Wirken Goethes für die wissenschaftlichen Einrichtungen des Herzogtums wie für die Bibliotheken in Weimar und Jena sowie den Botanischen Garten, die Betreuung der naturwissenschaftlichen Sammlungen in Jena mit ihren zoologischen, anatomischen und mineralogischen Kabinetten sowie die Verantwortung für die chemisch-physikalische Anstalt, die Sternwarte und Tierarzneischule, ebenfalls in Jena.

Die vielfache Verflechtung zwischen Goethes naturwissenschaftlichen Arbeiten und seinem literarischen Werk verdiente eine eigene profunde Betrachtung, begegnen wir doch in *Wilhelm Meister*, im *Faust* oder in den *Wahlverwandtschaften* wichtigen Resultaten der Goetheschen Naturerkenntnisse.

Mit großer Sensibilität registrierte Goethe, wenn man ihm seine naturkundlichen Ambitionen nicht zugestehen wollte. Sei es, dass ihm die Kompetenz abgesprochen wurde, als Laie in die Refugien der Naturforscher einzudringen, sei es, dass man die Vergeudung eines ganz anderes veranlagten Talentes auf unergiebigem Feld beklagte. Den Skeptikern wurde verletzt oder schroff oder auch mit bekennenden Versen entgegengetreten:

Natur und Kunst, sie scheinen sich zu fliehen,
und haben sich, eh man es denkt, gefunden;
Der Widerwille ist auch mir entschwunden,
und beide scheinen gleich mich anzuziehen.[14]

1 *Goethes Werke,* hg. im Auftrag der Großherzogin Sophie von Sachsen (sog. Weimarer oder Sophien Ausgabe), Weimar: 1887-1919, I 27, S. 236 (künftig mit WA bezeichnet).
2 WA I 27, S. 257-f.
3 WA IV 4, S. 309-f.
4 Wolfgang Herwig (Hg.), *Goethes Gespräche,* Zürich/Stuttgart: 1965-84, Bd. 3.2, S. 723.
5 Johann Wolfgang von Goethe, *Die Schriften zur Naturwissenschaft. Vollständige, mit Erläuterungen versehene Ausgabe, herausgegeben im Auftrage der Deutschen Akademie der Naturforscher (Leopoldina) von Halle,* Weimar: 1947, I 1, S. 189-ff. (künftig mit LA bezeichnet).
6 WA IV 6, S. 258.
7 WA IV 6, S. 259.
8 *Nova Acta Physico-Medica Academiae Cesareae Leopoldino-Carolinae,* Bonnae MDCCCXXXI, S. 1-ff.
9 Johann Wolfgang von Goethe, *Metamorphose der Pflanzen, Zweiter Versuch,* LA I 10, S. 67.
10 LA I 9, S. 309.
11 Johann Wolfgang von Goethe, *Zur Farbenlehre,* Historischer Teil, LA I 6, S. 417.
12 WA II 5.1, S. 9.
13 Regine Otto (Hg.), *Johann Peter Eckermann: Gespräche mit Goethe in den letzten Jahren seines Lebens,* Berlin/Weimar: 1987, S. 283.
14 WA I 4, S. 127.

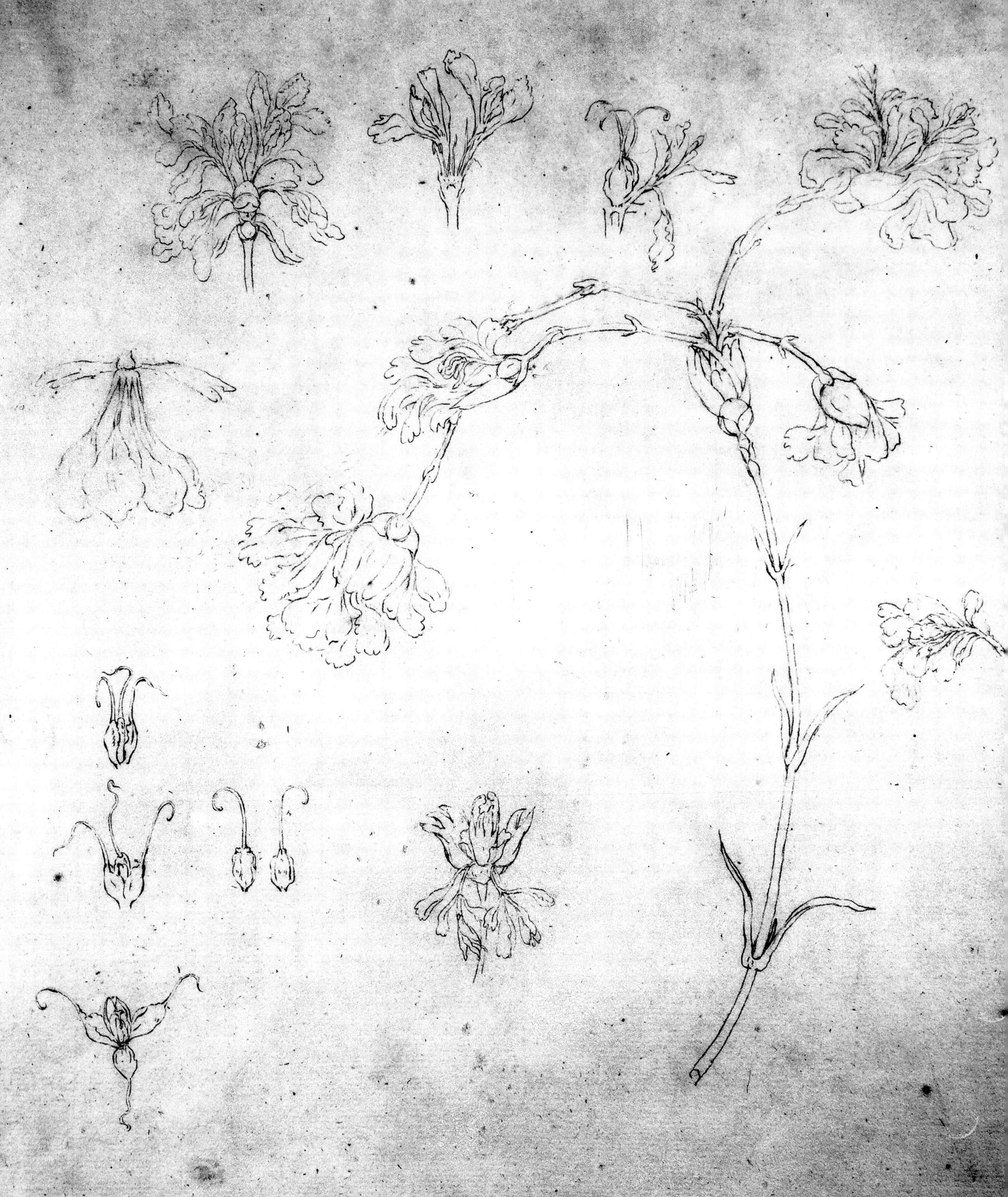

GOETHE AND THE NATURAL SCIENCES

Gisela Maul

To illuminate the multi-layered complexity of this side of Goethe's life, we need to focus on the anatomist, the botanist, the geologist, the creator of a theory of color, the scientific administrator and the collector.

It was as a sixteen-year-old law student, full of questions about natural history, that Goethe first came into contact with his drinking circle at the rectory of Leipzig University. Here he heard famous names such as Haller, Linnaeus and Buffon for the first time. Their merits and errors were debated and disputed, and Goethe gradually became acquainted with this new field and its terminology.

Goethe's law studies, interrupted by illness and the subsequent period of convalescence at his parental home in Frankfurt, were taken up again in Strasbourg in 1770. Here, too, most of his drinking companions were medical students—according to Goethe "the only students who discuss their science and their profession with enthusiasm, even outside class. This lies in the nature of the subject. Medicine engages the whole person because it engages itself with the whole person."[1]

Under the auspices of faculties of medicine, scientific subjects such as zoology and botany had developed considerably over the course of the eighteenth century. Their emancipation as independent academic disciplines began during the nineteenth century. Later, at the University of Jena, when Goethe was fully established, he decisively fostered these emancipatory efforts in his capacity as an administrator.

In his second semester at Strasbourg, Goethe began to attend chemistry and anatomy lectures and also to take part in anatomy practicals. Looking back, in *Dichtung und Wahrheit* (Poetry and Truth) he writes: "Anatomy was doubly valuable to me, because it taught me how to withstand the most repulsive spectacles whilst simultaneously satisfying my curiosity. So I also visited the clinic … as well as the lectures on obstetrics … with the dual intention of learning about all possible conditions and of freeing myself from any apprehensiveness about repulsive things. Indeed, I have managed this to the extent that nothing of the sort can ever bring me from my composure."[2]

In 1774 Goethe made the acquaintance of the Swiss theologian Johann Kaspar Lavater, prompting Goethe to occupy himself with physiognomy. A year later he produced an essay on the structure of various animal skulls for Lavater's *Physiognomische Fragmente* (Physiognomical Fragments), his first contribution of a natural-historical nature.

In 1775, at the invitation of the young Duke Carl August of Saxony-Weimar, who had just come of age, a new era in Goethe's life began. This visit to the duke would last a lifetime.

On June 11, 1776, Goethe was appointed to the Privy Council, initiating an administrative career that brought him into contact with the natural sciences in a great variety of ways. Already from the beginning of

1776, Duke Carl August had been ordering preparatory measures for the resumption of mining in Ilmenau. Even before taking office, Goethe had visited the Ilmenau copper slate quarries and the coal quarries at Kammerberg. From 1777 he headed the Mining Commission and thus became politically responsible for the planned sanitation of the mining works in the Thüringen Forest. This official post, which could not have been competently carried out without expert knowledge, prompted Goethe to acquire a systematic knowledge of mining and geology.

For the Ilmenau project, Goethe also informed himself about matters concerning mining outside Thüringen. On a journey through the Harz region in December 1777 he visited mines in Clausthal, Zellerfeld and Andreasberg. As far as his growing interest in geology was concerned, Goethe's second journey to Switzerland, in the company of Carl August in 1779, was particularly significant. A letter that Goethe sent on October 11, 1780 to his friend Johann Heinrich Merck in Darmstadt shows how his interest developed into enthusiasm: "Now I must tell you the latest about my mineralogical studies. As it is justified by my official duties, I have devoted myself to these sciences with a complete passion, and this has given me a great deal of pleasure, as you, who know the appeal of the subject, will well understand."[3]

After the necessary economic and legal preliminaries had been arranged, the building of a new shaft was begun in 1784. It was September 1792 before the first ton of copper slate was produced. Unsatisfactory extraction yields and a collapsed tunnel in October 1796 ultimately doomed the project to failure.

For Goethe, long-lasting personal and professional connections resulted from his mining duties, for example, those with the chief mining engineer of Saxony, Friedrich Wilhelm Heinrich von Trebra, with whom he had journeyed through the Harz, and the geologist Johann Carl Wilhelm Voigt, whom Goethe had to thank for one of the first acquisitions of his geological collection: the collection of geological samples for the Duchy of Saxony-Weimar-Eisenach. Along with a corresponding publication, this was presented by Voigt as the result of his field study. The collection comprises 421 catalogued pieces and is to this day housed in the study-lobby of the Goethe house in Weimar.

Collecting, not only in the field of geology, was a part of Goethe's autodidactic approach. On November 19, 1830, talking about drawing up his will, he told Chancellor von Müller of Weimar: "All of my various collections are worthy of the most careful provision. I have collected according not to mood or whimsy, but always with a plan and the specific intention of consistently nurturing my knowledge. Every piece in my possession has taught me something, and I should like to see my collections preserved with this in mind."[4] With his own will, Goethe's last surviving grandchild, Walther Wolfgang von Goethe, respected his grandfather's wishes by entrusting all his personal effects to the state of Weimar-Saxony. The geological collection alone grew over the course of five decades to around 18,000 pieces, prompting Goethe in 1817 to acquire a small pavilion bordering his estate to house the collection. It consists of 100 regional series and three systematic collections—a systematic mineral collection, a systematic rock collection and a paleontology collection.

A further 5,000 objects relating to botany, osteology and physics, as well as pieces of apparatus for physics and color-theory experiments, form the natural-historical collections bequeathed by Goethe, housed today in the Goethe National Museum. Alongside his written records, these collections bear the most eloquent testament to his activities in the natural sciences. Of course, collecting is only one aspect of his attempt to tackle scientific problems. In addition, he discussed contemporary theories with friends and scientists and, finally, he produced his own works in the various disciplines. Without a doubt, geology constituted a large proportion of Goethe's study of nature. Geology gave him the impetus for significant aspects of his worldview, characterized, as this was, by developmental theories. In return Goethe provided stimulus to the young science. It was owing to his involvement that the Mineralogical Society, founded in Jena in 1798, was placed under the protection of Duke Carl August in 1803. The combination of the ducal collection with the Society's holdings and the provision of funds for further acquisitions led to a European-class collection that has been preserved to this day and now belongs to the Faculty of Earth Sciences at the University of Jena.

A glance at Goethe's published essays on geology and the series of *Naturwissenschaftlichen Hefte* (Scientific Pamphlets)—edited by him with the subtitle *Erfahrungen, Betrachtungen, Folgerungen durch Lebensereignisse verbunden* (Experiments, Observations and Conclusions Made in Connection with Life-Experiences)—clearly reveals that his lively interest in science ranged far beyond the field of his administrative duties. The geology of Bohemia—witnessed, traveled through, collected and discussed by Goethe with friends and experts on numerous spa visits—commanded a great deal of his attention. His witnessing of an eruption of Vesuvius during his stay in Italy caused him to rethink his position in the so-called Neptunist-Plutonist controversy, regarding the geological debate about the origins of basalt. This resulted in an essay with the title *Vergleichs-Vorschläge die Vulkanier und Neptunier über die Entstehung des Basaltes zu vereinigen* (Comparative Suggestions to Unify the Vulcanists and the Neptunists on the Question of the Origins of Basalt).[5]

In 1781 Goethe resumed his anatomy studies with Professor Justus Christian Loder in Jena. He passed on the newly acquired knowledge in lectures at the Weimar Art School. Alongside Loder, his partner in discussions and correspondence on anatomical matters, was his Darmstadt friend Johann Heinrich Merck. At this time both were following the discussions by anatomists about the intermaxillary bone—the part of the skull that carries the upper incisors—in various animal species and in man. The anatomist Blumenbach in Göttingen denied the existence of the intermediate bone in man and certain other mammals, whereas Samuel Thomas Soemmering and the Dutchman Petrus Camper wanted to restrict this absence of an intermaxillary bone to humans alone. In the meantime, Goethe's anatomical knowledge had expanded so far that he could see no grounds for ascribing a separate place to human anatomy. What could not be seen on the human skull were the seams of the intermaxillary bone where it bordered the neighboring parts of the upper jaw. After systematic examinations of samples from Loder's anatomical collection, Goethe made a decisive observation: in the palate area the bordering seams of the intermaxillary bone could be discerned in the skulls of

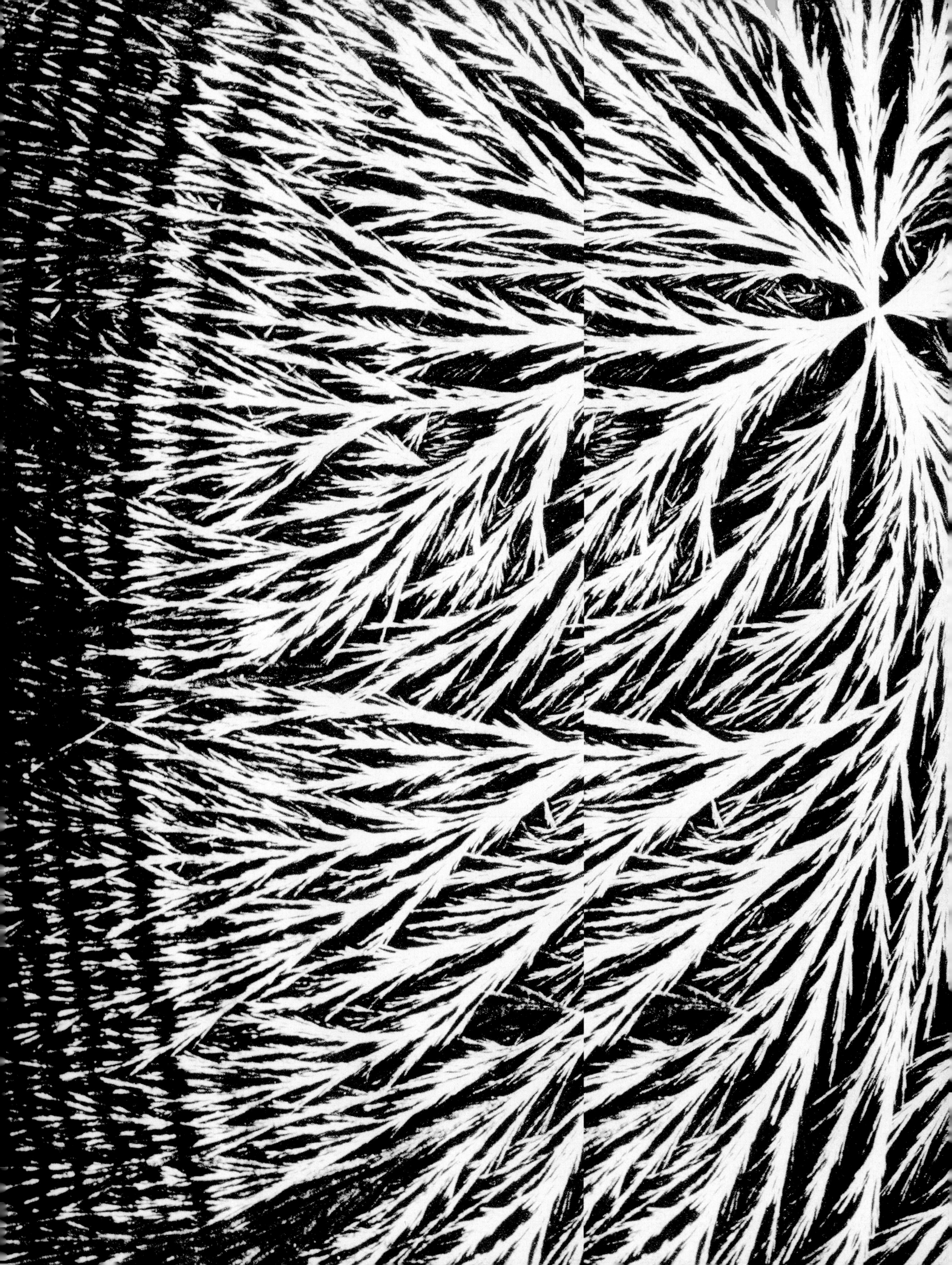

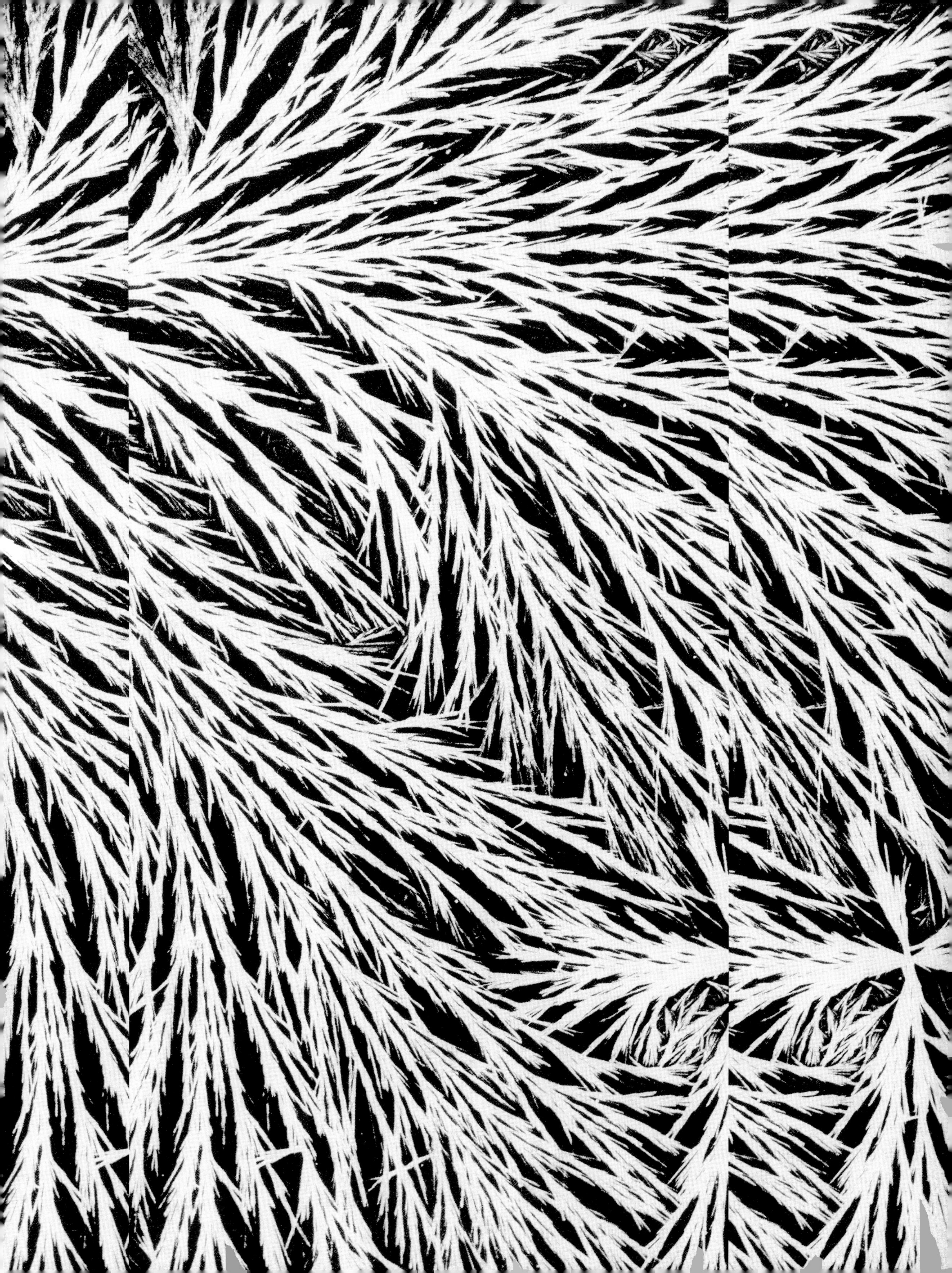

adult humans as well. And on March 27, 1784, the day of the discovery, he wrote from Jena to Herder in Weimar: "I have discovered something that is neither gold nor silver but that has brought me unspeakable joy—the human *os intermaxillare*. With Loder I compared the skulls of humans and animals, I came upon its trace and behold! There it is."[6]

On the same day he wrote to Charlotte von Stein: "It has given me delectable pleasure, I have made an anatomical discovery that is both significant and beautiful. You, too, shall be let in on it, but do not say a word to anyone. A letter under the seal of secrecy also announces it to Herder. It gives me a joy so great that all my insides are aflutter."[7] Goethe retraced the path of his discovery in his essay on the intermaxillary bone. This so-called "Prachthandschrift" (deluxe manuscript) in German and Latin has been in the Goethe- und Schiller-Archive in Weimar since 1894. It is illustrated with ten drawings by the young Weimar artist Wilhelm Waitz, one of the boarders at the Freie Zeichenschule in Weimar. Goethe considered Waitz's talent suitable for initiation into the special demands of anatomical drawing. He sent the "deluxe" manuscript via Merck and Soemmering to Petrus Camper, the best-known scientific opponent of his theory. As convincing as Goethe's evidence appears to us today, it did not provoke the desired response from Camper or Soemmering. These circumstances may have been the crucial factor in his decision to delay publication. Not until 1820, in the second section of the first volume of his series of writings *Zur Morphologie* (On Morphology) did Goethe have his work on the intermaxillary bone published, though without illustrations. In 1831 it was republished in the fifteenth volume of the *Nova Akta Leopoldina*,[8] this time with five illustration plates based on the drawings by Wilhelm Waitz. Of the thirty-eight animal skulls that remain of Goethe's osteological collection, eight are reproduced in the illustrations.

In August 1786 Goethe left Weimar for two years. Via Karlsbad, he traveled to Italy. He appears to have found relations in Weimar restrictive, his creative output was in crisis, and his future had to be rethought. As well as his studies of the art and architecture of antiquity and the Renaissance and his efforts to further develop his own artistic abilities, the Italian journey gave fresh impetus to Goethe's scientific works. Thus his *Versuch die Metamorphose der Pflanzen zu erklären* (Essay Explaining the Metamorphosis of Plants), published for the Easter fair of 1790, was essentially instigated by his experience of lush Mediterranean vegetation. This essay, Goethe's first independent scientific publication, was, moreover, the first work to introduce the theme of individual development within the realm of organic nature. In his discovery of the human intermaxillary bone, Goethe had proceeded solely from the premise of the unified structural principles of vertebrate skeletons, without any questions of the origin, transformation and development of anatomical conditions as yet playing any decisive role. It was his botanical studies that first led Goethe to describe the interaction between form and development: "I have endeavored to show that the various parts of a plant evolve from a completely homologous organ, which, even if it always remains the same in its fundamental nature, is progressively modified and transformed."[9]

To prove his hypothesis about the leaf-based nature of plant organs, Goethe divided the development of (annual) plants into a series of phases, comprising six main steps. Beginning with germination, via the development of the stem-leaves, followed by the formation of the calyx, the crown and the sexual organs up to the formation of the fruit, the development of the plant is completed via the functionally orientated structural metamorphosis of the leaf. That notions of a unified principle of plant structure are at play here is demonstrated by Goethe's postulation of an archetypal plant, which he initially believed he would be able to find in reality, amidst the diverse vegetation of Italy, but which he subsequently wished to be understood as an ideal plant-type. Goethe did not use the concept of the archetypal plant in the sense of an actual phylogenetic form. In 1817 Goethe republished his essay on the metamorphosis of plants in the *Hefte zur Morphologie* (Pamphlets on Morphology).

The collections bequeathed by Goethe bear witness to his efforts to illustrate the essay on metamorphosis. Here he had pictorial representations—drawn either by himself or by commissioned artists—illustrating all the phenomena most suited to demonstrate the leaf-based nature of plant organs. In his herbarium, comprising 2,000 leaves, as well as among the samples in his botanical collection, there are many examples of metamorphosis. Although initial copperplates for the intended illustrations had already been engraved and colored, Goethe was not able to realize his plan for an illustrated edition of the work on metamorphosis. The work was published under Goethe's editorial supervision one last time in 1831, as a German-French edition. The history of the reception of the work on metamorphosis reaches into the present day and, with it, Goethe has secured a permanent place in the history of botany. Even if not every hypothesis, every contention, has been able to stand up until today, Goethe, with his morphological, developmental approach, was nevertheless a pioneer in new scientific territory.

In 1790 Goethe's anatomical studies were reinvigorated by a discovery. In order to escort the duke's mother, Anna Amalia, back to Weimar from an educational trip in Italy, Goethe traveled south once again. "As I lifted a broken sheep skull out of the dune-like sand of the Jewish Cemetery in Venice, I noticed instantly that the facial bones could similarly be traced back to vertebrae, in that I could clearly see before my very eyes the transition from the first wing-bone to the ethmoid bone and the muscles; thus I had the general whole all together," he wrote in the *Hefte zur Morphologie*, the second volume of which was published between 1823 and 1824.[10] Trained in osteology by the studies he had made when discovering and describing the human intermaxillary bone, Goethe now postulated a general type of vertebrate skeleton, a basic model to which all other vertebrate skeletons could be traced. The vertebra thereby assumed the role of the fundamental unit of the skeleton—a conception that was a logical corollary to the assumption of the vertebral nature of the skull. In the years 1794 to 1796 Goethe presented his views in lectures at Jena. This university, in the city neighboring Weimar, was, as mentioned above, an additional field of administrative activity for Goethe, one in which his scientific expertise benefited those of his administrative duties involving scientific matters.

Although initially Goethe's involvement in the expansion of his collections was motivated by his own curiosity, in 1803 it became, as part of his supervisory activities, an official duty as well. In the same year Professor Loder, who had competently assisted Goethe's intermaxillary studies, followed a call to Halle, thus depriving Jena of his valuable anatomical collection. This led to the further development of the ducal collection by the acquisition of many samples suitable for use as teaching aids. Here Goethe reduced his own collection and placed it at the university's disposal. A few of its pieces can still be found today in the institution's anatomical and zoological collections. Given the complex political jurisdictions regarding universities in several Saxony duchies, the development of the ducal collection and its availability to the academic world was also significant with regard to education policy. The opportunity arose to employ young teachers who generally did not yet possess their own collection of samples, but who, for their part, could bring a wealth of innovative ideas to the university.

The question of the essence of color and color perception brought Goethe back to Weimar from his stay in Italy, his main concern being the rules of coloration and the effect of light and shade in painting. "But when it came to color"—wrote Goethe, looking back in 1810—"everything seemed to be left to chance ... I had finally realized that we initially had to tackle colors as physical phenomena, from the perspective of Nature, if we were to learn anything about them for the purposes of Art."[11] In 1790, after tentative forays into the literature, a more or less accidental observation of colored spectra seen through a prism, which Goethe elevated to the status of a revelation, led to the significant and—for the subsequent fate of his chromatic teachings—momentous rejection of the generally accepted Newtonian theory of color. His instinctive feeling that he had unearthed a scientific mistake by Newton crucially invigorated his own researches into color. Just one year later, in 1791, his first results were published, *Beiträge zur Optik* (Contributions to Optics), in which Goethe, in a fascinatingly didactic manner, suggested almost playfully charming experiments involving prisms to his readers, designed to make them receptive to Goethe's way of thinking, according to which observation and experiment form the foundations of all science. Observation of nature justifies experimentation, the purpose of which is to clarify the interconnection between objective phenomena and their subjective perception and evaluation. According to Goethe, a theory is of value only "if it comprehensively subsumes all observations and provides support to their practical application."[12] In 1810 Goethe's substantial work *Zur Farbenlehre* (On the Theory of Color) was published. It consists of a Didactic Section, Goethe's actual theory of color, a Polemical Section, Goethe's critique of Newton's theory of color, and an extensive "History of Theories of Color," from antiquity to Goethe's own times.

Although his efforts to explain the physical character of colored light were already being criticized by contemporaries such as Georg Christoph Lichtenberg in Göttingen, his methodologically sound experiments relating to color perception revealed important facts about the functioning of the human eye. Particularly interesting is Goethe's own evaluation of his book on the theory of color, which, in conversation with Johann

Peter Eckermann, he singled out as the most important achievement of his life: "I have no illusions about my achievements as a poet. Great poets lived alongside me, even greater ones lived before me, and more will come after me. But the fact that I was the only one in my century to know the truth about the difficult science of chromatics fills me with pride and gives me a feeling of superiority over many others."[13]

The attempt to review in a few pages a life spanning eighty-two years, including more than fifty years committed to the study of nature, forces us to abbreviate a great deal, including much important material. We should bear in mind that Goethe's scientific writings alone comprise fourteen quarto volumes of the Weimar Sophie-Edition, of which they form the second section. In addition, there are his diverse relationships with contemporary scientists, only a few of whom could be mentioned here. Other important men, such as Alexander von Humboldt, George Cuvier and Geoffroy Saint-Hillaire in Paris, the doctors Hufeland, father and son, the brothers Nees from Esenbeck, botanists in Bonn, and their colleague Karl Philipp von Martius from Munich, provided Goethe with stimulus in conversation and correspondence. The latter are, like the multitalented doctor Carl Gustav Carus, representatives of a new generation of scientists that came in Goethe's wake and through whom his scientific way of thinking was kept alive and further developed. We should also bear in mind the many years of administrative work carried out by Goethe for the scientific establishments of the duchy, for the libraries in Weimar and Jena, for the Botanical Gardens, and his supervision of the scientific collections in Jena with their zoological, anatomical and mineralogical sections, as well as his responsibility for the institute of physics and chemistry, the observatory and the veterinary school, also in Jena.

Goethe reacted with great sensitivity when his scientific ambitions were not acknowledged, whether it was his ability as a layman to break into the closed world of scientists that was questioned, or whether he was reproached for squandering in an unproductive field a talent that belonged elsewhere. These skeptics caused him to respond with hurt, with scorn and sometimes even with poetic declarations of faith:

Nature and Art, they seem to flee apart,
And then, before we know it, reunite;
The conflict, too, is over in my heart,
And both now hold for me the same delight.[14]

1 *Goethes Werke*, commissioned by the grand duchess Sophie von Sachsen (so called Weimarer or Sophien Ausgabe), Weimar 1887-1919, I 27: 236 (henceforth referred to as WA).

2 WA I 27: 257f.

3 WA IV 4: 309f.

4 Wolfgang Herwig, ed., *Goethes Gespräche*, Zürich/Stuttgart 1965-84, 3.2: 723.

5 Johann Wolfgang von Goethe, *Die Schriften zur Naturwissenschaft*. Complete edition with notes, commissioned by the German Academy of Natural Scientists, Leopoldina, Weimar 1947, I 1: 189ff. (henceforth referred to as LA).

6 WA IV 6: 258.

7 WA IV 6: 259.

8 *Nova Acta Physico-Medica Academiae Caesarae Leopoldino-Carolinae*, Bonnae MDCCCXXXI: 1ff.

9 Johann Wolfgang von Goethe, *Metamorphose der Pflanzen*, Zweiter Versuch, LA I 10: 67.

10 LA I 9: 309.

11 Johann Wolfgang von Goethe, *Zur Farbenlehre*, Historischer Teil, LA I 6: 417.

12 WA II 5.1: 9.

13 Regine Otto, ed., *Johann Peter Eckermann: Gespräche mit Goethe in den letzten Jahren seines Lebens*, Berlin/Weimar 1987: 283.

14 WA I 4: 127.

Volker Harlan

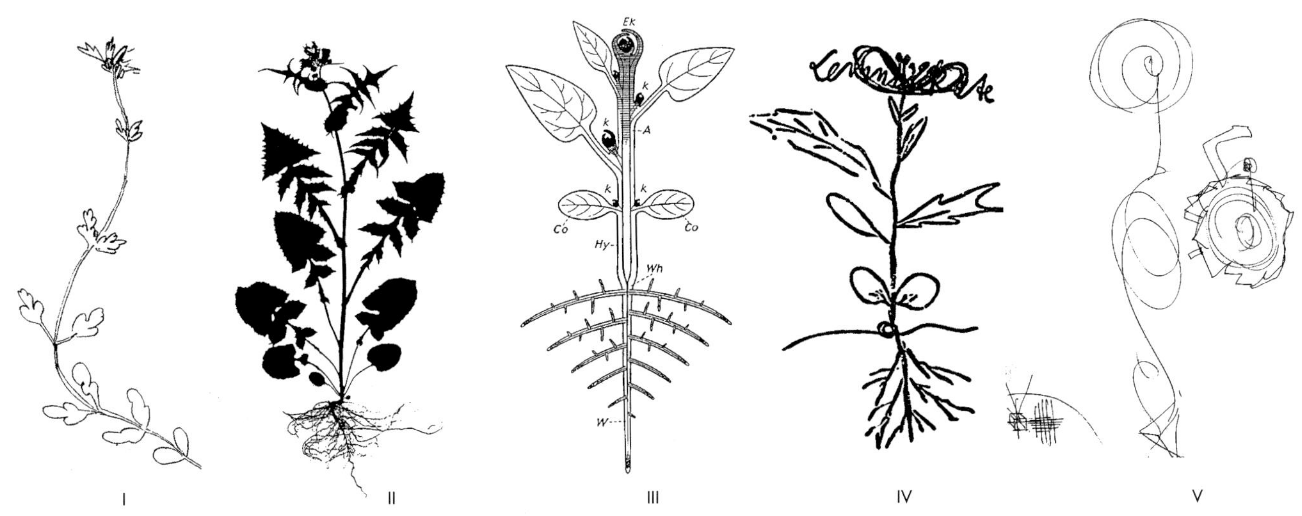

In questa mostra Katharina Sieverding intende ricostruire nel proprio medium artistico lo sguardo di Goethe sulla natura e le sue ricchezze. L'opera di Goethe, d'altronde, ha sempre sollecitato gli artisti a lavorare sulle sue tracce o con i suoi metodi.[1]

Goethe botanico

Nell'insieme dell'opera goethiana, gli scritti sulle scienze naturali occupano un grande spazio accanto a quelli letterari.[2] A partire dai lavori sulla "osteologia comparata" del 1786[3] e dal *Versuch die Metamorphose der Pflanzen zu erklären* (Tentativo di spiegazione della metamorfosi delle piante) del 1790,[4] Goethe elaborò un nuovo metodo e un linguaggio concettuale scientifico, la morfologia e la tipologia, che da allora rivestono un'importanza fondamentale in biologia. Cassirer sottolinea con Schaxel che la morfologia "è forse la teoria più significativa avanzata in riferimento a un organismo dai tempi di Aristotele".[5]

Goethe stesso ha narrato come fosse giunto ai suoi studi botanici e come questi si fossero evoluti.[6] L'accademia jenense e un giovane dotto, F. G. Dietrich, che lo aveva accompagnato in diversi viaggi e che era al suo servizio anche a Weimar, lo introdussero alla conoscenza delle piante e contribuirono ad ampliarla in varie direzioni: Goethe apprese i nomi tedeschi e quelli scientifici delle piante, dedicò studi approfonditi all'evoluzione delle piante in relazione al loro biotopo, e la sua conoscenza della "forma delle piante, della loro varietà e caratteristiche", aumentò di giorno in giorno. Mentre dibatteva con Batsch "intorno ai concetti superiori della botanica e ai vari metodi di questa scienza" e "discuteva con lui anche degli ordinamenti delle piante in famiglie secondo una progressione ascendente, sviluppantesi per gradi", la questione riguardante che cosa ci attira in una pianta in quanto pianta si era fatta sempre più urgente. In questo stato d'animo, nel 1786 Goethe partì per l'Italia, ove ebbe modo di ampliare le sue conoscenze soprattutto perché quanto gli era già noto gli si presentò in sempre nuove variazioni formali.[7]

L'8 giugno 1787 il poeta così comunicò a Charlotte von Stein: "Inoltre devo confidarti di essere assai vicino al mistero della generazione e organizzazione delle piante, e che si tratta della cosa più semplice che si possa pensare [...] La pianta archetipica sarà la più straordinaria creatura del mondo, per la quale la natura stessa mi porterà invidia. Con questo modello e con la sua chiave si possono inventare piante all'infinito, che devono essere conseguenti, ovvero che anche se non esistono nella realtà potrebbero tuttavia esistere e non sono perciò ombre e parvenze pittoriche o poetiche, bensì hanno una verità e necessità interne. La stessa legge si potrà applicare a tutto il resto del vivente".[8]

Quando più tardi pubblicò il *Viaggio in Italia*, Goethe integrò così questa lettera: "Per facilitare ulteriormente la comprensione, basti aggiungere qui quanto segue: mi ero reso conto che in quell'organo della pianta che comunemente definiamo foglia si cela il vero Proteo, che può nascondersi e rivelarsi in tutte le forme. Comunque la si guardi la pianta non è altro che una foglia, così indissolubilmente unita al futuro germe che non si può pensare l'una senza l'altro. Afferrare questo concetto, accettarlo e rintracciarlo nella natura è un compito che suscita in noi uno stato d'animo estremamente dolce". Di ritorno a Weimar, Goethe preparò l'esposizione sistematica delle conoscenze da lui raccolte, pubblicandola nel 1790 con il titolo di *Johann Wolfgang von Goethe, Herzoglich Sachsen-Weimarischen Geheimraths Versuch die Metamorphose der Pflanzen zu erklären*.

Tipo e metamorfosi delle piante

Nella lettera alla von Stein, Goethe impiegò il concetto di *Urpflanze* (pianta archetipica) e la definì un "modello". Ciò significa due cose: in primo luogo, Goethe ritiene che tutti gli organi collaterali del germoglio delle piante superiori siano organi omologhi (nella misura in cui si sviluppano dall'apice del fusto). "Comunque la si guardi la pianta non è altro che una foglia": cotiledone, foglia basale, foglia caulinare, brattea, sepalo, petalo, nettario, stame, carpello. Per quanto siano di forme diverse, si tratta pur sempre di foglie. In secondo luogo, il modo della metamorfosi formale segue una regola unitaria: le foglie in basso hanno una forma più semplice e più arrotondata rispetto a quelle sul germoglio in crescita; queste ultime sono più ampie e differenziate nella forma, mentre le foglie prossime alla fioritura sono più piccole, hanno un picciolo più corto e sono più appuntite (ill. p. 87, II). Un rinnovato ampliamento della formazione fogliare si ha durante la fioritura: a sepali più piccoli fanno seguito petali più ampi, a questi degli stami a forma di fili. I susseguenti carpelli sono inizialmente piccoli, ma spesso si gonfiano durante la fruttificazione, per cui si verifica un terzo ampliamento, al quale si oppone sincronicamente la contrazione nei piccoli semi. Questa legge vale per tutte le piante superiori, per quanto singolarmente si registrino le forme più varie.

Goethe ha descritto in tal modo una regola che presenta carattere di legge. Nonostante tutte le differenze nei modi della formazione, l'ordinamento degli organi nell'organismo segue sempre la stessa legge da lui scoperta. D'altro lato la foglia – insieme alla radice e al fusto uno dei tre organi fondamentali della pianta – ha una forma in costante mutamento, ragione per cui Goethe la definisce anche un "Proteo". Più tardi egli non chiamerà più in causa la *Urpflanze* per spiegare questa capacità trasformativa – questo concetto gli appare ormai troppo platonico e idealistico – ma, riordinando i propri pensieri e le proprie ricerche in materia, parlerà piuttosto della "metamorfosi delle piante" o della "formazione e mutazione delle nature organiche".[9] Nella sua osservazione Goethe non pensa come Platone a un'idea trascendente o come Kant a una legge trascendentale, ma al modo di Aristotele vede agire nell'osservazione della pianta la sua *entelechia*, che forma e muta nel tempo la figura spaziale.

Goethe annota nei taccuini le più diverse metamorfosi e le riproduce talvolta minutamente anche in forma di acquerelli. Egli guarda infatti alla pianta come a un tutto e considera le potenzialità trasformative a lei intrinseche, che non sono vincolate a dei singoli organi ma esercitano una forza generativa che li trascende. Perciò lo affascinano in particolare le metamorfosi "progressive" e quelle "regressive". Un tulipano la cui brattea, situata sotto il fiore, è per metà verde e per metà già del colore del fiore (ill. p. 61), o dei fiori doppi (ill. p. 64), rinvenibili in quasi tutte le rose ornamentali, i cui stami assumono la forma di fiori, o anche una rosa prolifera (ill. p. 73), i cui sepali diventano grandi come delle vere e proprie foglie e i cui carpelli circondano a spirale il fusto prolifero a mo' di squame brunastre, rimandano a questo processo formativo indipendente dalla foglia singola.

Sia nelle foglie caulinari (ill. p. 68-69) che nei petali, Goethe rinviene la stessa tendenza formativa che va da un tipo di foglia poco formato, piuttosto arrotondato, ad uno del tutto formato e più appuntito con vari stadi di metamorfosi. Goethe esamina e osserva i processi di germinazione durante la loro formazione e, sollecitato da Karl Friedrich Ph. von Martius, che incontra nell'ottobre 1828 a Weimar,[10] prepara degli schizzi sulla posizione a spirale delle foglie del germoglio.

Dal momento in cui concepì la *Urpflanze*, Goethe non cessò di esplorare la "formazione e mutazione delle nature organiche"; e nel tentativo di rappresentare ciò che aveva scoperto si imbatté in un problema apparentemente irrisolvibile: "La difficoltà di combinare idea ed esperienza risulta assai dannosa allo studio della natura: l'idea infatti è indipendente da spazio e tempo, lo studio della natura invece è circoscritto nello spazio e nel tempo, perciò simultaneità e successione sono intimamente congiunte nell'idea, mentre dal punto di vista dell'esperienza sono sempre separate; e un fenomeno naturale che dobbiamo pensare come simultaneo e successivo secondo l'idea, ci appare come una pazzia dal punto di vista dell'esperienza. L'intelletto non può pensare in modo unitario ciò che i sensi gli hanno comunicato in modo separato, e così il contrasto

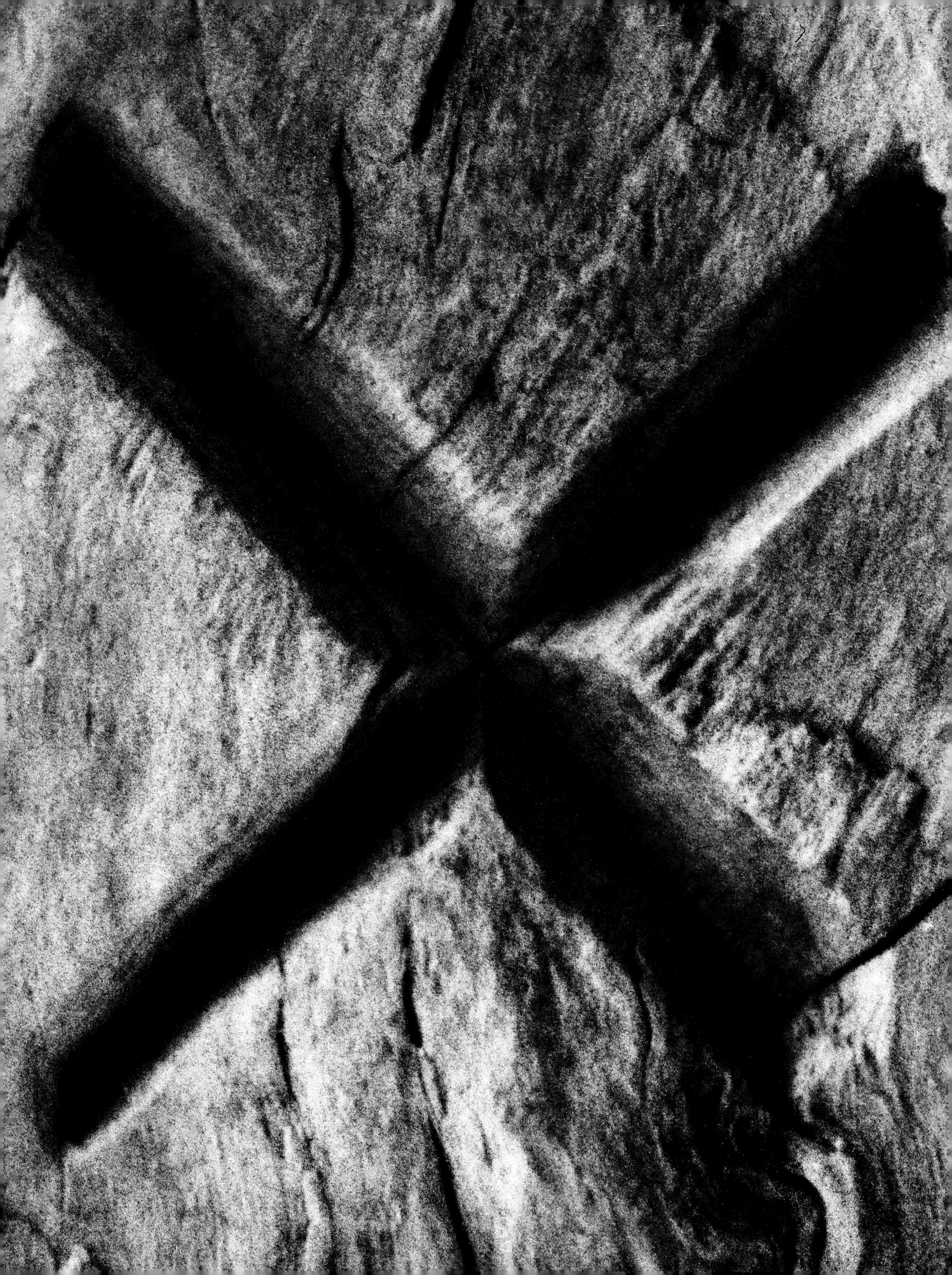

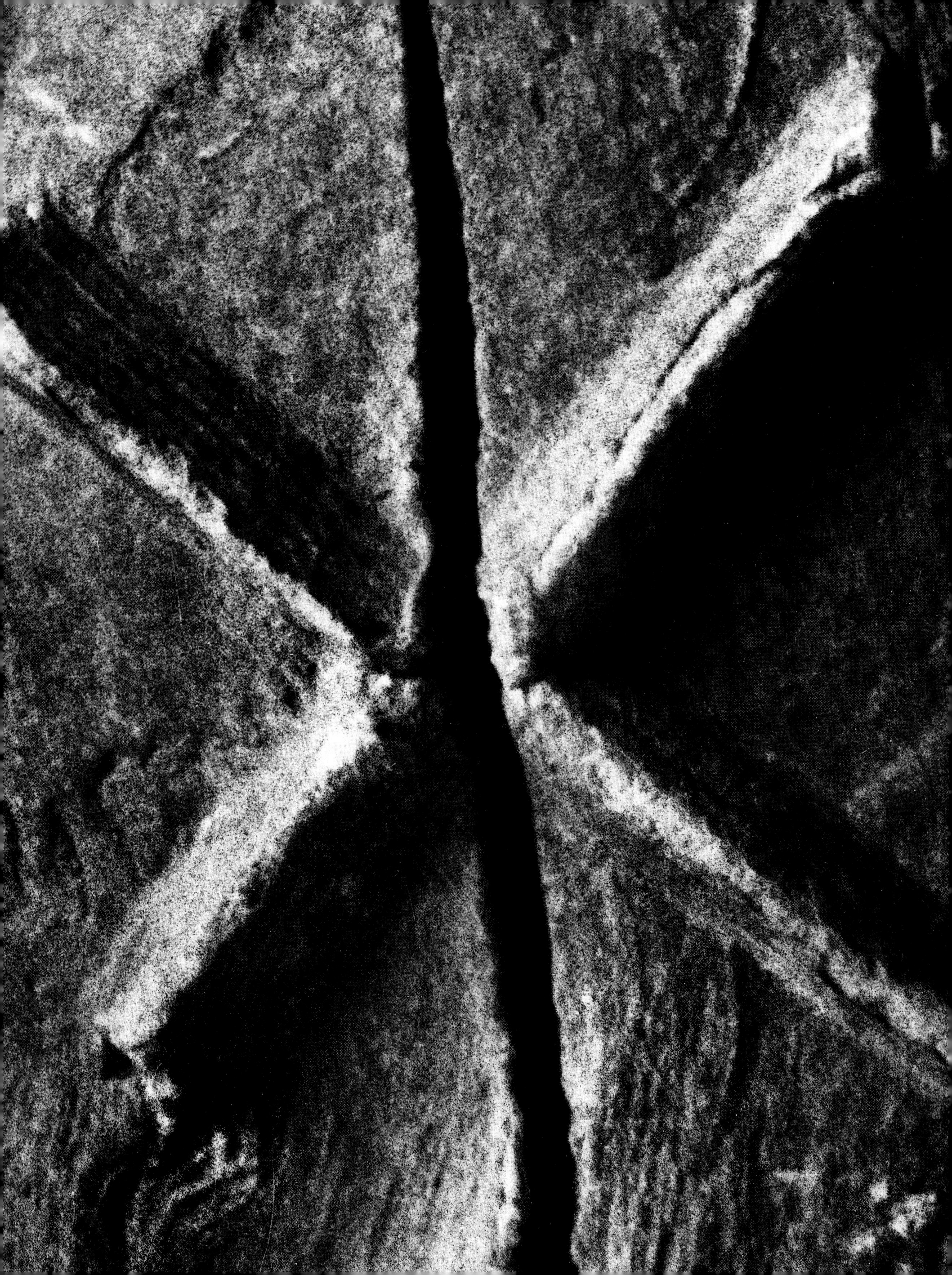

tra ciò che è appreso per esperienza e ciò che è mediato nell'idea è destinato a rimanere irrisolto".[11] Tuttavia Goethe non rinuncia al tentativo di disegnare il tipo proteiforme. Decisivo a questo riguardo è l'incontro con Schiller nel 1794, riferito da Goethe stesso e definito nella storia dei suoi studi botanici un "felice evento",[12] poiché diede inizio alla decennale amicizia tra i due poeti: "Raggiungemmo la sua casa e, preso dalla conversazione, fui attirato dentro; gli descrissi quindi con toni vivaci la metamorfosi delle piante, e con una serie di tratti a penna feci apparire davanti ai suoi occhi una pianta simbolica. Egli ascoltò e osservò il tutto con grande partecipazione, con estrema concentrazione, ma quand'ebbi completato il disegno scosse il capo e disse: 'Ma questa non è un'esperienza, è un'idea!' 'Mi fa molto piacere avere delle idee senza saperlo e vederle persino con gli occhi'", replicò Goethe. E Schiller, allievo di Kant, rispose: "'Come può mai darsi un'esperienza conforme a un'idea? Ciò che distingue quest'ultima è piuttosto il fatto che non concorda con nessuna esperienza' Se egli ha inteso come un'idea ciò che io ho descritto come un'esperienza, allora tra le due deve esserci qualcosa in comune, una qualche forma di rapporto!", concluse allora Goethe.

In questo episodio si rivela ciò che separa Aristotele da Platone e Goethe dalla moderna scienza platonistica: nell'osservazione della realtà sensibile egli immagina la pianta come una forza che dà forma al tutto, che – come l'*entelechia* –[13] porta in sé il tutto, anche se esso non appare ancora o non appare più nella sua interezza. Goethe non può descrivere compiutamente questa forza – la sua menzione più esplicita si trova nell'elegia *Die Metamorphose der Pflanzen* –[14] ma, disegnando in un unico tratto quanto appare in natura come una sequenza, può creare un'immagine che trascende la realtà sensibile, come essa si mostra di volta in volta nell'attimo. In natura infatti non si trovano al tempo stesso i cotiledoni e il frutto maturo; quando i cotiledoni si schiudono, il fiore è lontano dall'essere sviluppato, e quando il frutto matura i cotiledoni si sono ormai seccati e sono caduti.

La *Urpflanze* nei disegni di Goethe

Purtroppo il disegno eseguito per Schiller non si è conservato, ma tra i quaderni degli schizzi di Goethe sono presenti alcuni disegni che mostrano i suoi tentativi in questa stessa direzione. Molto vicino a una pianta ritratta dal vivo è il disegno di una pianta che rappresenta la completa metamorfosi della foglia dai cotiledoni al fiore (ill. p. 87, I). Uno schizzo appena tratteggiato, riprodotto qui a fini di chiarimento, ritrae in forma schematica la metamorfosi della foglia dal germoglio fino alla formazione del fiore. Nella parte superiore di un disegno eseguito probabilmente a dimostrazione delle leggi figurative, sono visibili due sezioni del germoglio: quella a sinistra rappresenta il processo di "espansione" (come annota Goethe a fianco), per cui le foglie piccole e arrotondate diventano più grandi e differenziate; accanto a destra egli mostra il processo di "contrazione" delle foglie nella fase della fioritura, per cui esse diventano più piccole e più strette e presentano un picciolo più corto.

Tutti i disegni di Goethe sono dominati dalla legge della metamorfosi delle foglie. La radice quasi non vi compare, mentre il fiore – preparato dall'"epoca della fioritura",[15] ovvero dalla fase di "contrazione" – conosce due fasi di "espansione", con l'apertura dei petali e poi del frutto. Sulla dinamica di questo processo formativo, che giunge al culmine nella fioritura, si concentra soprattutto l'interesse di Goethe.

La *Urpflanze* nella morfologia scientifica

Nell'indagare le leggi delle formazioni vegetali, anche altri scienziati dopo Goethe hanno intrapreso il tentativo di rappresentare in disegno la *Urpflanze*, il tipo della pianta annuale dicotiledone.[16] Questi tentativi di delineare l'immagine della pianta riflettono ciò che il botanico ha di volta in volta osservato e isolato come importante nella pianta.

P.J.F. Turpin tratteggia "il tipo vegetale ideale" con le più varie ramificazioni concrete di radici, foglie, fiori e frutti; nel 1861 Carl Gustav Carus nella sua assai astratta "pianta archetipica" schizza soltanto le direzioni di crescita degli organi vegetali e il luogo anatomico della possibile origine dell'organo. Nel 1883 Anton Kerner v. Marilaun riproduce schematicamente una "rappresentazione ideale della pianta completa" – abbozzata nel 1852 da F. Unger – nel suo disegno "La pianta archetipica goethiana". Wilhelm Troll rappresenta in diverse variazioni lo "Schema di una pianta dicotiledone" disegnato nel 1882 da Julius Sachs, definendolo nel suo manuale di botanica del 1959 "Schema della pianta archetipica" (ill. p. 87, III). Lo schema mostra il "tipo di organizzazione" della pianta, i cui tre organi fondamentali sono le radici, il fusto e le foglie. Ma la pianta non ha fiori e non presenta alcuna metamorfosi della foglia. Perciò le manca quella dinamica che Goethe aveva ravvisato con tanta chiarezza e descritto con altrettanta precisione. Julius Sachs era stato il primo a introdurre la radice nel disegno: vigorosa la radice primaria verticale e, a seconda dell'apparato, in un angolo leggermente inclinato verso il basso le radici secondarie, nelle quali si inseriscono le radici terziarie e così via. La stessa rigidità della struttura che caratterizza l'apparato radicale nella sua tendenza formativa – anche qui non esiste alcuna tendenza a spirale o metamorfosi! – è stata trasferita da Sachs e Troll alla figura del germoglio, in cui non si registra che la ripetizione dello stesso priva di metamorfosi.

Quando un botanico o uno scienziato comincia a disegnare, non si trasforma forse in un artista? Non crea forse anch'egli, al pari di un artista, delle forme? Che cosa lo spinge a disegnare? Crea delle immagini perché vorrebbe che in esse si mostrasse la caratteristica fondamentale di una cosa, al di là dei casi della natura. Paul Klee definisce questo impulso "rendere visibile",[17] Beuys una "conoscenza in forma figurata".[18] E come gli scienziati nel disegnare diventano artisti, così gli artisti possono trasformarsi in scienziati quando – come nel nostro caso – si propongono di raffigurare non un bel fiore, bensì *la* pianta. Questo è quanto hanno tentato di fare nel XX secolo Paul Klee e Joseph Beuys in particolare.

Il dipinto *Feuer-Quelle* di Paul Klee

In numerosi schizzi, disegni e dipinti, particolarmente nel contesto delle sue lezioni al Bauhaus di Weimar e Dessau, Paul Klee ha spiegato l'origine delle sue immagini e delle sue creazioni in base alle fasi di sviluppo della pianta.[19] Al 1938 risale una grande tavola dal titolo *Feuer-Quelle* (Fuoco-Sorgente). Come in un trattato di botanica, l'immagine mostra dei disegni di piccole dimensioni intorno alla figura principale: essi rappresentano la capsula seminale, il rigonfiamento del seme (nel cerchio d'acqua dipinto di blu: la "sorgente"), la formazione della radichetta e la plantula (con le foglioline arrotondate tipiche delle plantule). Al centro tuttavia domina l'"epoca della fioritura", ovvero la parte del germoglio cui Goethe nel suo disegno attribuisce il nome di "contrazione" e che va dalla foglia in pieno sviluppo al fiore. Con un contorno fortemente espressivo è stilizzata a sinistra una foglia doppiamente convessa, seguita da una convesso-concava e quindi da una doppiamente concava – come nel caso della metamorfosi della foglia di un'ortica. All'interno della figura (vegetale) il processo di metamorfosi generato dalla luce e dal calore (dal "fuoco") è caratterizzato da un colore rosso cinabro il quale, man mano che si procede verso destra, diventa sempre più infuocato. Ancora oltre sulla destra, la forma dipinta da Klee infine si lacera e la sostanza contenuta nella figura fuoriesce verso l'alto: allo stesso modo in natura il processo di polverizzazione avviene in condizioni di sufficiente calore e aridità, e in esso lo stame si spezza in un punto di rottura cosicché il polline può fuoriuscire dalla foglia. Ancora oltre, sulla destra del quadro, segue la capsula seminale secca e spigolosa, generata per impollinazione e maturazione. Diversamente da Troll, Klee non ha mostrato il tipo organizzativo di una pianta provvista di radice, fusto e foglia, quanto piuttosto la metamorfosi che conduce alla fioritura come processo trasformativo (nelle brattee), distruttivo (negli stami) e generativo (nella formazione del seme).

Esistono solo tre tipi morfologici della pianta: il "tipo della radice" di Troll, determinato dalla ripetizione, il "tipo metamorfico" derivato da Goethe dalla serie delle foglie, e il "tipo del fiore" dipinto da Klee.

I disegni di piante tripartiti di Joseph Beuys – l'alchimia del plastico

Questi tre tipi sono riassunti in un disegno che Joseph Beuys eseguì su una lavagna murale durante la documenta 6 di Kassel nel 1977, e che conduce a una tipologia completa della pianta (ill. p. 87, IV). Non esiste infatti disegno di manuale paragonabile a questa immagine per pregnanza botanico-morfologica! Mentre spetta a Goethe, l'artista indagatore delle forme, il merito di avere fondato la morfologia in quanto disciplina scientifica, si deve a Beuys la rappresentazione completa della tipologia della pianta, con cui l'artista continua di fatto l'opera di Goethe e fornisce un contributo essenziale alla botanica.

Tuttavia, Beuys artista plastico[20] non si ferma qui, come dimostrano già le sue prime immagini di piante ispirate alle conferenze di Rudolf Steiner per gli studenti di medicina.[21] La forma della pianta diviene

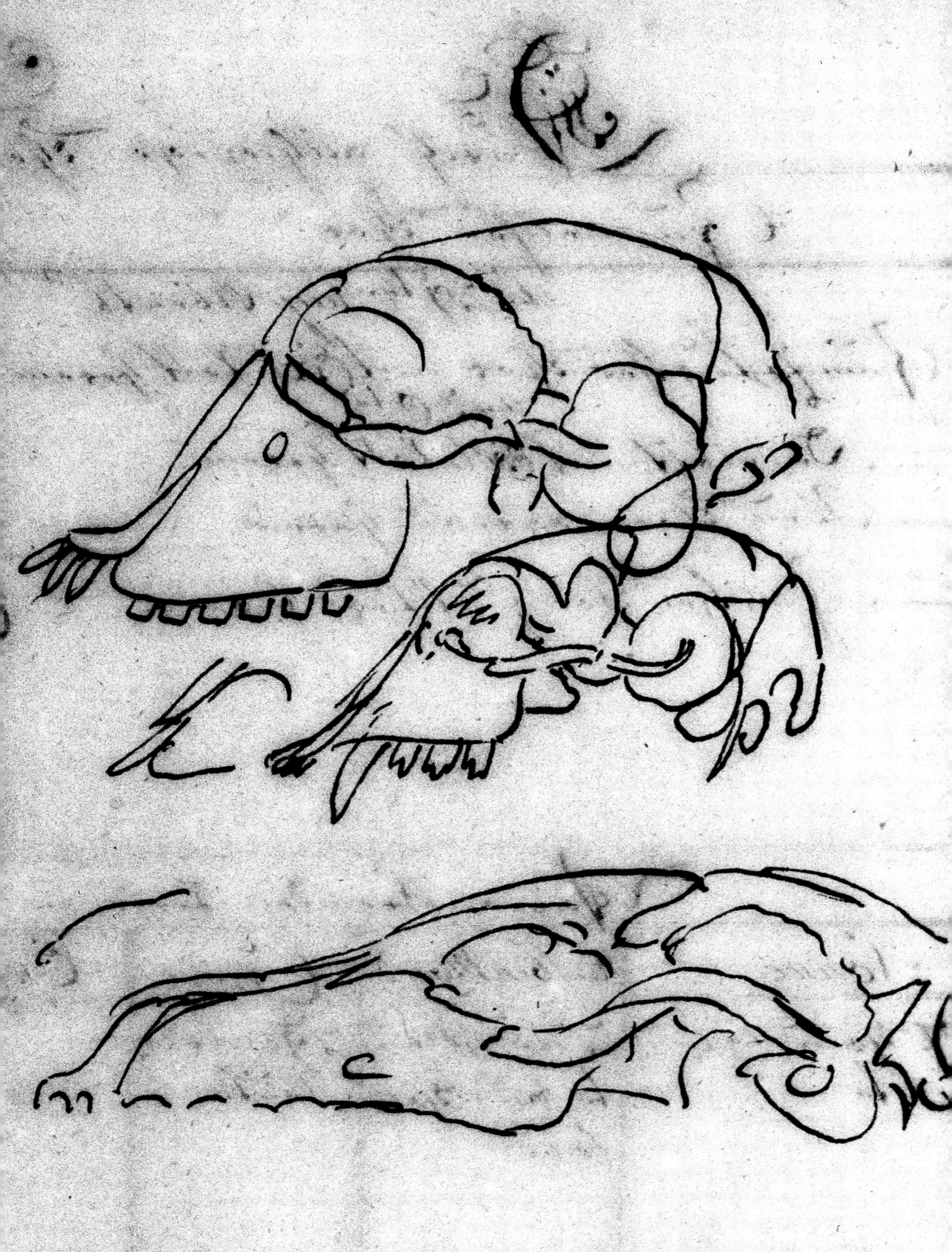

espressione di tre principi alchemici, nel linguaggio di Paracelso: *Sal* (sale), *Merkur* (mercurio) e *Sulfur* (zolfo).[22] *Sal* è il processo formativo che conduce allo stato cristallino: come nel cristallo di sale o di rocca, durante il processo di accrescimento, uno strato si sovrappone all'altro sul germe cristallino senza che l'accrescimento venga limitato a partire dal cristallo, così le radici seguitano a crescere liberamente e si dispongono l'una sopra l'altra sempre nello stesso angolo, come mostra il disegno di Troll (ill. p. 87, III). *Merkur* – il Proteo metamorfico, l'intermediario tra il cielo e la terra, l'elemento liquido e volatile – sta per il principio formativo che media tra sotto e sopra, tra la radice e il fiore, per cui le foglie in basso sopra la radice assumono la forma di doppi vortici fluidi, mentre quelle in alto, presso il fiore che si sviluppa alla luce e al calore, hanno forme simili alla fiamma. *Sulfur*, il processo di combustione, conduce al superamento della forma, al caos: nella maggior parte delle piante il germoglio si lacera per la fioritura, i petali cadono a breve distanza, la pianta "si riduce" in polline, si volatilizza in olii eterici, si distilla nel nettare. Infine i semi cadono a terra. Rispetto alla forma vegetale da cui derivano, sono pressoché informi. Sono come la cenere che ricade a terra dopo un incendio: anche qui ogni forma è stata superata.

Il processo salino e quello sulfureo hanno una relazione polare, mediata dal processo del mercurio. Beuys identifica in questi tre processi formativi i tre principi plastici, e a partire da essi elabora la sua "teoria plastica", che – con un ampliamento del concetto di arte –[23] comprende tutto ciò che ha una forma. Egli descrive così il divenire di un'opera d'arte plastica: "Quando qualcuno ha una determinata intenzione, non gli resta che attingere al *caos*; cioè egli affonda la mano in un qualsiasi secchio, dentro c'è l'argilla, in un certo modo, del tutto indistinta [...] Quindi per mezzo del *movimento* [...] con la sua mano [...] deve arrivare a delle *forme*".[24] Beuys riferisce questo processo – che dal caos, attraverso il movimento, arriva alla forma – anche alle condizioni sociali, quando per esempio paragona la spinta verso ideologia o dogmatismo al processo di irrigidimento, di raffreddamento o di solidificazione, le simpatie fasciste al principio sulfureo apportatore di caos, e la tendenza a vivere alla giornata, come nel caso degli *hippies* degli anni Settanta, al principio del movimento.[25] Egli parla della *Soziale Plastik* (scultura sociale), che nel caso appena citato si disgrega, ma in cui normalmente i tre principi coesistono.

In molte delle sue conferenze sulla *Soziale Plastik* Beuys si serve di un'immagine con cui caratterizza la sua teoria delle forme di manifestazione del principio plastico: disegna un diagramma che a sinistra consta di un movimento caotico tra il circolare e lo spiraliforme, dal quale si diparte una linea che con poche oscillazioni armoniche finisce sulla destra in un triangolo, situato in un angolo retto aperto. Da qui una linea si dirige in basso verso un cubo. Beuys afferma: "Se in questa situazione limite l'uomo supera una certa soglia, esce fuori dal sistema".[26] E, riferendosi all'ambito terapeutico, aggiunge: "Se per esempio ci si accorge che uno studente è sul punto di raggiungere una situazione intellettuale limite come questa, con l'elemento ritmico lo si potrebbe ricondurre nel calore generale, puramente come forma di terapia pedagogica".

Nel 1970 Beuys disegnò un diagramma doppio la cui parte destra, disposta in verticale in senso antiorario, rappresenta i tre princìpi in modo tale che la forma della pianta vi è ancora riconoscibile (ill. p. 87, V): in basso si avvicina allo stato cristallino, che compare lateralmente in forma di cristallo di sale cubico (sale). La pianta tuttavia non abbandona l'ambito del vivente, e nella radice accoglie esclusivamente il principio salino nella sua costituzione formale. Al di sopra si diparte una linea breve simile a un piccolo cotiledone, che nella pianta stessa rappresenta un fenomeno a sé senza un rapporto diretto con le foglie successive. Avvolgendosi in se stessa con un movimento ritmico, segue una linea che punta verso l'alto e corrisponde al principio plastico della metamorfosi (mercurio). Simile alle brattee alla base del fiore, la linea si contrae e quindi si innalza dando luogo a una forma circolare, come nel caso di un fiore terminale: formazione polare rispetto al cubo situato alla base della radice. Mentre la radice tende alla mineralizzazione (essa possiede il più alto contenuto di minerali di tutti gli organi vegetali), alla ripetizione della forma e alla conservazione della sostanza (sale), il fiore destinato ad appassire forma delle sostanze che immagazzinano energie imponderabili: oli eterei e grassi, che nel "processo di combustione" (zolfo) irradiano luce e calore. Si tratta del grasso che Beuys ha portato negli angoli retti e plasmato in "angolo di grasso", come simbolo terapeutico e come opera d'arte secondo il "concetto d'arte allargato".

Nella lettera dall'Italia sopra menzionata, Goethe così commenta la regola della formazione vegetale: "La stessa legge si può applicare a tutto il resto del vivente", e in chiusura della poesia *Die Metamorphose der Pflanzen* leggiamo: "Se le lettere sacre della Dea qui decifri / ovunque le vedrai, anche in un tratto mutato". Non diversamente possiamo sostenere che la rappresentazione della pianta di Beuys, nella sua dinamica plastica, è una "conoscenza in forma figurata" dell'essenza della plasticità; e il suo "diagramma sulla teoria plastica" è una rappresentazione della pianta secondo i suoi principi plastici.

La morfologia fondata grazie a Goethe mostra ancora oggi la sua fecondità – e sono soprattutto gli artisti ad attualizzare le sue intenzioni, proseguendo così nel cammino da lui inaugurato.

[1] Christa Lichtenstern lo ha dimostrato ampiamente con riguardo al pensiero della metamorfosi nel suo libro *Die Wirkungsgeschichte der Metamorphosenlehre Goethes*, Weinheim 1990. Il testo contiene anche un capitolo su Paul Klee e un altro su Joseph Beuys.

[2] Johann Wolfgang Goethe, *Die Schriften zur Naturwissenschaft*. Edizione completa con annotazioni su incarico dell'Accademia tedesca degli scienziati (Leopoldina) di Halle, a cura di K. Lothar Wolff, Wilhelm Troll, Rupprecht Matthaei, Wolf von Engelhardt e Dorothea Kuhn, finora 11 volumi più 10 volumi di *Ergänzungen und Erläuterungen*, Weimar 1947 (d'ora in avanti indicata con la sigla LA).

[3] *Dem Menschen wie den Tieren ist ein Zwischenknochen der oberen Kinnlade zuzuschreiben*, 1786, LA I 9, p. 160.

[4] LA I 9, pp. 23-61.

[5] Ernst Cassirer, *Das Erkenntnisproblem in der Philosophie und Wissenschaft der neueren Zeit*, vol. IV, cap. 2, *Die Idee der Metamorphose und die 'idealistische Morphologie'*, p. 157.

[6] Le citazioni seguenti sono tratte dalla *Geschichte meines botanischen Studiums*, in Johann Wolfgang von Goethe, *Zur Morphologie, Ersten Bandes erstes Heft, Erfahrung, Betrachtung, Folgerung durch Lebensereignisse verbunden*, Erster Band, 1817-1822, LA I 9.

[7] Il 9 settembre 1786, all'inizio del *Viaggio in Italia*, Goethe osserva per la prima volta questo processo. Lo annota nel diario e vi aggiunge due disegni, che mettono a confronto le ampie foglie di un salice in prossimità del suolo con quelle più piccole in cima (LA II 9a, p. 338).

[8] Questa data e questo destinatario compaiono nelle lettere edite. Tuttavia nel *Viaggio in Italia II*, con il titolo *Luglio, Corrispondenza*, la stessa comunicazione è diretta a Herder. Nella lettera alla von Stein, Goethe aveva iniziato il passo riguardante la pianta con le parole: "Dì a Herder...".

[9] LA I 9, p. 2.

[10] LA I 10, p. 339 sgg.

[11] *Bedenken und Ergebung*, LA I 9, p. 97.

[12] LA I 9, p. 79 sgg.; LA II 10a, p. 749 sgg.

[13] Aristotele parla del fatto che "all'inizio del movimento", il cui impulso parte dal seme, la futura forma è già così implicata in questo fenomeno motorio o processo creativo che lo porta essa stessa a compimento. Egli definisce questo processo *entelechia* quando pensa al "fine del movimento", o *energeia* quando si riferisce al processo di attuazione dello stesso. Per Aristotele questi concetti valgono in riferimento a un essere vivente: si tratta "di un'essenza che, a partire da un determinato stato iniziale fondato in se stesso, è giunta attraverso un processo continuo a un determinato fine del processo" (*Fisica*, 199 b). Stato iniziale o "causa del processo" (*Sull'anima*, 202 a 9) o "impulso del movimento" (ididem, 415 b 10) per un essere vivente è da una parte il padre (*Fisica* 194 b 32) – ovvero l'essere precedente, che procrea – dall'altra il seme dal quale può nascere la pianta. Si veda anche *Sull'anima*, 412 a 27 sgg. e 414 a 16 sgg. Aristotele, *Werke in deutscher Übersetzung*, iniziata da Ernst Grumach, a cura di Hellmut Flashar, vol. 11, *Physikvorlesung*, tradotto e commentato da Hans Wagner, Darmstadt 1983, vol. 13; *Über die Seele*, tradotto da Willy Theiler, Darmstadt 1983.

[14] Hamburger Ausgabe 1, p. 199 sgg.

[15] *Metamorphose der Pflanzen*, cap. 28, LA I 9, p. 31.

[16] Nel suo saggio *Goethes Metamorphose der Pflanzen*, contenuto nel volume edito da Johannes Walther, *Goethe als Seher und Erforscher der Natur*, 1930, Günther Schmidt ha raccolto per la prima volta (nella tavola VI e VII – con i commenti dell'autore nella nota 39) una serie di questi disegni di vari naturalisti. Mi riferisco qui alla sua raccolta.

[17] Testo nel disegno omonimo del 1926, p. 6. La *Schöpferische Konfession* del 1920 inizia con la frase: "L'arte non riproduce il visibile, bensì rende visibile". Paul Klee, *Schriften, Rezensionen und Aufsätze*, a cura di Christian Geelhaar, Köln 1976, pp. 118-122.

[18] V. Harlan, *Was ist Kunst, Werkstattgespräch mit Beuys*, Stuttgart 2001, p. 19.

[19] Come riferito in dettaglio nel mio testo *Das Bild der Pflanze in Wissenschaft und Kunst*, Stuttgart 2001. In esso si tratta anche di Beuys. Le lezioni di Klee presso il Bauhaus sono contenute in Jürg Spiller, *Das bildnerische Denken*, Basel 1956, e *Unendliche Naturgeschichte*, Basel 1970.

[20] Beuys aveva la cattedra di scultura monumentale presso l'Accademia di Düsseldorf.

[21] Beuys lesse il testo di Gerbert Grohmann *Botanische Beiträge und Erläuterungen zum Verständnis der Vorträge Dr. Rudolf Steiners "Geisteswissenschaft und Medizin", ein Versuch*, Freiburg s.d. Al margine del libro Beuys disegnò una serie di immagini che servirono da modello per i suoi disegni di piante. Riprodotte per la prima volta in V. Harlan, *Parallelprozeß*, in Volker Harlan, Dieter Koepplin, Rudolf Velhagen (a cura di), *Joseph Beuys-Tagung Basel 1.-4. Mai 1991*, Basel 1991, pp. 233-243.

[22] Ernst Kaiser, *Paracelsus*, Reinbeck 1969, p. 103 e John Maxon Stillman, *The Story of Alchemy and Early Chemistry*, New York 1960, p. 319 sgg.

[23] Si veda ad esempio Friedhelm Mennekes, *Beuys zu Christus. Eine Position im Gespräch*, Stuttgart 1989, p. 60.

[24] Harlan, Rappman, Schata, *Soziale Plastik. Materialien zu Joseph Beuys*, Achberg 1983, p. 22.

[25] Ivi, p. 23.

[26] Ibid.

KUNST ALS WISSENSCHAFT – KÜNSTLER AKTUALISIEREN GOETHE

Volker Harlan

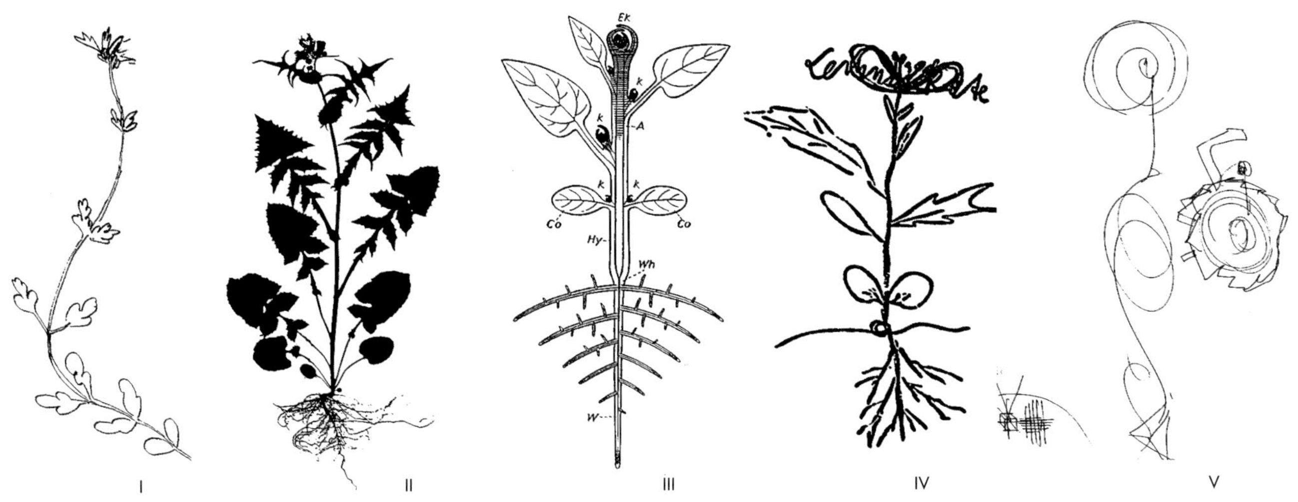

Katharina Sieverdings besonderes Anliegen bei dieser Ausstellung gilt Goethes Blick auf die Natur und ihre Reiche. Sie versucht, diesen Blick durch ihr Medium nachzuvollziehen. Immer wieder regte Goethes Werk Künstler an, auf seinen Spuren oder mit seinen Methoden zu arbeiten.[1]

Goethe als Botaniker

In der Vielfalt des Goetheschen Werks nehmen neben dem literarischen Werk die Schriften zur Naturwissenschaft einen großen Raum ein.[2] Beginnend mit seinen Arbeiten "zur vergleichenden Knochenlehre"[3] von 1786 und mit seinem *Versuch die Metamorphose der Pflanzen zu erklären*[4] von 1790 erarbeitete er eine neue wissenschaftliche Methode und Begrifflichkeit, die Morphologie und die Typologie, die seither in der Biologie eine grundlegende Rolle spielen. Cassirer hebt mit Schaxel hervor, dass die Morphologie "vielleicht die großartigste Problemstellung sei, die seit Aristoteles in Bezug auf den Organismus gewagt worden sei".[5]

Goethe legt selbst Rechenschaft davon ab, wie er zu seinen botanischen Studien kam und wie sie Fortschritte machten.[6] Die Jenaer Akademie und ein kenntnisreicher junger Mann, F. G. Dietrich, der ihn auf verschiedenen Reisen begleitete und auch in Weimar stets zu Diensten war, begründeten und erweiterten seine Pflanzenkenntnis in verschiedene Richtungen: Er lernte die deutschen und die wissenschaftlichen Namen kennen, seine Kenntnis der "Pflanzengestalt, ihrer Mannigfaltigkeit und Eigenheit" nahm ständig zu, und er lernte vieles über die Pflanzenentwicklung in Zusammenhang mit ihrem Biotop. Indem er sich mit Batsch "über höhere Ansichten der Pflanzenkunde und über die verschiedenen Methoden dieses Wissens austauschte, mit ihm auch über die Ordnungen der Pflanzen nach Familien in aufsteigendem, sich nach und nach entwickelndem Fortschritt besprechen" konnte, wurde die Frage, was uns eine Pflanze überhaupt als Pflanze erkennen lässt, immer drängender. Und so gestimmt reist er 1786 nach Italien und vermehrt seine Kenntnisse insbesondere, indem ihm schon Bekanntes in immer neuen Gestaltvariationen erscheint.[7]

Am 8. Juni 1787 teilt er Charlotte von Stein folgendes mit: "Ferner muß ich dir vertrauen, daß ich dem Geheimnis der Pflanzenzeugung und Organisation ganz nahe bin, und dass es das Einfachste ist was nur gedacht werden kann [...] Die Urpflanze wird das wunderlichste Geschöpf von der Welt, um welches mich die Natur selbst beneiden soll. Mit diesem Modell und dem Schlüssel dazu kann man alsdann noch Pflanzen ins Unendliche erfinden, die konsequent sein müssen, das heißt: die, wenn sie auch nicht existieren, doch existieren könnten und nicht etwa malerische oder dichterische Schatten und Scheine sind, sondern eine innerliche Wahrheit und Notwendigkeit haben. Dasselbe Gesetz wird sich auf alles übrige Lebendige anwenden lassen".[8]

Als er später die *Italienische Reise* herausgab, ergänzte Goethe diesen Brief: "Soviel aber sei hier, ferneres Verständnis vorzubereiten, kürzlich ausgesprochen: Es war mir nämlich aufgegangen, dass in demjenigen Organ der Pflanze, welches wir als Blatt gewöhnlich anzusprechen pflegen, der wahre Proteus verborgen liege, der sich in allen Gestaltungen verstecken und offenbaren könne. Vorwärts und rückwärts ist die Pflanze immer nur Blatt, mit dem künftigen Keime so unzertrennlich vereint, dass man eins ohne das andere nicht denken darf. Einen solchen Begriff zu fassen, zu ertragen, ihn in der Natur aufzufinden ist eine Aufgabe, die uns in einen peinlich süßen Zustand versetzt". Nach Weimar zurückgekehrt bereitete Goethe die systematische Darstellung der gefundenen Erkenntnisse vor und veröffentlichte sie 1790 unter dem Titel *Johann Wolfgang von Goethe, Herzoglich Sachsen-Weimarischen Geheimraths Versuch die Metamorphose der Pflanzen zu erklären.*

Typus und Metamorphose der Pflanzen

Goethe verwendete in seinem Entdeckerbrief den Begriff *Urpflanze* und nannte sie "Modell". Das heißt zweierlei: Erstens findet er, dass alle Seitenorgane des Sprosses der höheren Pflanzen homologe Organe sind (soweit sie sich aus dem Sprossscheitel heraus entwickeln): "Die Pflanze ist vorwärts und rückwärts immer nur Blatt": Keimblatt, Niederblatt, Laubblatt, Hochblatt, Kelchblatt, Blütenblatt, Honigblatt, Staubblatt, Fruchtblatt. So unterschiedlich sie geformt sind, sie sind alle Blätter.

Zweitens: Die Art der Formverwandlung folgt einer einheitlichen Regel: Die unteren Blätter sind einfacher geformt und rundlicher als die Blätter am aufwachsenden Spross, diese sind ausgedehnter und in der Form differenzierter, und die blütennahen Blätter sind wieder kleiner, haben einen kürzeren Stiel und sind spitzer (Abb. S. 99, II). Eine erneute Ausdehnung der Blattbildung erfolgt beim Blühen: Kleineren

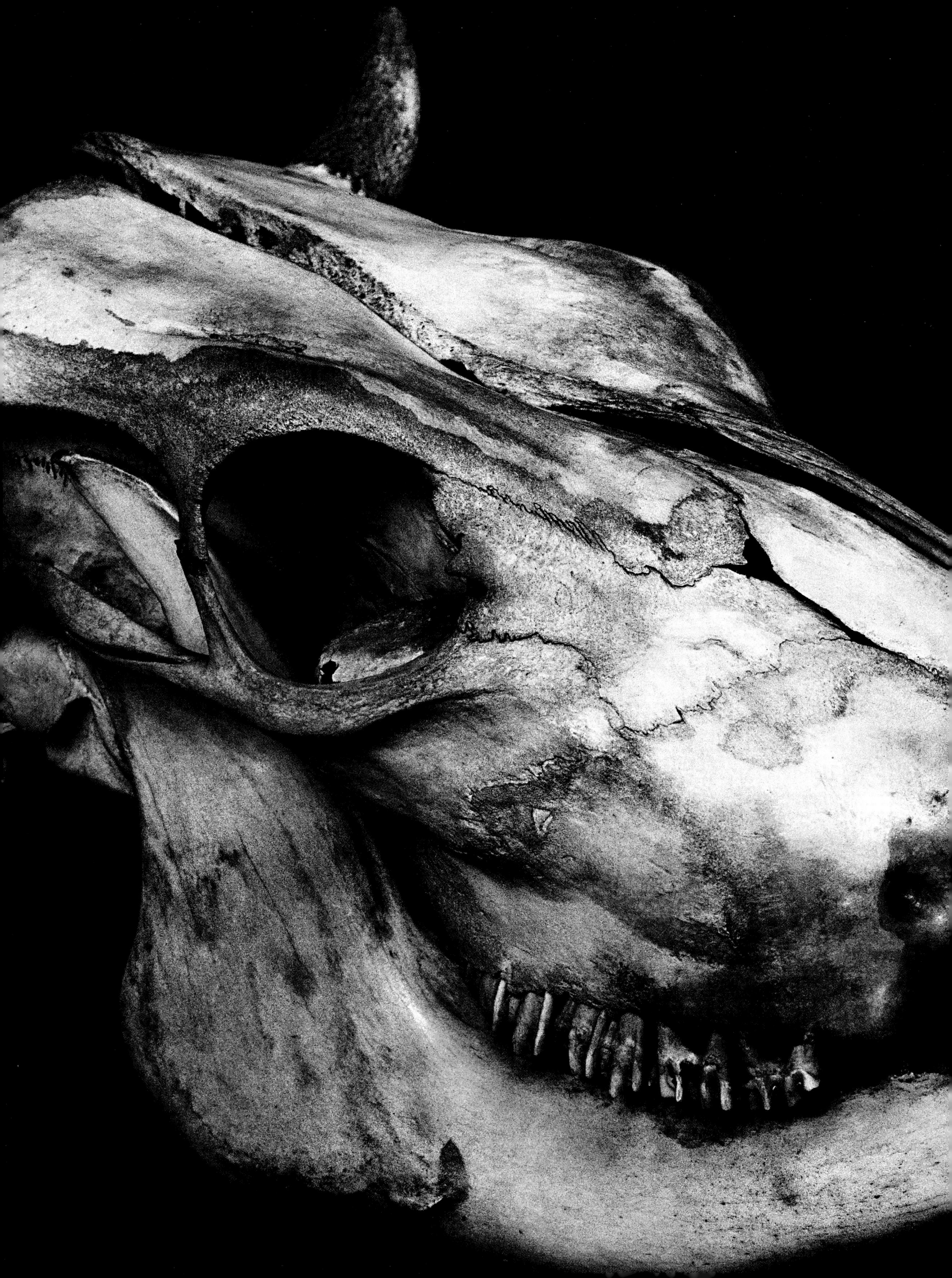

Kelchblättern folgen ausgebreitetere Blütenblätter, diesen zu Fäden zusammengezogene Staubblätter. Die dann folgenden Fruchtblätter sind zunächst gewöhnlich klein, schwellen aber im Fruchten oftmals an, so dass eine dritte Ausdehnung erfolgt, der synchron das Zusammenziehen in die kleinen Samen gegenübersteht. Dieses Gesetz gilt für alle höheren Pflanzen, wenn es auch im einzelnen unterschiedlichste Ausgestaltungen gibt.

Damit hat Goethe eine Regel beschrieben, die gesetzlichen Charakter hat. Die Anordnung der Organe im Organismus folgt trotz aller arteigener Verschiedenheiten der Ausgestaltung immer der gleichen, von ihm entdeckten Regel. Andererseits hat dieses eine der drei Grundorgane der Pflanze, das Blatt (neben Wurzel und Sprossachse), eine immer sich verwandelnde Form, weswegen er es auch einen "Proteus" nennt. Diese Verwandelbarkeit lässt ihn später nicht mehr von der *Urpflanze* sprechen – der Begriff ist ihm zu platonisch-idealistisch – sondern er spricht, als er die damit zusammenhängenden Gedanken und Forschungen ordnet, von der "Metamorphose der Pflanzen" oder von "Bildung und Umbildung organischer Naturen".[9] Goethe abstrahiert in seinem Anschauen nicht wie Platon auf eine transzendente Idee oder wie Kant auf ein transzendentales Gesetz, sondern er sieht wie Aristoteles im Anschauen der Pflanze ihre "Entelechie" wirken, die in der Zeit die Raumgestalt bildet und umbildet.

Auf Notizblättern – manchmal auch sorgfältig ausgestaltet als Aquarell – hält er die verschiedensten Metamorphosen fest. Denn er schaut auf die Pflanze als Ganzheit und auf die in ihr liegenden Gestaltungsmöglichkeiten, die sich nicht an einzelne Organe binden lassen, sondern eine organübergreifende Gestaltungskraft ausüben. So faszinieren ihn besonders "fortschreitende" und "rückschreitende" Metamorphosen. Eine Tulpe, bei der ein Hochblatt, unterhalb der Blüte platziert, halbseits grün und halbseits schon blütenfarbig ist (Abb. S. 61), oder gefüllte Blüten (Abb. S. 64), bei fast allen Zierrosen anzutreffen, deren Staubblätter sich zu Blütenblattgestalt verwandeln, oder eine durchgewachsene Rose (Abb. S. 73), deren Kelchblätter groß wie Sprossblätter werden und deren Fruchtblätter wie bräunliche Schuppen den durchgewachsenen Stängel spiralig umkreisen, weisen auf diesen vom Einzelblatt unabhängigen Gestaltungsprozess.

An den Sprossblättern (Abb. S. 68-69) wie an den Blütenblättern findet er dieselbe Gestaltungstendenz, die vom wenig geformten, eher rundlichen zum ausgeformten, spitzeren Blatttypus mit verschieden vielen Metamorphosestufen hinführt. Er untersucht und beobachtet Keimungsprozesse mit ihrer Formentstehung und macht sich auf Anregung von Karl Friedrich Ph. von Martius, der Goethe im Oktober 1828 in Weimar besuchte,[10] Skizzen zur spiraligen Stellung der Blätter am Spross.

Seit Goethe die *Urpflanze* konzipierte, untersuchte er immer wieder die "Bildung und Umbildung organischer Naturen" und stößt bei dem Versuch darzustellen, was er entdeckt hat, auf ein schier unlösbares Problem: "Die Schwierigkeit Idee und Erfahrung miteinander zu verbinden erscheint sehr hinderlich bei aller Naturforschung: die Idee ist unabhängig von Raum und Zeit, die Naturforschung ist in Raum und Zeit beschränkt, daher ist in der Idee Simultanes und Sukzessives innigst verbunden, auf dem Standpunkt der

Erfahrung hingegen immer getrennt, und eine Naturwirkung, die wir der Idee gemäß als simultan und sukzessiv zugleich denken sollen, scheint uns in eine Art Wahnsinn zu versetzen. Der Verstand kann nicht vereinigt denken, was die Sinnlichkeit ihm gesondert überlieferte, und so bleibt der Widerstreit zwischen Aufgefasstem und Ideiertem immerfort unaufgelöst".[11] Dennoch unternimmt Goethe immer wieder den Versuch, den proteischen Typus zu zeichnen. Berühmt für solch einen Augenblick ist die von ihm selbst festgehaltene Begegnung mit Schiller 1794, die er in die Geschichte seiner botanischen Studien als "Glückliches Ereignis"[12] aufnahm, weil sie ihre zehnjährige Freundschaft begründete: "Wir gelangten zu seinem Hause, das Gespräch lockte mich hinein; da trug ich die Metamorphose der Pflanzen lebhaft vor und ließ mit manchen charakteristischen Federstrichen eine symbolische Pflanze vor seinen Augen entstehen. Er vernahm und schaute das alles mit großer Teilnahme, mit entschiedener Fassungskraft – als ich aber geendet, schüttelte er den Kopf und sagte: Das ist keine Erfahrung, das ist eine Idee!" Goethe erwidert: "Das kann mir sehr lieb sein, dass ich Ideen habe, ohne es zu wissen, und sie sogar mit Augen sehe". Darauf der an Kant geschulte Schiller: "Wie kann jemals Erfahrung gegeben werden, die einer Idee angemessen sein sollte? denn darin besteht eben das Eigentümliche der letzteren, dass ihr niemals eine Erfahrung kongruieren könne". Und Goethe bedenkt weiter: "Wenn er das für eine Idee hielt, was ich als Erfahrung aussprach, so musste doch zwischen beiden irgend etwas Vermittelndes, Bezügliches obwalten!"

Hier spricht sich aus, was Aristoteles von Platon, was Goethe von der modernen platonistischen Wissenschaft trennt: Er imaginiert im Anschauen der sinnlichen Wirklichkeit die Pflanze als Ganze gestaltende Kraft, die, wie die Entelechie,[13] das Ganze in sich trägt, auch wenn es noch nicht oder nicht mehr in Gänze erscheint. Diese Kraft kann er natürlich nicht darstellen – auf sie weist er am dringlichsten in der Elegie *Die Metamorphose der Pflanzen*[14] hin – aber er kann, indem er auf ein Mal zeichnet, was in der Natur nur nacheinander erscheinen kann, ein Bild schaffen, das über die sinnliche Wirklichkeit, wie der jeweilige Augenblick sie zeigt, hinausgeht. Denn in der Natur findet man Keimblätter und reife Frucht nicht gleichzeitig; wenn die Keimblätter sich entfalten, ist die Blüte noch lange nicht entwickelt, wenn die Frucht reift, sind die Keimblätter längst vertrocknet und abgefallen.

Goethes Zeichnungen der *Urpflanze*

Die für Schiller gemachte Zeichnung ist leider nicht erhalten, aber unter den überlieferten Skizzenblättern finden sich einige, die Goethes Versuche in diese Richtung zeigen. Einer natürlichen Pflanze sehr nahe ist eine Pflanzenzeichnung, die die vollständige Blattmetamorphose von den Keimblättern bis zur Blüte darstellt (Abb. S. 99, I). Eine nur zart angedeutete, hier zur Verdeutlichung nachgezeichnete Skizze, schematisiert die Blattmetamorphose am Spross bis zur Blütenbildung. Auf einer offenbar zur Demonstration der Bildgesetze angefertigten Zeichnung sind in der oberen Zeile u.a. zwei Sprossabschnitte nebeneinander gestellt. Der linke veranschaulicht die "Entfaltung" – wie Goethe daneben schreibt – der kleinen, rundlichen Blätter hin zu den größeren, differenzierten. Rechts daneben zeigt er die "Zusammenziehung" der Blätter hin zur Blüte, bei der die Blätter wieder kleiner, schmaler und kürzer gestielt ausgebildet werden.

Bei allen Darstellungen Goethes steht im Zentrum das Gesetz der Metamorphose der Blätter. Die Wurzel spielt kaum eine Rolle, eher noch die Blüte, die durch die "Epoche der Blüte"[15] – das ist die Phase der "Zusammenziehung" – vorbereitet wird und dann in der Ausbreitung der Blütenblätter und später der Frucht noch zweimal eine Phase der "Entfaltung" hat. Das Dynamische dieser Gestaltungsprozesse, das in die Blüte hinein zunimmt, bewegt Goethe am meisten.

Die *Urpflanze* in der wissenschaftlichen Morphologie

In der Geschichte der Botanik haben auch nach Goethe verschiedene Wissenschaftler, die die Gesetzmäßigkeiten der Pflanzengestalt untersucht haben, den Versuch unternommen, die *Urpflanze*, den Typus der einjährigen zweikeimblättrigen Pflanze durch Zeichnungen zu veranschaulichen.[16] Diese Versuche, das Bild der Pflanze zu entwerfen, spiegeln jeweils wider, was der Botaniker an der Pflanze beobachtet und für wichtig gehalten hat.

P.J.F. Turpin zeichnet "den idealen Pflanzentypus" mit verschiedensten konkreten Ausgestaltungen von Wurzeln, Blättern, Blüten und Früchten. Carl Gustav Carus gibt 1861 in seiner sehr abstrakten Urpflanze nur die Wachstumsrichtungen der Pflanzenorgane und den anatomischen Ort möglicher Organ-Entstehung an. Anton Kerner v. Marilaun schematisiert 1883 eine 1852 von F. Unger entworfene "ideale Darstellung einer vollkommenen Pflanze" in seiner Zeichnung "Die Goethe'sche Urpflanze", und Wilhelm Troll abstrahierte das 1882 von Julius Sachs gezeichnete "Schema einer dikotylen Pflanze" in verschiedenen Variationen weiter (Abb. S. 99, III) und nennt es in seinem Lehrbuch der Botanik 1959 "Schema der Urpflanze". Es zeigt den "Organisationstypus" der Pflanze: Sie hat Wurzel, Sprossachse und Blätter als ihre drei Grundorgane. Aber sie hat keine Blüte und keine Blattmetamorphose. Damit fehlt ihr jene Dynamik, die Goethe so entschieden erlebte und so genau beschrieb. Julius Sachs hatte wie kein anderer vor ihm die Wurzel in die Zeichnung eingeführt: Stark die senkrechte Primärwurzel, und, der Anlage nach, in leicht abwärts geneigtem Winkel die Sekundärwurzeln, an denen die Tertiärwurzeln usw. inserieren. Die gleiche Starrheit der Struktur, die die Wurzelanlage der Gestalttendenz nach charakterisiert – hier gibt es auch keine Spiraltendenz und keine Metamorphose! – , haben Sachs und Troll in die Sprossgestalt übertragen: Es gibt nur metamorphoselose Wiederholung des Gleichen.

Wenn ein Botaniker, ein Wissenschaftler, zu zeichnen beginnt, ist er dann nicht ein Künstler? Schafft er nicht wie ein Künstler Gestalten? Wozu zeichnet er? Er schafft Bilder, weil er in ihnen etwas zur Erscheinung kommen lassen möchte, was – über alle Zufälle der Natur hinaus – das Charakteristische einer Sache zur Darstellung bringen soll. Der Künstler Paul Klee nennt das: "Sichtbar machen",[17] Beuys nennt es "Erkenntnis

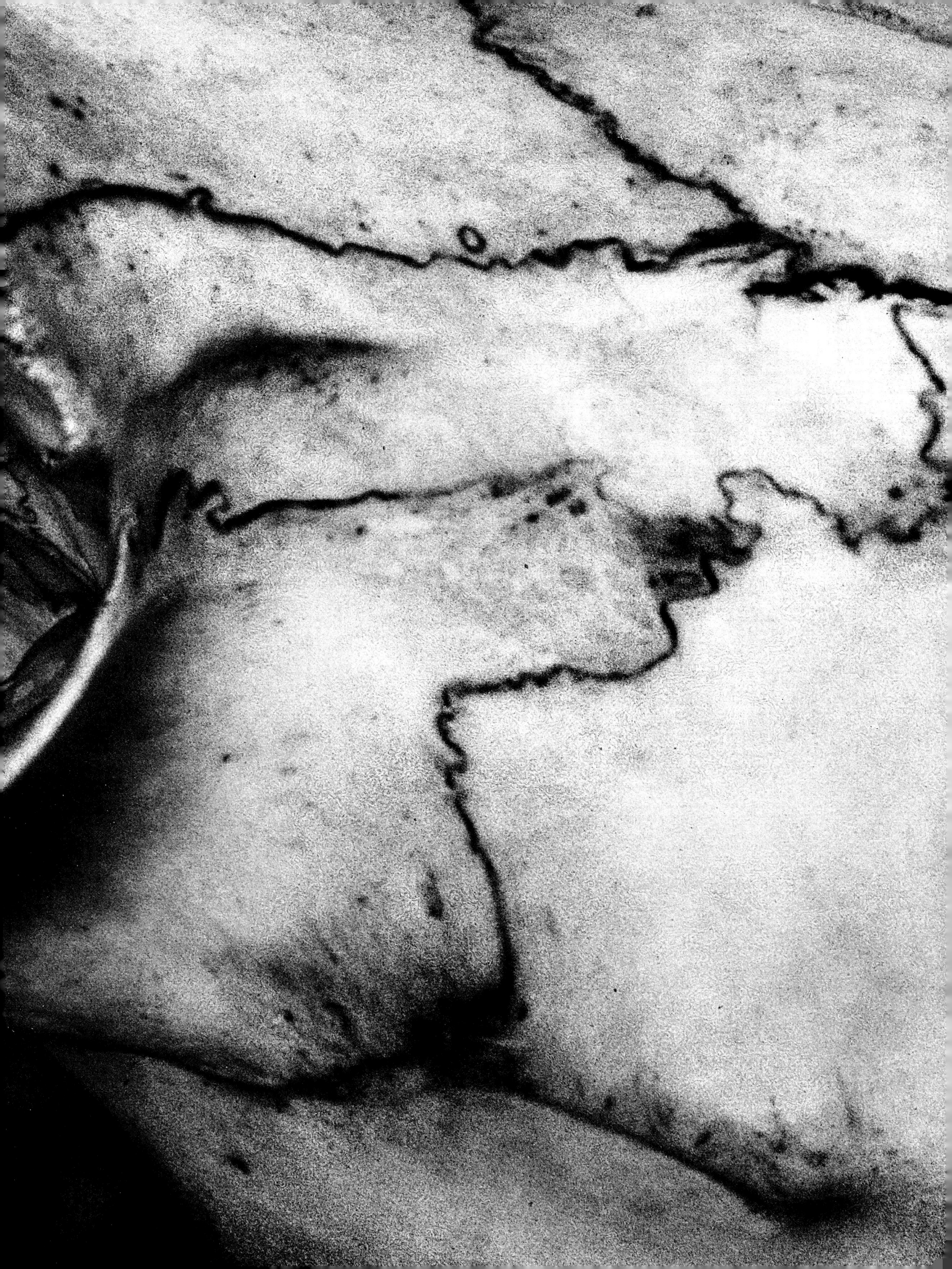

in Bildform".[18] Und wie Wissenschaftler zeichnend zu Künstlern werden, so können Künstler zu Wissenschaftlern werden, wenn sie – in unserem Fall – nicht eine schöne Blume, sondern *die* Pflanze zeigen wollen. Das haben im 20. Jahrhundert vor allem Paul Klee und Joseph Beuys versucht.

Das Bild *Feuer-Quelle* von Paul Klee

Klee hat in zahlreichen Skizzen, Zeichnungen und Bildern, insbesondere in Zusammenhang mit seinen Vorlesungen am Bauhaus in Weimar und Dessau, das Entstehen von Bildern, von Gestaltungen anhand der Entwicklungsschritte der Pflanze erläutert.[19] 1938 malt er ein großes Tafelbild mit dem Titel *Feuer-Quelle*. Dieses Bild zeigt wie in einem botanischen Lehrbuch um die Hauptdarstellung herum kleinere Nebenzeichnungen: Samenkapsel, Samenquellung (im blau gemalten Wasserkreis: "Quelle"), Keimwurzelbildung und Keimpflanze (mit den für Keimpflanzen typischen rundlichen Blättchen). Im Zentrum aber steht ausschließlich die "Epoche der Blüte", d. h. der Teil des Pflanzensprosses, den Goethe in seiner Zeichnung mit dem Wort "Zusammenziehung" begleitet, der vom voll entwickelten Laubblatt zur Blüte hinführt. Hier ist mit wuchtiger, expressiver Kontur links ein doppelt konvexes Blatt stilisiert, daneben ein konvex-konkaves und zuletzt ein doppelt konkaves – wie etwa bei der Blattmetamorphose einer Brennnessel. Im Inneren des (Pflanzen-)Gebildes ist der an Licht und Wärme (am "Feuer") entstehende Metamorphoseprozess durch zinnoberrote Farbe charakterisiert. Nach rechts hin wird diese immer feuriger. Weiter nach rechts hin schließlich reißt die von Klee gemalte Form auseinander, und die Substanz des Gebildes dringt nach außen und oben hin: So kommt in der Natur der Verstäubungsvorgang erst bei genügender Wärme und Trockenheit zustande, bei dem das Staubblatt an einer Sollbruchstelle aufreißt, so dass der Staub aus dem Blattgebilde herausquellen kann. Weiter rechts im Bild folgt die durch Bestäubung und Reifung entstandene trockene, kantige Samenkapsel. Klee hat also im Gegensatz zu Troll nicht den Organisationstypus einer Pflanze mit Wurzel, Sprossachse und Blatt gezeigt, sondern die zur Blüte führende Metamorphose als einen dramatischen Gestaltverwandlungs- (in den Hochblättern), Gestaltzerstörungs- (in den Staubblättern) und Gestaltermöglichungsprozess (in der Samenbildung).

Es liegen nun drei Gestaltungstypen für die Pflanze vor: der von der Wiederholung her bestimmte "Wurzeltypus" Trolls, der von Goethe an der Folge der Blätter abgelesene "Metamorphosetypus" und der von Klee gemalte "Blühtypus".

Joseph Beuys' dreigliedrige Pflanzenzeichnungen – die Alchemie des Plastischen

Alle drei Gestaltungstypen fasst eine Zeichnung zusammen, die Joseph Beuys 1977 während der documenta 6 in Kassel auf einer Wandtafel festhielt (Abb. S. 99, IV) und die zu einem umfassenden

Gestalttypus der Pflanze führt. Es gibt keine Lehrbuchzeichnung, die dieser Darstellung an botanisch-morphologischer Prägnanz gleich käme! Wie es der auf Gestaltungen achtende Künstler Goethe war, der die Morphologie als wissenschaftliche Disziplin begründete, so ist es der Künstler Beuys, dem die vollständige Darstellung des Gestalttypus der Pflanze gelingt und der damit das Werk Goethes faktisch weiterführt und einen wesentlichen Beitrag zur Botanik leistet.

Der Plastiker Beuys[20] bleibt aber hier nicht stehen: Das zeigen schon seine frühesten zeichnerischen Pflanzendarstellungen, die von Vorträgen Rudolf Steiners[21] für Mediziner angeregt sind. Die Pflanzengestalt wird Ausdruck dreier alchemistischer Prinzipien, mit Paracelsus gesprochen: *Sal, Merkur, Sulfur.*[22] Dabei ist *Sal* der Gestaltungsprozess, der ins Kristalline führt: Wie sich beim Salzkristall oder beim Bergkristall im Entstehen Schicht auf Schicht über den Kristallisationskeim legt, ohne dass das Größer Werden vom Kristall her begrenzt wäre, so wachsen die Wurzeln, von sich aus unbegrenzt, immer weiter und stehen dabei der Anlage nach in immer gleichem Winkel übereinander, wie Troll es zeichnete (Abb. S. 99, III). *Merkur*, der verwandlungsfähige Proteus, der zwischen oben und unten vermittelnde Bote, der wässrig Entschlüpfende, nie zu Greifende, ist Inbegriff dieses Gestaltungsprinzips, das zwischen unten und oben, zwischen Wurzel und Blüte vermittelt und die Blätter unten über der Wurzel in wässrige Doppelwirbelformen, oben, der in Licht und Wärme sich bildenden Blüte nahe, in flammenförmige Gestaltungen treibt. *Sulfur*, der Feuerprozess, führt zur Aufhebung der Form, zur Chaotisierung: Bei den meisten Pflanzen zerteilt sich zum Blühen hin der eine Spross, die Blütenblätter fallen schon nach kurzer Zeit ab, die Pflanze "verraucht" im Blütenstaub, verduftet in ätherischen Ölen, vertropft im Nektar. Zuletzt fallen die Samen auf den Boden. Gegenüber der Pflanzengestalt, aus der sie stammen, sind sie nahezu gestaltlos. Sie sind wie Asche, die aus dem Feuer fällt: Auch hier ist jede Gestalt aufgehoben.

Sulfur- und Sal-Prozess stehen sich polar gegenüber, vermittelt durch den Merkurprozess. Beuys sieht in diesen drei Gestaltungsprozessen die drei plastischen Prinzipien überhaupt und entwickelt an ihnen seine "Plastische Theorie", die – in Erweiterung des Kunstbegriffs –[23] alles Gestaltete umfasst. Das Werden eines plastischen Kunstwerks beschreibt er so: "Wenn einer eine bestimmte Absicht hat, bleibt ihm nichts anderes übrig, als zum *chaos* zu kommen, d.h. er greift in irgendeinen Eimer hinein, darin ist Ton, irgendwie, ganz unbestimmt. [...] Dann muss er durch *bewegung* [...] mit seiner Hand [...] zu *formen* kommen".[24] Diesen hier angedeuteten Prozess, der vom Chaos durch Bewegung zur Form führt, bezieht Beuys dann auch auf die sozialen Verhältnisse, wenn er etwa die Neigung zu Ideologien oder Dogmen mit dem Verhärtungs-, dem Kälte- oder dem Erstarrungsprozess vergleicht, die Neigung zum Faschismus mit dem chaotisierenden Sulfurprinzip und die Neigung, in den Tag hinein zu leben wie die Hippies der siebziger Jahre, mit dem Bewegungsprinzip.[25] Er spricht von der *Sozialen Plastik*, die im eben genannten Fall auseinander fällt und in der im gesunden Fall die drei Prinzipien harmonisch zusammenwirken.

Beuys benutzt bei vielen seiner Vorträge zur *Sozialen Plastik* ein einfaches Bild, mit dem er seine Theorie zu den Erscheinungsformen des Plastischen charakterisiert: Er zeichnet ein Diagramm, das links aus einer chaotischen Kreis-Spiral-Bewegung besteht, von der aus sich eine Linie in wenigen harmonischen Schwingungen nach rechts hin zieht und in einem Dreieck, das in einer offenen Raumecke liegt, endet. Von hier aus fällt eine Linie zu einem Würfel hin ab. Er sagt: "Überschreitet der Mensch an dieser Grenzsituation eine gewisse Schwelle, dann fällt er ganz aus dem System heraus".[26] Und ins Therapeutische gewendet fährt er fort: "Hätte man beispielsweise einen Studenten, von dem man erkennen würde, er steht hier sehr nahe an dieser intellektuellen Grenzsituation, dann könnte man ihn ja über das rhythmische Element in das allgemeine Wärmehafte zurückführen, allein als eine pädagogische Therapie".

1970 zeichnete Beuys ein Doppeldiagramm, dessen rechte Seite, im Gegenzeigersinn aufgerichtet, die drei Prinzipien so veranschaulicht, dass darin der Gestalttypus der Pflanze noch zu erkennen ist (Abb. S. 99, V): Unten nähert sie sich dem Kristallinen, das daneben als kubischer Salzkristall (Sal) rein hervortritt. Die Pflanze fällt aber nicht aus dem Lebendigen heraus, nimmt in der Wurzel nur das Sal-Prinzip in der Gestaltbildung auf. Darüber erhebt sich eine kurze Linie wie ein kleines Keimblatt – auch bei der Pflanze immer eine solitäre Erscheinung, die nicht in direktem Gestaltzusammenhang mit den Folgeblättern steht. Dann hebt sich, rhythmisch aus- und einschwingend, eine Linie, die dem plastischen Metamorphose-Prinzip entspricht: Merkur. Sie zieht sich – den Hochblättern unterhalb der Blüte vergleichbar – wieder zusammen und erhebt sich zuletzt zu einer in sich kreisenden Form – wie zu einer Endblüte: Polare Bildung zum Kubus am Wurzelpol. Neigt die Wurzel zur Mineralisation (sie hat den höchsten Mineralgehalt aller Pflanzenorgane), zur Formwiederholung und zur Stoffbewahrung (Sal), so bildet die schnell vergehende Blüte Stoffe, die imponderable Energie speichern: ätherische und fette Öle, die im "Feuerprozess" (Sulfur) Licht und Wärme abstrahlen: Es ist das Fett, das Beuys in die rechtwinkligen Raumecken trug und zur "Fettecke" gestaltete – als therapeutisches Symbol, als Kunstwerk im Sinn eines "erweiterten Kunstbegriffs".

Sagte Goethe im Brief aus Italien zur Regel der Pflanzenbildung: "Dasselbe Gesetz wird sich auf alles übrige Lebendige anwenden lassen" oder am Schluss des Gedichtes zur *Metamorphose der Pflanzen*: "Entzifferst du hier der Göttin heilige Lettern / Überall siehst du sie dann, auch in verändertem Zug", so können wir sagen: Beuys' Pflanzendarstellung in ihrer plastischen Dynamik ist eine "Erkenntnis in Bildform" über das Wesen des Plastischen – sein "Diagramm zur Plastischen Theorie" ist eine Pflanzendarstellung nach ihren plastischen Prinzipien.

Die Fruchtbarkeit der durch Goethe begründeten Morphologie erweist sich bis heute – besonders Künstler aktualisieren seine Intentionen und führen sie fort.

1 Christa Lichtenstern hat das in ihrem Buch *Die Wirkungsgeschichte der Metamorphosenlehre Goethes,* Weinheim: 1990, in Bezug auf den Metamorphose-Gedanken ausführlich nachgezeichnet. Darin auch je ein Abschnitt über Paul Klee und über Joseph Beuys.

2 Johann Wolfgang von Goethe, *Die Schriften zur Naturwissenschaft.* Vollständige, mit Erläuterungen versehene Ausgabe, herausgegeben im Auftrage der deutschen Akademie der Naturforscher (Leopoldina) zu Halle von K. Lothar Wolff, Wilhelm Troll, Rupprecht Matthaei, Wolf von Engelhardt, Dorothea Kuhn, bisher 11 Bände plus 10 Bände *Ergänzungen und Erläuterungen,* Weimar: 1947 (künftig mit LA bezeichnet).

3 *Dem Menschen wie den Tieren ist ein Zwischenknochen der oberen Kinnlade zuzuschreiben,* 1786, LA I 9, S. 160.

4 LA I 9, S. 23-61.

5 Ernst Cassirer, *Das Erkenntnisproblem in der Philosophie und Wissenschaft der neueren Zeit,* IV Band, 2. Kap. *Die Idee der Metamorphose und die 'idealistische Morphologie',* S. 157.

6 Die folgenden Zitate aus: *Geschichte meines botanischen Studiums,* in: Johann Wolfgang von Goethe, *Zur Morphologie, Ersten Bandes erstes Heft, Erfahrung, Betrachtung, Folgerung durch Lebensereignisse verbunden,* Erster Band, 1817-1822, LA I 9.

7 Am 9. September 1786, am Beginn der *Italienischen Reise* wird er zum ersten Mal auf diesen Prozess aufmerksam. Er notiert ihn im Tagebuch und fügt zwei Zeichnungen hinzu, die die breiteren Blätter einer Weide aus der Niederung gegen die schmaleren aus der Höhe stellen (LA II 9a, S. 338).

8 Dieses Datum und dieser Adressat stehen in den herausgegeben Briefen. In der *Italienische Reise II,* unter *Juli, Korrespondenz,* aber lässt er diese Mitteilung an Herder gehen. Er hatte im Brief an Ch. von Stein den die Pflanze betreffenden Passus mit den Worten begonnen: "Sage Herdern ...".

9 LA I 9, S. 2.

10 LA I 10, S. 339-ff.

11 *Bedenken und Ergebung,* LA I 9, S. 97.

12 LA I 9 S. 79-ff.; LA II 10a, S. 749-ff.

13 Aristoteles, *Werke in deutscher Übersetzung,* Vgl. Hellmut Flashar (Hg.), begr. von Ernst Grumach, Bd. 11, *Physikvorlesung,* übersetzt und kommentiert von Hans Wagner, Darmstadt: 1983, Bd. 13; *Über die Seele,* übersetzt von Willy Theiler, Darmstadt: 1983. Aristoteles spricht davon, dass am "Anfang der Bewegung", deren Anstoß im Samen liegt, die künftige Gestalt schon so an diesem Bewegungsvorgang oder Gestaltungsprozess beteiligt ist, dass sie ihn auf sich hin zur Vollendung führt. Diesen Prozess nennt er "entelecheia", wenn er an das "Ziel der Bewegung" denkt, oder "energeia", wenn er an den Verwirklichungsprozess denkt. Diese Begriffe gelten für Aristoteles in Bezug auf ein lebendes Wesen: Es "ist ein Gebilde, welches von einer bestimmten, in ihm selbst begründeten Ausgangsgegebenheit aus in einem kontinuierlichen Prozess an ein bestimmtes Prozessziel gelangt" (*Physik* 199 b). Ausgangsgegebenheit oder "Prozessursache" (*Von der Seele* 202 a 9) oder "Bewegungsanstoß" (a.a.O. 415 b 10) für ein Lebewesen ist einerseits der Vater (*Physik* 194 b 32) – also das vorangehende, zeugende Lebewesen – andererseits der Same, aus dem die Pflanze wachsen kann. Siehe auch *Von der Seele* 412a 27-f. und 414a 16-ff.

14 Hamburger Ausgabe 1, S. 199-ff.

15 *Metamorphose der Pflanze* § 28, LA I 9, S. 31.

16 Günther Schmid hat in seinem Beitrag *Goethes Metamorphose der Pflanzen* zu dem 1930 durch Johannes Walther herausgegebenen Band *Goethe als Seher und Erforscher der Natur* zum ersten Mal (auf Tafel VI und VII – samt den Kommentaren der Verfasser in Anm. 39) verschiedene solcher von Naturwissenschaftlern gezeichneten Abbildungen zusammengestellt. Ich beziehe mich hier auf seine Zusammenstellung.

17 Text in der gleichnamigen Zeichnung 1926, S. 6. In seiner *Schöpferischen Konfession* von 1920 schreibt er als ersten Satz: "Kunst gibt nicht das Sichtbare wieder, sondern macht sichtbar". Vgl. Christian Geelhaar (Hg.), *Paul Klee, Schriften, Rezensionen und Aufsätze,* Köln: 1976, S.118-122.

18 V. Harlan, *Was ist Kunst, Werkstattgespräch mit Beuys,* Stuttgart: 2001, S.19.

19 Ausführlich dargestellt in meiner Publikation *Das Bild der Pflanze in Wissenschaft und Kunst,* Stuttgart: 2001. Hier auch Entsprechendes zu Beuys. Klees Bauhausvorlesungen sind zu finden in Jürg Spiller, *Das bildnerische Denken,* Basel: 1956, und ders., *Unendliche Naturgeschichte,* Basel: 1970.

20 Beuys hatte in der Düsseldorfer Akademie einen Lehrstuhl für monumentale Bildhauerei inne.

21 Beuys las Gerbert Grohmanns Schrift *Botanische Beiträge und Erläuterungen zum Verständnis der Vorträge Dr. Rudolf Steiners "Geisteswissenschaft und Medizin", ein Versuch,* Freiburg: o.J. An den Rand des Buches zeichnete er eine Reihe von Figurationen, die Vorbilder seiner Pflanzenzeichnungen wurden. Erstmals abgebildet in V. Harlan, *Parallelprozeß,* in Volker Harlan, Dieter Koepplin, Rudolf Velhagen (Hg.), *Joseph Beuys-Tagung, Basel 1.-4. Mai 1991,* Basel: 1991, S. 233-243.

22 Ernst Kaiser, *Paracelsus,* Reinbeck: 1969, S. 103 und John Maxon Stillman, *The Story of Alchemie and Early Chemistry,* New York: 1960, S. 319-ff.

23 S. z.B. Friedhelm Mennekes, *Beuys zu Christus, Eine Position im Gespräch,* Stuttgart: 1989, S. 60.

24 Harlan, Rappmann, Schata, *Soziale Plastik, Materialien zu Joseph Beuys,* Achberg: 1983, S. 22.

25 A.a.O., S. 23.

26 Ebd.

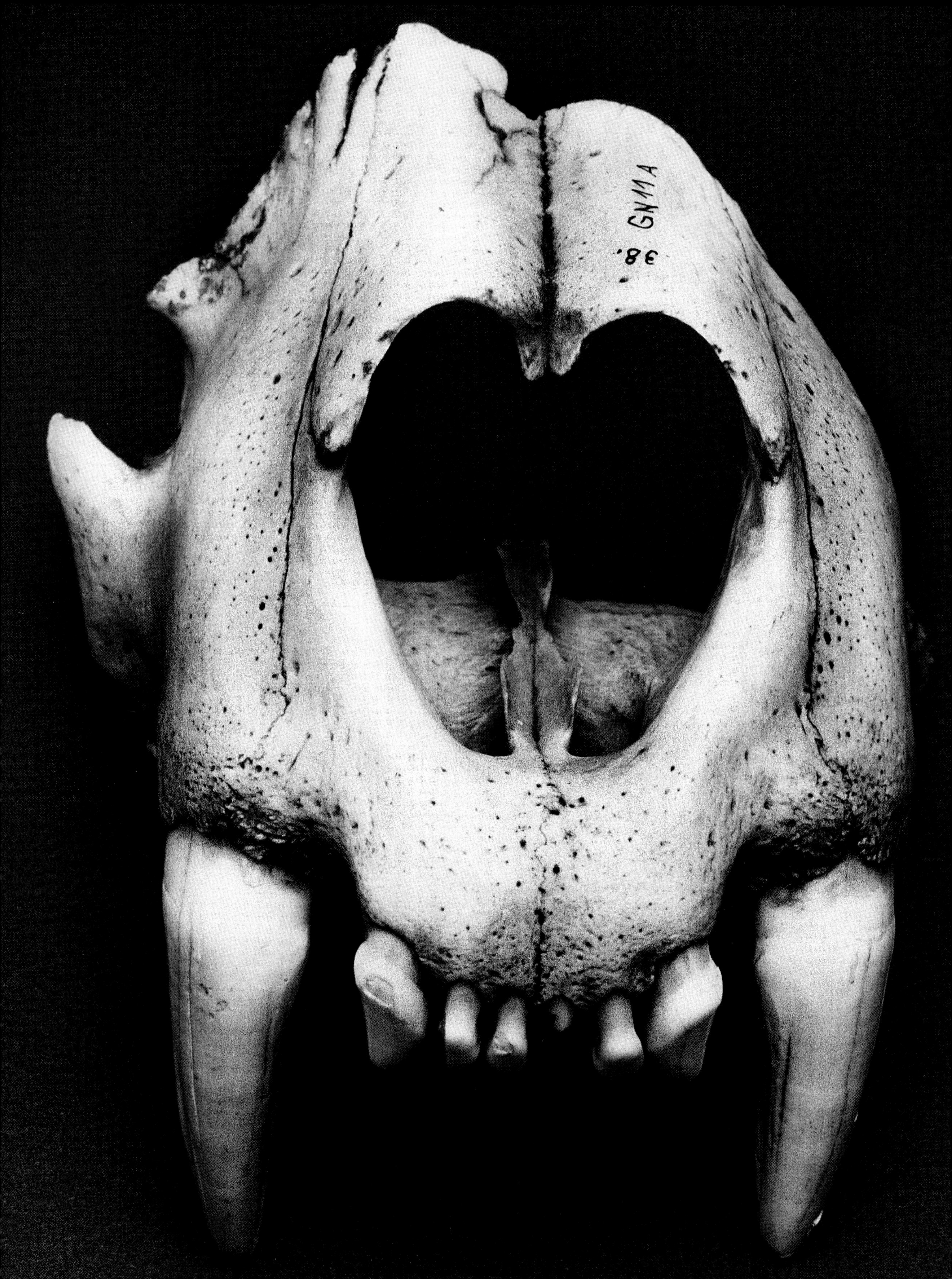
GNMA
38.

ART AS SCIENCE—ARTISTS UPDATE GOETHE

Volker Harlan

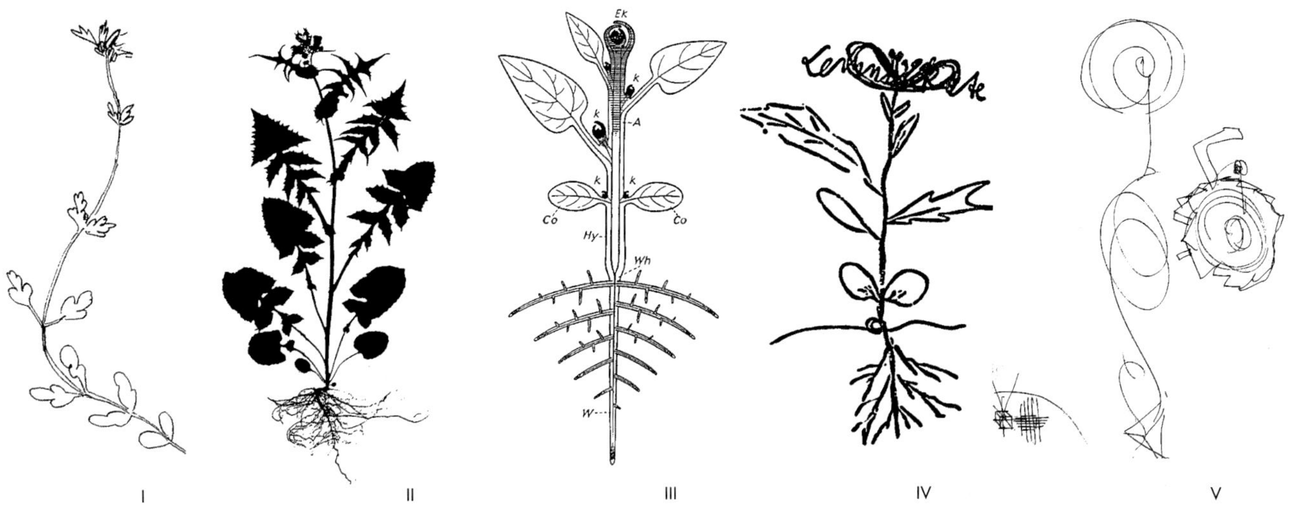

Katharina Sieverding's particular concern in this exhibition is Goethe's view of nature and its domains. She attempts to assimilate this view through her own medium. Goethe's works have repeatedly inspired artists to follow in his tracks or to work using his methods.[1]

Goethe as Botanist

Amid the diversity of Goethe's works, his writings on the natural sciences take up a great deal of room alongside his literary works.[2] Beginning with his essays "on comparative osteology"[3] of 1786 and his *Versuch die Metamorphose der Pflanzen zu erklären* (Essay on the Metamorphosis of Plants)[4] of 1790, he worked out a new scientific method and a new conceptual framework, morphology and typology, which have since played a seminal role in biology. Cassirer, along with Schaxel, points out that morphology "is perhaps the greatest posing of a problem about the organism to be ventured since Aristotle."[5]

Goethe himself gives an account of how he came to his botanical studies and of how they progressed.[6] The Jena Academy and a knowledgeable young man, F.G. Dietrich, who accompanied Goethe on various travels and who was also always at his service in Weimar, established and expanded his botanical knowledge in various directions. He became acquainted with the German and scientific names of plants, his knowledge of "the structure of plants, their diversity and their peculiarities" steadily grew and he learned a great deal about the development of plants in relation to their biotope. Since, with Batsch, he could "exchange loftier views about botany and its various scientific methods and discuss with him the classification of plants according to families in ascending, gradually developing progressions," the question of what exactly it is that makes a plant identifiable as a plant became ever more pressing, and in this frame of mind he traveled to Italy in 1786 and broadened his knowledge, in particular by seeing familiar plants in new structural variations.[7]

On June 8, 1787 he wrote to Charlotte von Stein: "In addition, I must confide in you that I am quite close to the secret of the ontogenesis and organization of plants, and that it is the simplest thing imaginable ... The archetypal plant is the most curious creature in the world, one for which Nature herself might envy me. With this model and the key to it, one can then invent new plants *ad infinitum*, plants that are logically necessary—that is, even if they do not exist, they nevertheless could exist and are not merely artistic or poetic shadows and fictions, but instead have an inner truth and necessity. The same law will be applicable to all other living things."[8]

When later he published his *Italian Journey*, Goethe expanded on this letter: "However, to prepare the way for further understanding, let me briefly say this much here: It had occurred to me that in the plant organ we normally refer to as the leaf lies hidden the true Proteus that can conceal or manifest itself in all structures. Tracing both backwards and forwards, the plant is always just leaf, so inextricably fused with the future germ that the one is not thinkable without the other. To grasp, to bear such a concept, to discover it in Nature, is a task which transports us into a painfully sweet state." On his return to Weimar, Goethe prepared the systematic account of his discoveries, publishing them in 1790 under the title *Johann Wolfgang von Goethe, Herzoglich Sachsen-Weimarischen Geheimraths Versuch die Metamorphose der Pflanzen zu erklären*.

Typology and Metamorphosis of Plants

In his letter of discovery, Goethe used the concept *Urpflanze* (archetypal plant), calling it a "model." By this he means two things. First, he thinks that all the secondary organs of the shoots of higher plants are homologous (in so far as they develop from the same growth point on the stem): "Tracing both backwards and forwards, the plant is always just leaf"—cotyledon, basal leaf, foliage leaf, bract, sepal, petal, honey leaf, stamen and carpel. However diverse their forms, they are all leaves. Second, the manner in which the transformations occur follows a unified rule. The lower leaves are more simply formed and more rounded than the leaves on the upward-growing shoots, which are more extensive and more differentiated in form, while the leaves near the flowers are smaller again, have a shorter stalk and are more pointed (ill. p. 111, II). In flowering there is a new expansion in leaf formation: smaller sepals are followed by more extensive petals, which themselves are followed by stamens gathered into strands. The carpels that then follow are usually small at first but often swell up during fruition to cause a third expansion, which synchronously runs counter to the contraction into small seeds. This law applies to all higher plants, despite the great variety of formations that exists in individual characteristics.

Goethe has here described a rule that has the character of a law. In spite of all the variety of formations peculiar to each species, the arrangement of organs in an organism always follows the same rule, one discovered by him. On the other hand, the leaf, one of the three basic organs of a plant (along with the root and the stem axis) takes ever-changing forms, for which reason he also calls it a "Proteus." This mutability later causes him to speak no longer of the *Urpflanze*—the concept is too platonic-idealistic for him. Instead, when organizing related ideas and studies, he speaks of the "metamorphosis of plants," or the "formation and transformation of organic entities."[9] Goethe, unlike Plato, does not seek to abstract a transcendental idea from his observations, nor, unlike Kant, does he seek a transcendental law; like Aristotle, he sees in his observation of plants the workings of their "entelechy," which forms and transforms the physical shape of the plant over time.

In notebooks—sometimes also in carefully composed watercolors—he captures the greatest variety of metamorphoses. For he looks at the plant as a whole and at the potential formations that lie within it, which cannot be tied down to individual organs but exert a formative force that encompasses all organs. Thus he is particularly fascinated by "progressive" and "regressive" metamorphoses. A tulip in which a hypsophyll growing below the flower is green on one side and the color of the flower on the other (ill. p. 61), or filled flowers (ill. p. 64), found with almost all decorative roses, whose stamens transform themselves into the shape of petals, or a grown-through rose (ill. p. 73), whose sepals become enlarged like foliage leaves and whose carpels spiral around the grown-through stalk like brownish bracts—all of these point to a formative process that is independent of any individual leaf.

In both foliage leaves (ill. p. 68-69) and petals he finds the same formative tendencies, which lead from the relatively unformed, roundish type of leaf to the fully formed, more pointed type of leaf, with a variable number of metamorphic stages in between. He investigates and observes germination processes and their formative developments and, prompted by Karl Friedrich Ph. von Martius, who visited Goethe in Weimar in October 1828,[10] he made sketches of the spiral formations of the leaves on the shoot.

After conceiving of the *Urpflanze*, Goethe repeatedly investigated the "formation and transformation of organic entities" and, when he tried to portray what he had discovered, he came up against a well-nigh insoluble problem: "The difficulty in relating idea and experience to one another seems to be a great hindrance in any investigation into Nature: the idea is independent of time and space, whereas scientific investigation is limited to time and space, thus simultaneity and succession are intimately related in an idea, whereas from the perspective of empirical experience they are always separate; and a natural effect which, in accordance with an idea, must be thought of as both simultaneous and successive seems to lead us into a kind of madness. Our reason cannot think of something as unified which our senses perceive as separate, and thus the conflict between what is observed and what is conceived remains forever unresolved."[11] Nevertheless, Goethe repeatedly attempts to draw the protean archetype. His meeting with Schiller in

1794, recorded by Goethe himself, is famous for just such a moment. In his account of his botanical studies he recounts this meeting calling it a "fortunate occurrence,"[12] because it marked the beginning of their ten-year friendship: "We reached his house and the conversation enticed me inside; there with great animation I held forth on the metamorphosis of plants and with a few characteristic strokes of the quill I conjured up a symbolic plant before his eyes. He looked and listened with great interest and determined concentration, but as I finished he shook his head and said, 'That is not an experience, it is an idea!'" Goethe retorts, "Well, I am very glad to have ideas without knowing it, and even to see them before my eyes." To which Schiller, trained in Kant, replied, "How can there ever be an experience which could be commensurate with an idea? Because the peculiarity of the latter consists precisely in the fact that no experience could ever be congruent with it." And Goethe further reflects, "If he took for an idea that which I declared to be an experience, then there must prevail something that mediates between the two, something that relates them to one another!"

Here we find expressed that which separates Aristotle from Plato, and Goethe from modern Platonic thought. When observing sensual reality, he imagines the plant as a whole, as a shaping force that, like the *entelechy*,[13] carries the whole within itself, even if it does not yet appear, or no longer appears, as a whole. Of course this force cannot be portrayed—Goethe refers to it most compellingly in his elegy *Die Metamorphose der Pflanzen*—[14] but, by depicting at the same time that which, in nature, can appear only in succession, he can create an image that transcends sensual reality as manifested at any given moment. In nature cotyledons and ripe fruit never exist at the same time; when the cotyledons are unfolding, the flower is a long way from development, and when the fruit is ripening, the cotyledons are long since withered and shed.

Goethe's Drawings of the *Urpflanze*

The drawing he made for Schiller has unfortunately not been preserved, but among the sketches that have been passed down there are a few that show Goethe's efforts in this direction. One sketch of a plant, very close to a plant drawn from nature, portrays the complete metamorphosis of the leaf from cotyledon to flower (ill. p. 111, I). Another sketch, only delicately hinted at and here copied out for the sake of clarity, schematizes leaf metamorphosis on the shoot up to the formation of the flower. In one drawing, evidently made to demonstrate the principle underlying his pictures, there are in the upper lines, amongst other things, two sections of a shoot placed next to one another. The left one illustrates the "unfolding"—as Goethe writes beside it—of the small, rounded leaves into the larger, more differentiated ones. To the right of this he shows the "contraction" of the leaves up to flowering, where the leaves again become smaller, narrower and more short-stalked.

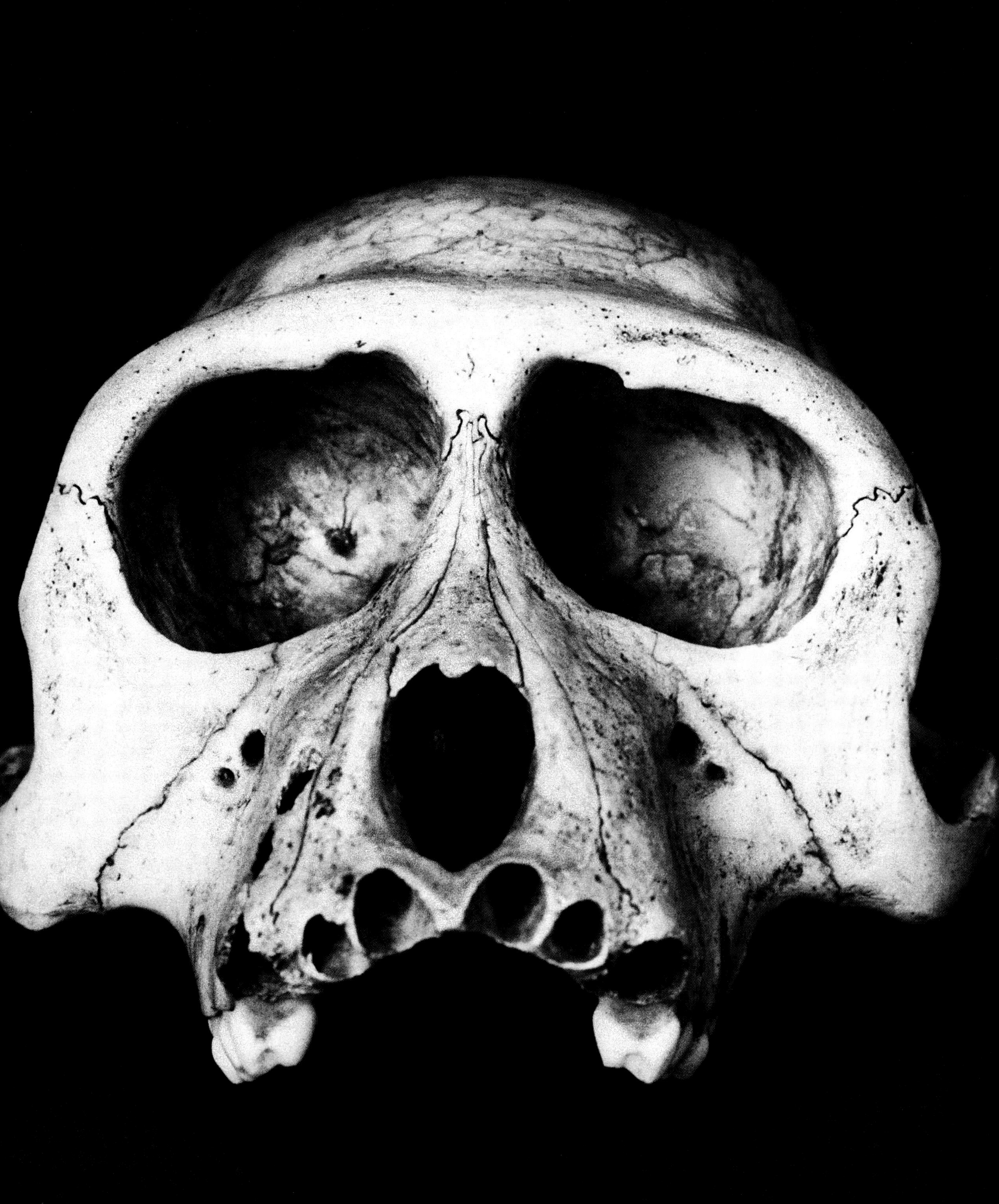

In all of Goethe's illustrations the law of the metamorphosis of the leaf stands at the center. The root plays scarcely any role, still less the flower, for which the way is prepared by the "flowering epoch,"[15] that is the phase of "contraction," and which then, in the expansion of the petals and later the fruit, has two further phases of "unfolding." The dynamism of these formative processes, which continually increases up to and including flowering, is what stimulates Goethe most.

The *Urpflanze* in Scientific Morphology

In the history of botany, various scientists after Goethe have researched the laws of plant formation and have attempted to make pictorial representations of the *Urpflanze*, the annual, dicotyledonous type of plant.[16] These attempts to illustrate the plant always reflect whatever the particular botanist has observed and taken to be significant in the plant.

P.J.F. Turpin draws "the ideal plant-type" with a great diversity of concrete root, leaf, flower and fruit formations. In 1861 Carl Gustav Carus in his highly abstract "Archetypal Plant" indicates only the growth directions of the plant's organs and the anatomical sites of possible organ development. In his 1883 drawing "The Goethean Archetypal Plant," Anton Kerner von Marilaun produces a schematic version of the "Ideal Portrait of a Perfect Plant" drawn by F. Unger in 1852, while Wilhelm Troll produces a schematic version of the "Diagram of a Dicotyledonous Plant" drawn by Julius Sachs in 1882, in several variations, calling it, in his botanical textbook of 1959, a "Diagram of the Archetypal Plant" (ill. p. 111, III). It shows the "organizational type" of the plant: it has as its three basic organs a root, a stem axis and leaves. But it has no flower and no leaf metamorphosis. Thus it is lacking the dynamic element that impressed Goethe so strongly and that he described so precisely. More than anyone else before him, Julius Sachs included the root in his illustration: the primary root strong and vertical, the secondary roots gently angled away in accordance with the root system, the tertiary roots, etc., attached to them. Sachs and Troll also carry the same structural rigidity that characterizes the formative tendency of the root system over into the form of the stem—again there is no tendency towards a spiral pattern nor any metamorphosis! There is only metamorphosis-free repetition of the same pattern.

When a botanist, a scientist, takes up drawing, does he not then become an artist? Does he not create forms as an artist does? Why does he make drawings? He creates images because he would like to conjure up something that—beyond any naturally occurring accidental elements—illustrates the essential characteristics of a phenomenon. The artist Paul Klee calls this "making visible,"[17] Beuys calls it "cognition in pictorial form."[18] And just as a scientist who draws becomes an artist, so an artist becomes a scientist when—in our case—he wants to show not just a beautiful flower, but *the* plant. This is what Paul Klee and Joseph Beuys, in particular, have done in the twentieth century.

The Painting *Feuer-Quelle* by Paul Klee

In numerous sketches, drawings and paintings, in particular those relating to his lectures at the Bauhaus in Weimar and Dessau, Klee elucidated how paintings and compositions arise with the help of the developmental stages of plants.[19] In 1938 he produced a large panel painting with the title *Feuer-Quelle* (Fire-Source). Around the main picture, as if in a botanical textbook, there are smaller supplementary drawings: seed capsule, swelling of the seed (in the water-circle "Source," painted blue), seminal-root formation and seedling (with the rounded leaves typical of seedlings). In the center, however, there stands only the "flowering epoch," that is, the part of the plant shoot to which Goethe, in his drawing, attaches the word "contraction," which leads from the fully developed foliage to the flower. On the right there is a double-convex leaf, stylized with forceful, expressive contours, and next to that a convex-concave and finally a double-concave leaf—rather like the metamorphosis of, say, stinging nettle leaves. In the interior of the (plant) composition, there is the process of metamorphosis, triggered by light and warmth ("fire"), characterized by the color vermilion. Towards the right this becomes more and more fiery. Further to the right, the form painted by Klee ultimately breaks apart and the substance of the composition presses outwards and upwards: similarly in nature the process of pollination takes place only when there is sufficient warmth and dryness, where the stamen breaks open at a predetermined point so that the pollen can billow out from the leaf structure. Further to the right in the picture there follows the dry, angular seed capsule, brought about by pollination and ripening. Thus, in contrast to Troll, Klee has portrayed not the organizational type of a plant, with root, stem axis and leaf, but rather the metamorphosis that leads to flowering as a dramatic process of transformation (in the bracts), dissolution (in the stamens) and potentiation (in the seed-formation).

Now we have three types of formation for the plant: Troll's "root-type," determined by repetition, the "metamorphosis-type," deduced by Goethe from the leaf sequence, and the "flowering-type" painted by Klee.

Joseph Beuys' Three-Part Plant Drawings—The Alchemy of Sculpture

All three types of formation are brought together in a drawing that Joseph Beuys made on a blackboard in 1977 during documenta 6 in Kassel, leading to a comprehensive plant formation-type (ill. p. 111, IV). No illustration in any textbook can match this image for botanical-morphological expressiveness! Just as it was Goethe, an artist alert to composition, who founded the discipline of morphology, so it is the artist Beuys who first created a comprehensive portrayal of plant formation-type, thus in effect continuing Goethe's work and making a significant contribution to botany.

But the sculptor Beuys[20] did not stop here. This much is already evident in his earliest graphic illustrations of plants, which were inspired by Rudolf Steiner's lectures for medical students.[21] The plant structure now becomes the expression of three alchemical principals—in the terminology of Paracelsus: *Sal* (salt), *Merkur* (mercury) and *Sulfur* (sulfur).[22] Here, *Sal* is the process that leads to crystalline formations: just as salt or rock crystals grow by adding layer upon layer to the crystal nucleus without this growth being limited by the crystal itself, so the roots continue growing, potentially indefinitely, thereby remaining, in accordance with the system, at the same angle to one another, just as Troll illustrated (ill. p. 111, III). *Merkur*—the transformable Proteus, the messenger mediating between above and below, the elusively fluid, the ungraspable—is a conception of the formative principle that mediates between below and above, between root and flower, and drives the lower leaves, lying above the root in fluid double-whorl formations, upwards in flame-shaped formations towards the flower that is developing in the light and warmth. *Sulfur*, the fire process, leads to the disintegration of form, to chaos: in most plants a shoot breaks up in the act of flowering, the petals are shed after a little time, the plant "goes up in smoke," as it were, during pollination, losing its fragrance in ethereal oils, dripping away in nectar. Finally, the seeds fall to the ground. Compared with the form of the plant, they are virtually formless, like ashes that fall from a fire: here, too, all form disintegrates.

The sulfur and salt processes are polar opposites, with the mercury process mediating between the two. Beuys sees in these three formative processes the three fundamental principles of sculptural form and he uses them to develop his "Theory of Sculpture," which—expanding upon his theory of art—[23] comprises all compositions. He describes the creation of a work of sculpture in the following way: "If someone has a distinct intention, then there is nothing he can do but begin with *chaos*, that is, he reaches into some bucket or other containing clay, lying any old how, totally indefinite ... Then, through the *movement* ... of his hands ... he must arrive at *forms*."[24] Beuys also relates the process referred to here, leading from chaos through movement to form, to social relations when he compares, say, the tendency towards ideology or dogma with the process of hardening, freezing or solidifying, or the tendency towards fascism with the chaotic sulfur principle, or the tendency to live for the moment, like the hippies in the seventies, with the principle of movement.[25] He speaks of *Soziale Plastik* (social sculpture) which collapses in the above case, but in a healthy case has all three principles interacting harmoniously.

In many of his lectures on *Soziale Plastik* Beuys offers a simple image to characterize his theory of sculptural forms. He draws a diagram that on the left consists of a chaotic circle-spiral-movement, out of which a line with a few harmonic waves reaches towards the right and ends in a triangle lying in an open right-angled corner. From here a line drops down towards a cube. He says, "If at this borderline man oversteps a certain threshold, then he falls completely out of the system."[26] And, turning to therapeutic considerations, he continues: "If, for example, we had a student whom we could recognize was very close to this intellectual borderline, then we could, via the rhythmic element, lead him back into the general warmth, purely as a pedagogical therapy."

In 1970 Beuys drew a double diagram, the right side of which, if turned upright, illustrates the three

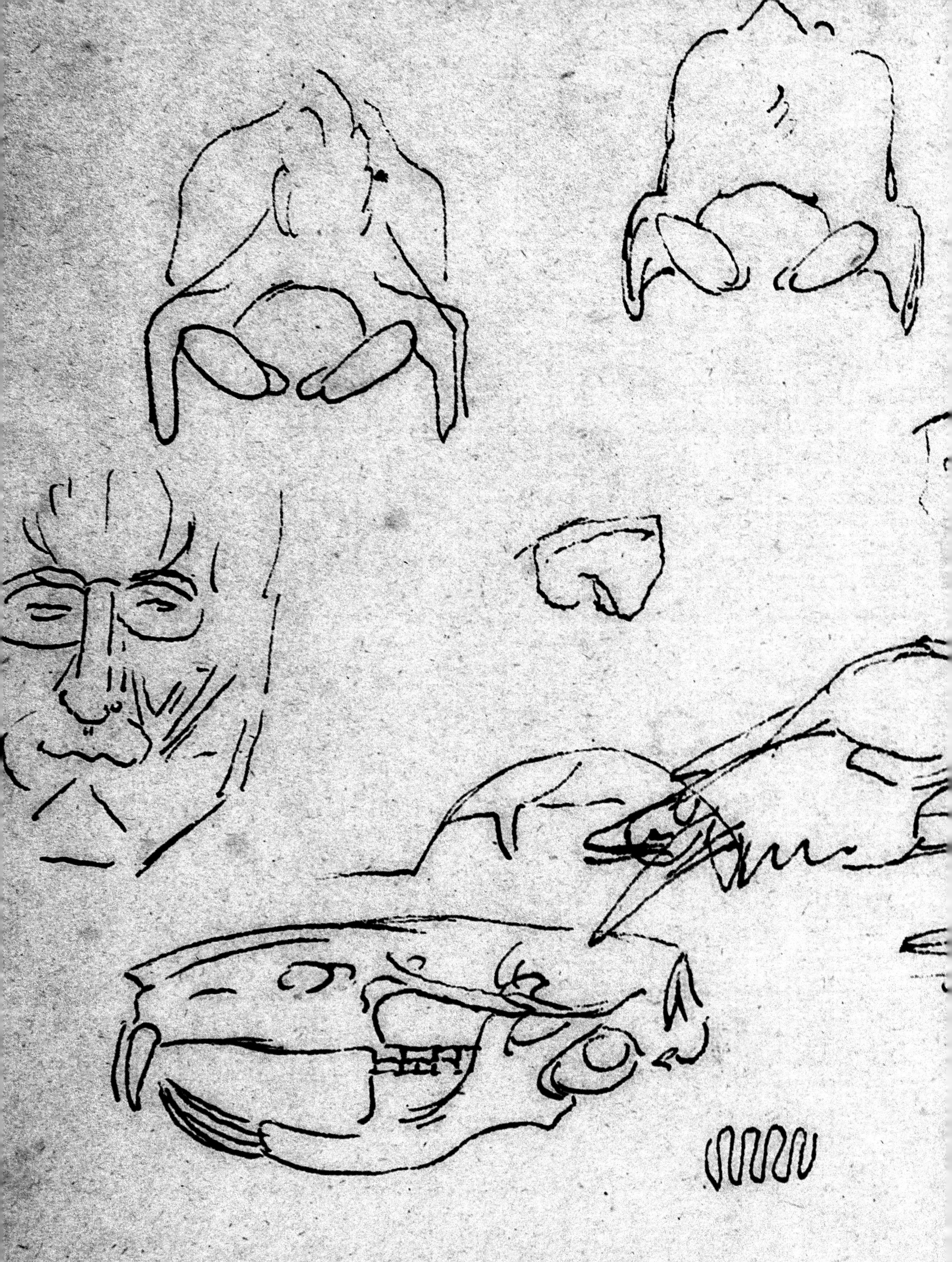

principles in such a way that the formation-type of the plant can still be discerned (ill. p. 111, V). At the bottom it resembles the crystalline type, which appears next to it in pure form as a cubic salt-crystal (salt). The plant does not, however, fall out of the system of living things; its roots merely adopt the salt-principle in their formation. Above this there rises a short line like a small cotyledon—in plants, too, always a solitary phenomenon, which does not stand in any direct formal relationship with the mature foliage. Then a line rises, curving rhythmically back and forth, corresponding to the sculptural metamorphosis principle: mercury. It draws itself together again—in a way comparable to the bracts beneath a flower—finally rising up into a form circulating into itself, as if into a terminal flower: a polar-opposite formation to the cube at the root-pole. If the root tends towards mineralization (it has the highest mineral content of any plant organ), towards formal repetition and towards the preservation of matter, then the brief, transient phase of flowering forms materials that store imponderable amounts of energy: ethereal and fatty oils, which, in the "fire-process" (sulfur), radiate light and heat. It is this fat that Beuys carries over into the right angle and forms into a "fat corner"—as a therapeutic symbol, as a work of art in tune with his "expanded concept of art."

If, in the letter from Italy, Goethe said of his rule of plant formation, "The same law will be applicable to all other living things," or at the end of his poem *Die Metamorphose der Pflanzen*, "If you decipher the holy letters of the Goddess here / Then, in different forms, you shall see them everywhere," then we can say that Beuys' portrayal of a plant in its sculptural dynamic is a "cognition in pictorial form" concerning the essence of sculpture—and his "Diagram on Sculptural Theory" is a portrayal of the sculptural principles of a plant.

The discipline of morphology, founded by Goethe, continues to bear fruit to this day—and, above all, it is artists who execute his ideas and keep them alive.

1 Christa Lichtenstern has demonstrated this in detail with reference to Goethe's thoughts on metamorphosis in her book *Die Wirkungsgeschichte der Metamorphosenlehre Goethes*, Weinheim 1990. It contains a section each on Paul Klee and Joseph Beuys.

2 Johann Wolfgang von Goethe, *Die Schriften zur Naturwissenschaft*. Complete edition with notes, commissioned by the German Academy for Natural Sciences (Leopoldina) in Halle by K. Lothar Wolff, Wilhelm Troll, Rupprecht Matthaei, Wolf von Engelhardt and Dorothea Kuhn. To date 11 vols. plus 10 vols. of *Ergänzungen und Erläuterungen*, Weimar 1947 (henceforth referred to as LA).

3 "An intermaxillary bone in the upper jaw must be attributed to man as well as to animals," 1786, LA I 9: 160.

4 LA I 9: 23-61.

5 Ernst Cassirer, *Das Erkenntnisproblem in der Philosophie und Wissenschaft der neueren Zeit*, vol. IV, chap. 2, *Die Idee der Metamorphose und die 'idealistische Morphologie'*: 157.

6 The following quotations are taken from *Geschichte meines botanischen Studiums*, in Johann Wolfgang von Goethe, *Zur Morphologie, Ersten Bandes erstes Heft, Erfahrung, Betrachtung, Folgerung durch Lebensereignisse verbunden*, Erster Band, 1817-1822, LA I 9.

7 On September 9, 1786, at the beginning of his *Italienische Reise*, he becomes aware of this process for the first time. He makes a note of it in his diary and adds two drawings, which juxtapose the broader leaves of a willow from the low-lying areas with narrower ones from the higher ground. LA II 9a: 338.

8 This date and addressee is given in the edited letters. However, in the *Italian Journey II*, under *July, Correspondence*, he gives the addressee as Herder. In the letter to Ch. von Stein he had begun the passage about the plant with the words, "Tell Herder …".

9 LA I 9: 2.

10 LA I 10: 339ff.

11 *Bedenken und Ergebung*, LA I 9: 97.

12 LA I 9: 79ff; LA II 10 A: 749ff.

13 Aristotle says of this that "at the beginning of the movement," whose impetus lies in the seed, the future form already plays a role in the movement-process or formation-process, in that it draws the process towards itself and on to completion. When thinking of the "aim of the movement," he calls the process "entelecheia"; when thinking of the process of realization, he calls it "energeia." For Aristotle, these concepts relate to living beings: it is "a structure which, starting out from a definite set of incipient conditions, grounded within itself, goes on, in a continuous process, to achieve a definite process-aim" (*Physics*, 199 b). The incipient condition or "process-cause" (*On the Soul*, 202 a 9) or "movement-impetus" (loc. cit., 415 b 10) for a living being is either the father (*Physics*, 194 b 32)—that is, the anterior, procreative living being—or the seed from which the plant can grow. See also *On the Soul*, 412 a 27f and 414 a 16ff. Aristotle, *Werke in deutscher Übersetzung*, Vgl. Hellmut Flashar (Hg.), begr. von Ernst Grumach, Bd. 11, *Physikvorlesung*, übersetzt und kommentiert von Hans Wagner, Darmstadt 1983, Bd. 13; *Über die Seele*, übersetzt von Willy Theiler, Darmstadt 1983.

14 *Hamburger Ausgabe* 1: 199ff.

15 *Metamorphose der Pflanzen*, chap. 28, LA I 9: 31.

16 Günther Schmid—in *Goethes Metamorphose der Pflanzen*, his contribution to the 1930 volume *Goethe als Seher und Erforscher der Natur*, edited by Johannes Walther—was the first to bring together various such illustrations drawn by scientists (on plates VI and VII—together with the author's comments in note 39). I refer here to his compilation.

17 Text from the above-named drawing from 1926: 6. The first sentence of his *Schöpferischen Konfession* of 1920 is: "Art does not reflect the visible, it *makes* things visible." Paul Klee, *Schriften, Rezensionen, Aufsätze*, ed. by Christian Geelhaar, Cologne 1976: 118-122.

18 V. Harlan, *Was ist Kunst, Werkstattgespräch mit Beuys*, Stuttgart, 2001: 19.

19 Dealt with in detail in my publication *Das Bild der Pflanze in Wissenschaft und Kunst*, Stuttgart 2001. Here also related material on Beuys. Klee's Bauhaus lectures can be found in Jürg Spiller's *Das bildnerische Denken*, Basel 1956, and *Unendliche Naturgeschichte*, Basel 1970.

20 Beuys held a Chair in Monumental Sculpture at the Düsseldorf Academy.

21 Beuys read Gerbert Grohmann's work *Botanische Beiträge und Erläuterungen zum Verständnis der Vorträge Dr. Rudolf Steiners "Geisteswissenschaft und Medizin," ein Versuch*, Freiburg n.d. In the margins he drew a series of figures which became the precursors of his plant drawings. First reproduced in V. Harlan, *Parallelprozeß*, in Volker Harlan, Dieter Koepplin and Rudolf Velhagen, ed., *Joseph Beuys—Tagung Basel 1.-4. Mai 1991*, Basel 1991: 233-243.

22 Ernst Kaiser, *Paracelsus*, Reinbeck 1969: 103 and John Maxon Stillman, *The Story of Alchemy and Early Chemistry*, New York 1960: 319ff.

23 See, for example, Friedhelm Mennekes, *Beuys zu Christus, Eine Position im Gespräch*, Stuttgart 1989: 60.

24 Harlan, Rappmann and Schata, *Soziale Plastik, Materialien zu Joseph Beuys*, Achberg 1983: 22.

25 Loc. cit.: 23.

26 Ibid.

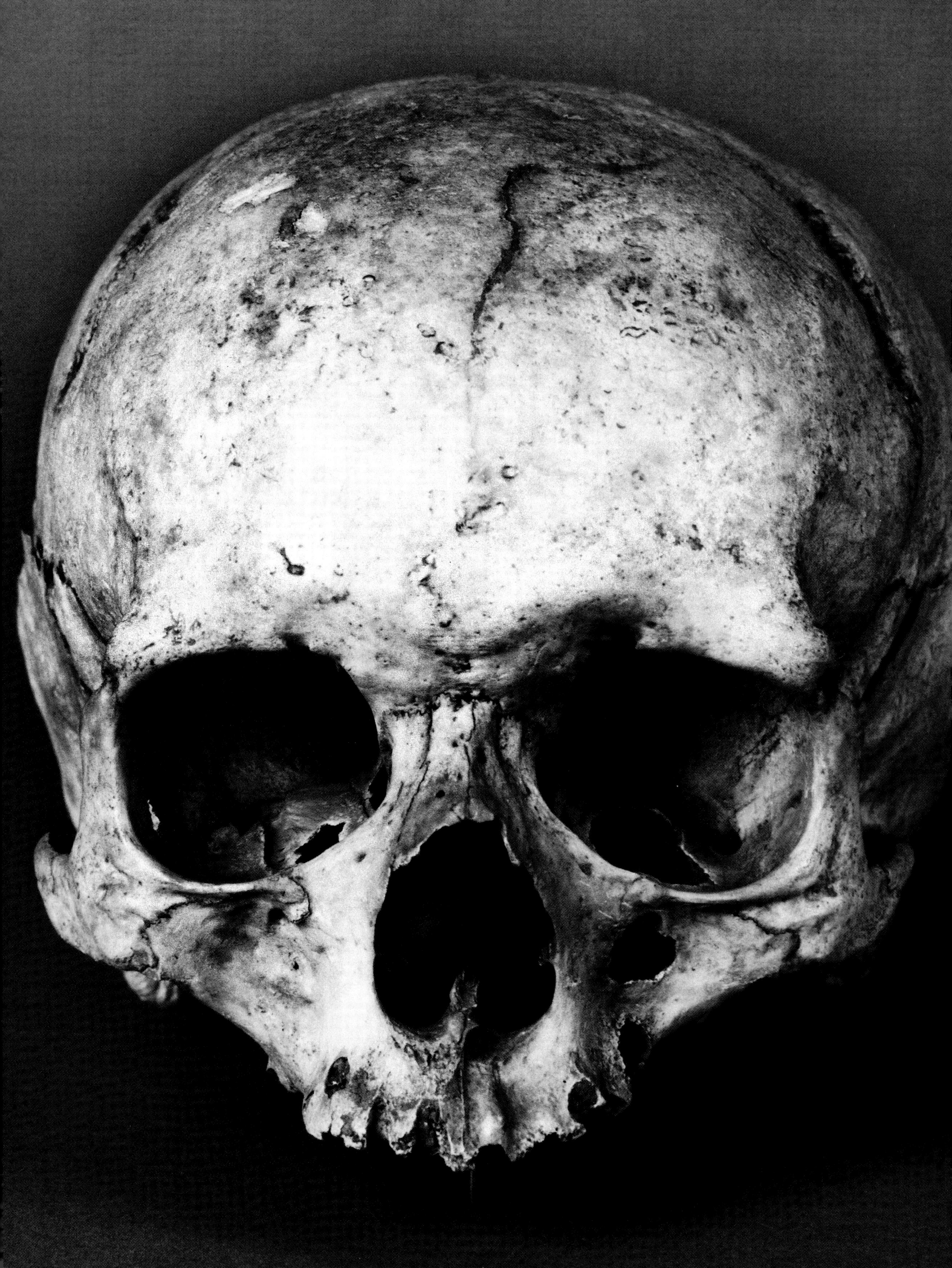

SULLE IMMAGINI DI CRISTALLIZZAZIONE

Johannes Stüttgen

Il massimo nel minimo

Il cosmo concentrato in un unico punto sarebbe il punto che contiene tutto. Questo punto è pensiero puro e non reale, a meno che non sia il pensiero di Dio. E come si potrebbe immaginarlo, allora? Immaginiamo Dio come l'infinito che comprende tutto, cosicché al suo confronto l'intero cosmo sia un unico punto; allora, se non facciamo attenzione, appare subito l'idea di un minimo microscopico, che contiene ogni singola forma del tutto, infinitamente rimpicciolita e la rivela allo sguardo osservandola attraverso un microscopio. In tal caso però non avremmo considerato due cose: in primo luogo l'aspetto del movimento, vale a dire di tutte le forze che generano, formano o trasformano queste forme; e questo punto immaginato soltanto rimpicciolito nello spazio rimane un semplice segmento di tempo, cosa che contraddice il pensiero di Dio che è universale. In secondo luogo, il concentrato di tutte le forze in un punto, già in quanto pensiero puro – e per di più come pensiero di Dio – è uno stato di energia, nel senso per esempio di un punto di messa a fuoco che fonde tutte le forme in una. In questo punto di puro calore non si può ancora parlare di forma, ma soltanto della sua origine, vale a dire della potenza dalla quale deriva. Qui arriviamo al limite della nostra facoltà di comprensione, la quale, per essere in grado di afferrare questo punto di origine, dovrebbe unirsi essa stessa con questo, dovrebbe divenire esso. Non dovrebbe esserci nemmeno movimento, perché è proprio esso, il punto, a generare il movimento. Ma questo generare non sarebbe esso stesso una forma del movimento? In ogni caso questo stato di non-movimento sarebbe contrapposto a quello di non-movimento di una forma portata a termine. È incerto se saremo mai in grado di pensare questo punto del niente che contiene tutto, incerto come la realtà del punto stesso. È sorprendente però che noi veniamo trascinati verso di esso attraverso questo pensiero e che esso attiri a sé questo pensiero e lo risucchi in sé come un vortice vacuo, completamente senza il nostro intervento, a meno che non siamo noi stessi il pensiero. Il pensiero però pensato come noi stessi, vale a dire come l'Io, ci appare veramente come un unico punto, certamente come pensiero puro, ma reale. In questo punto ardente dovrebbe potersi trovare ogni Io, dovrebbero potersi trovare tutti gli Io, senza che in questa unità cessassero di essere Io.

Trasformazione

Una goccia di sangue prelevata dalla punta del dito, posta in una soluzione salina, in questo caso cloruro di rame chimicamente puro, e portata all'evaporazione in una scodella con un fondo completamente piano, produce una "immagine di cristallizzazione" con una formazione inconfondibile. Tali immagini – che furono create nella sezione di scienze naturali del Goetheanum a Dornach, in Svizzera, su iniziativa di Rudolf Steiner – nel 1992 sono state portate da Katharina Sieverding su fotogrammi di grande formato, ognuno composto di quattro parti. La quadripartizione, e con ciò il carattere composto da tagli della relativa immagine intera, non viene celata; ogni campo parziale non è solo nettamente separato da quello adiacente attraverso una montatura propria, ma riguardo al dettaglio della proiezione è anche spostato, cosicché i campi marginali che confinano appaiono due volte. Il totale dell'immagine reale è una cosa nuova rispetto al totale della proiezione che esso trasmette, questo qualcosa di nuovo costringe lo sguardo a sintetizzarlo nuovamente. Nei confronti dell'intera immagine, e di ciò da cui si distingue, questa sintesi è come qualcosa di già frammentato: un terzo. Tenendo conto del fatto che la stessa intera proiezione non è altro che il dettaglio fotografico monumentalizzato, ma in verità infinitamente minuscolo, di un quarto che forma la base del primo intero, cioè della goccia di sangue, e ancora che anche questa è, a sua volta, parte di un intero maggiore, allora la sintesi dello sguardo, il terzo, assume ulteriore importanza e significato. In esso la percezione del doppiamente visibile – come immagine e come rappresentazione – diventa la percezione dell'invisibile, che comprende tutti gli aspetti dell'idea dell'intero e delle sue parti, e non solo comprende, ma sopratutto crea. Qualcosa portato alla morte accende una nuova cosa vivente. Attraverso il rigoroso irrigidimento e sminuzzamento di un vivo stato naturale in molte tappe – lo spillare di una goccia dalla sostanza ematica circolante in un organismo, il suo irrigidimento nel sale, l'evaporazione totale, il trasferimento di un frammento di questa traccia di forma su una lastra chimicamente preparata immersa in un buio assoluto, la sua immagine riportata al visibile, la sua proiezione nel monumentale, nel separato e ricomposto artificialmente – attraverso l'uccisione sistematica di un intero originario, vengono create le condizioni per la possibilità di un'intuizione più umana e viva della stessa goccia di sangue.

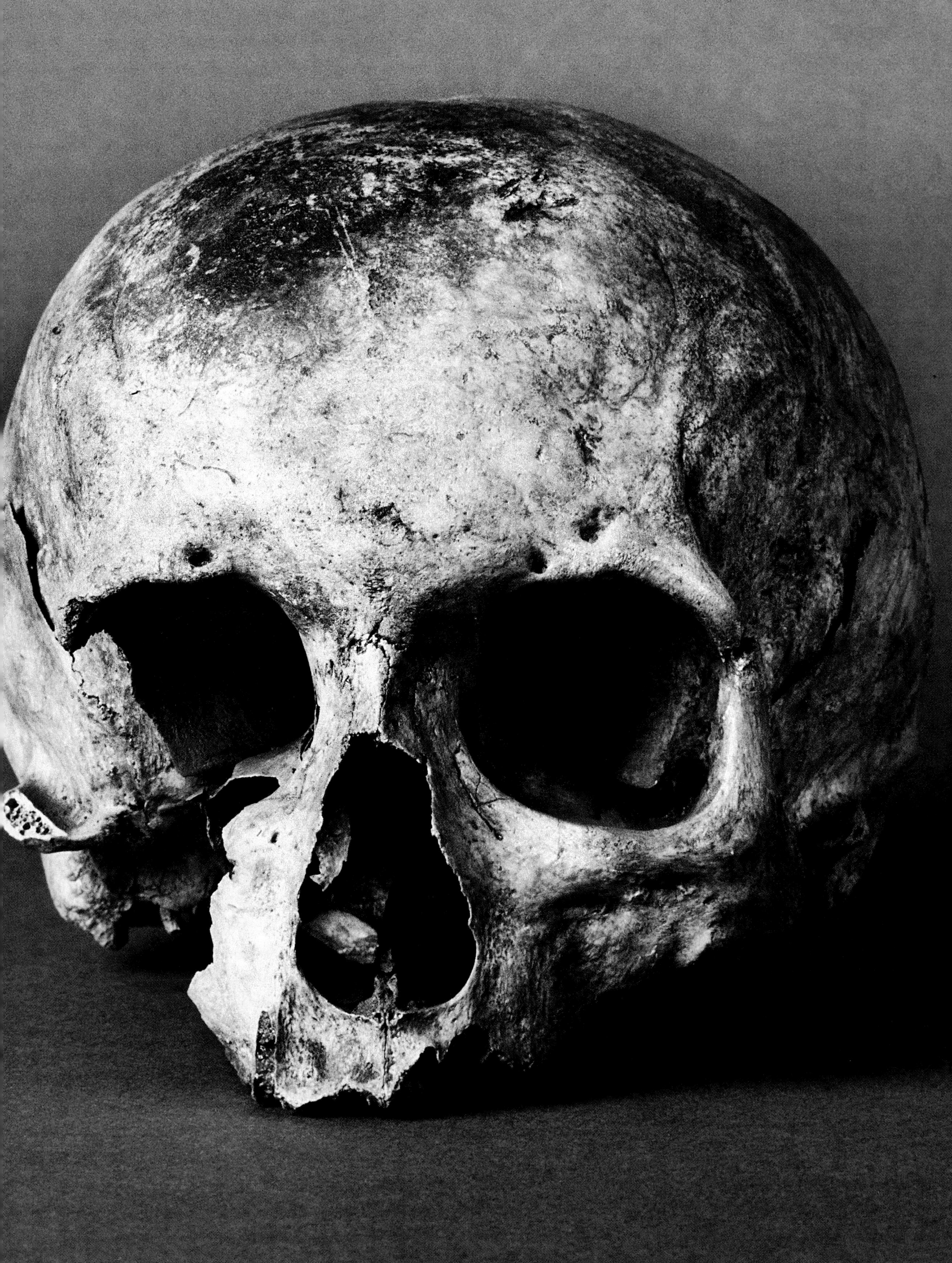

ZU DEN KRISTALLISATIONSBILDERN

Johannes Stüttgen

Das Größte im Kleinsten

Der Kosmos auf einen einzigen Punkt konzentriert wäre der Punkt, der alles enthält. Dieser Punkt ist reiner Gedanke und nicht real, es sei denn, er ist der Gedanke Gottes. Wie wäre er dann vorstellbar? Stellen wir uns Gott als Unendlichen vor, so umfassend nämlich, dass gemessen an ihm der ganze Kosmos ein einziger Punkt ist, dann stellt sich, wenn wir nicht Obacht geben, gleich die Idee eines mikroskopischen Minimums ein, das sämtliche Formen des Ganzen unendlich verkleinert enthielte und diese, eben durch ein Mikroskop betrachtet, dem Blick wieder freigäbe. Dann aber hätten wir zumindest zweierlei nicht bedacht – erstes den Aspekt der Bewegung, d.h. aller Kräfte, die diese Formen hervorbringen, bilden und verändern; und jener Punkt, nur räumlich verkleinert vorgestellt, bleibt ein bloßer Zeitausschnitt, was dem Gedanken Gottes widerspricht, der ein universaler ist. Zweitens ist das Konzentrat aller Formen in einem Punkt schon als purer Gedanke und umso mehr als Gedanke Gottes ein Energiezustand, im Sinne z.B. eines Brennpunktes, der sämtliche Formen in eins verschmilzt. In diesem Punkt reiner Wärme kann von Form noch gar nicht die Rede sein, sondern nur von ihrem Ursprung, d.h. der Potenz, aus der sie hervorgeht. Hier stoßen wir an die Grenze unseres Begriffsvermögens, das sich zur Befähigung des Erfassens dieses Ursprungpunktes selber mit ihm vereinigen, d.h. er selbst werden müsste. Nicht einmal Bewegung dürfte es da mehr sein, da er Bewegung ja erst hervorbringt. Doch wäre dieses Hervorbringen nicht selbst eine Form der Bewegung? Auf jeden Fall wäre dieser Zustand der Nicht-Bewegung dem der Nicht-Bewegung einer zu Ende geführten Form entgegengesetzt. Ob wir je diesen Punkt des Nichts, der alles in sich enthält, denken können, ist ungewiss, ungewiss wie die Realität dieses Punktes selbst. Erstaunlich ist aber, dass wir auf ihn durch reines Denken getrieben werden – ja, dass er sogar dieses Denken wie ein Vakuumsog an sich heran- und in sich hineinzieht, gänzlich ohne unser Zutun, es sei denn, das Denken sind wir selbst. Das Denken aber gedacht als wir selbst, d.h. als das Ich, erscheint uns tatsächlich als ein einziger Punkt, zwar der als reiner Gedanke, aber real. In diesem Glutpunkt müsste jedes Ich, müssten alle Iche vorfindbar sein, ohne dass sie in solcher Einheit aufhörten, Ich zu sein.

Umwandlung

Ein der Fingerkuppe entnommener Blutstropfen in einer anorganischen Salzlösung, hier chemisch reines Kupferchlorid, in einer Schale mit vollkommen planebenem Boden zum Verdunsten gebracht, ergibt ein "Kristallisationsbild" mit unverwechselbarer Formation. Solche Kristallisationsbilder, die in der Naturwissenschaftlichen Sektion am Goetheanum in Dornach, Schweiz, auf Anregung Rudolf Steiners entstanden sind, hat Katharina Sieverding 1992 auf großformatige, jeweils aus vier Teilen zusammengesetzte Fotogramme gebracht. Die Vierteiligkeit und damit der aus Schnitten zusammengesetzte Charakter des jeweiligen Bildganzen wird nicht unterschlagen; jedes Teilfeld ist nicht nur durch eigene Fassung vom direkt daran ansetzenden neben ihm deutlich getrennt, sondern im Hinblick auf seinen Projektionsausschnitt immer auch versetzt, so dass die aneinander stoßenden Randfelder doppelt erscheinen. Das reale Bildganze ist gegenüber dem Projektionsganzen, das es vermittelt, ein Neues, das den Blick dazu zwingt, jenes erst wieder zu synthetisieren. Diese Synthese ist gegenüber dem Ganzen des Bildes und dem, von dem es sich als Gebrochenem absetzt, ein Drittes. Stellt man zudem in Rechnung, dass ja das Ganze der Projektion selber nichts anderes ist als der zwar monumentalisierte, jedoch in Wahrheit unendlich winzige photographische Ausschnitt eines vierten, dem allem zugrunde liegenden ersten Ganzen, nämlich eines Blutstropfens, und dann noch, dass auch der wiederum Teil eines größeren Ganzen ist, dann kommt der Synthese des Blickes, dem Dritten, eine zusätzliche Bedeutung zu. In ihm schlägt die Wahrnehmung des zwiefach als Bild und Abbild Sichtbaren um in die eines Unsichtbaren, das alle Aspekte der Idee des Ganzen und seiner Teile umfasst, und nicht nur umfasst, sondern überhaupt erst erzeugt. Ein zum Tod Gebrachtes entzündet ein neues Lebendiges. Durch rigorose Erstarrung und Zerstückelung eines lebendigen Naturzustandes in vielen Etappen – das Abzapfen eines Tropfens aus der zirkulierenden Blutsubstanz eines Organismus, seine Erstarrung im Salz, die restlose Verdunstung, die Übertragung eines Ausschnitts dieser Formspur auf eine chemisch präparierte, in völlige Finsternis getauchte Platte, ihr neu ins Sichtbare gehobenes Abbild, seine Projektion ins Monumentale, Geteilte und künstliche neu Zusammengefügte – durch die systematische Tötung eines ursprünglich Ganzen werden Bedingungen hergesellt für die Möglichkeit einer Intuition, menschenlebendiger als der Blutstropfen selbst.

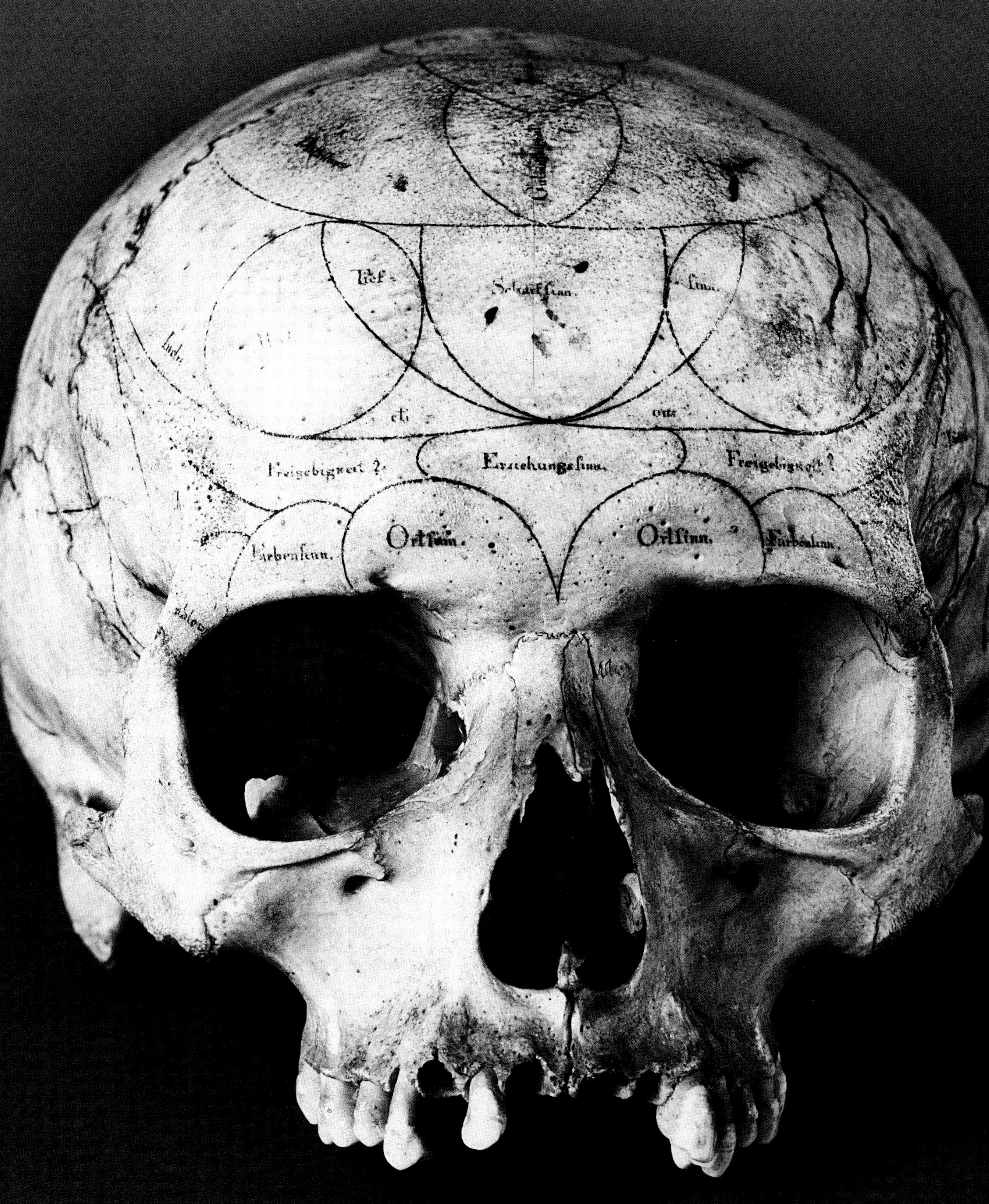

Tief
Scharfsinn
Sinn
sichn
li
onts
Freigebigkeit?
Erziehungssinn.
Freigebigkeit?
Farbensinn.
Ortsinn.
Ortsinn.
Farbensinn.

ABOUT THE CRYSTALLIZATION IMAGES

Johannes Stüttgen

The Greatest in the Smallest

The cosmos concentrated in a single point would be a point that contains everything. Such a point is pure thought and not real—unless it is God's thought. How would this be thinkable? If we imagine God as infinite, that is, so comprehensive that, measured against Him, the entire cosmos is a single point, then, if we are not careful, we immediately arrive at the idea of a microscopic miniature that would contain all the various forms of the whole, infinitely reduced, and which, if viewed through a microscope, would reveal them all to the eye once more. However, we would thus have failed to take into account at least two factors—first, the aspect of movement, i.e., all the forces that produce these forms are constantly evolving and changing; and the point, which we have imagined reduced in space only, remains a mere cross-section in time, thus contradicting the idea of God, which is universal. Second, this concentration of all forms in a single point is already, as a pure thought—and especially as God's thought—a state of energy, in the sense, for example, of a focal point that fuses all forms into one. In this point of pure heat there can be no question of form, only of the origin of form, i.e., the potency from which it proceeds. Here we reach the limits of our capacity for comprehension, which, in order to enable us to grasp this point of origin, would have to unite with it, that is, become it. There cannot even be movement there, because it is the very thing that produces movement in the first place. And yet would not this act of producing be a form of movement in itself? In any case, this state of non-movement would be the opposite of the non-movement of a form brought to completion. Whether we can ever conceive of this point of nothingness that contains everything within itself is uncertain, as uncertain as the reality of the point itself. But it is astonishing that we are driven towards it by the pure activity of thought—that, like a vacuum, it sucks our thought towards it and into it, totally without any effort on our part—unless we ourselves are this act of thought. But thought conceived of as us, i.e., as the self, does indeed appear to us as a single point, a point that is pure thought, but real. In this red-hot point each self, all selves, must exist without ceasing to be a self within this unity.

Transformation

A drop of blood drawn from a fingertip, placed in an inorganic salt solution—here, chemically pure copper chloride—and made to evaporate in a perfectly flat-bottomed vessel produces a highly distinctive "crystallization pattern." In 1992 it was crystallization patterns such as this—prepared at the instigation of Rudolph Steiner for the Scientific Section of the Goetheanum in Dornach, Switzerland—that Katharina Sieverding reproduced in large-format photograms, each consisting of four parts. The four-sectioned, and hence composite nature of each individual whole-image is not concealed; not only is each panel set in a way that clearly separates it from those directly adjacent, it is also, as far as its projection is concerned, always cast in such a way that the areas where the edges meet appear to be doubled. The actual whole-image, compared with the whole-projection that mediates it, is something new that forces the eye to reconstruct it synthetically. Along with the whole-image and the original whole from which this is fragmented, this synthesis is a third entity. If, in addition, we take into account the fact that even the whole of the projection itself is the highly magnified, but in reality infinitely tiny photographic section of a fourth whole, the primal whole underlying all the others, that of the drop of blood, and that this, in turn, is itself part of a greater whole, then this third entity, the synthesis performed by our eye, takes on a new meaning. In it our perception of that which is doubly visible, as an image and its reproduction, is transformed into an apprehension of something invisible that encompasses all aspects of the idea of the whole and its parts, indeed not only encompasses this, but actually engenders it in the first place. The death of one entity provides the spark for a new, living entity. By rigorously capturing a living state of nature and breaking it down into many stages—drawing a drop of blood from the circulation of an organism, suspending it in salt, evaporating it completely, transferring a section of this formal trace onto a chemically prepared plate in complete darkness, reproducing it anew as something visible, projecting this as something monumental, fragmented and artificially reconstituted—by systematically killing an original whole, the conditions are created that render possible an intuition more alive and human than the drop of blood itself.

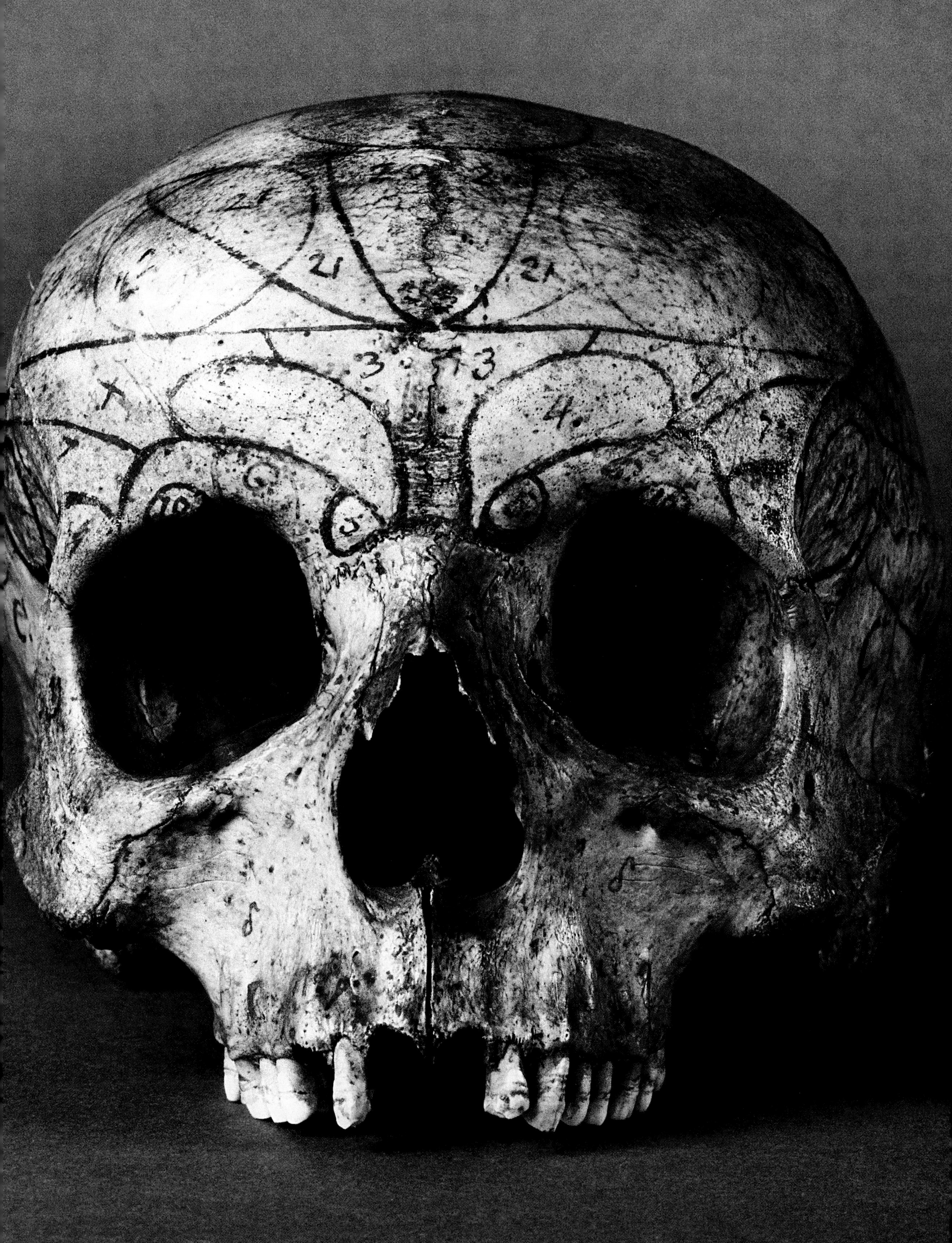

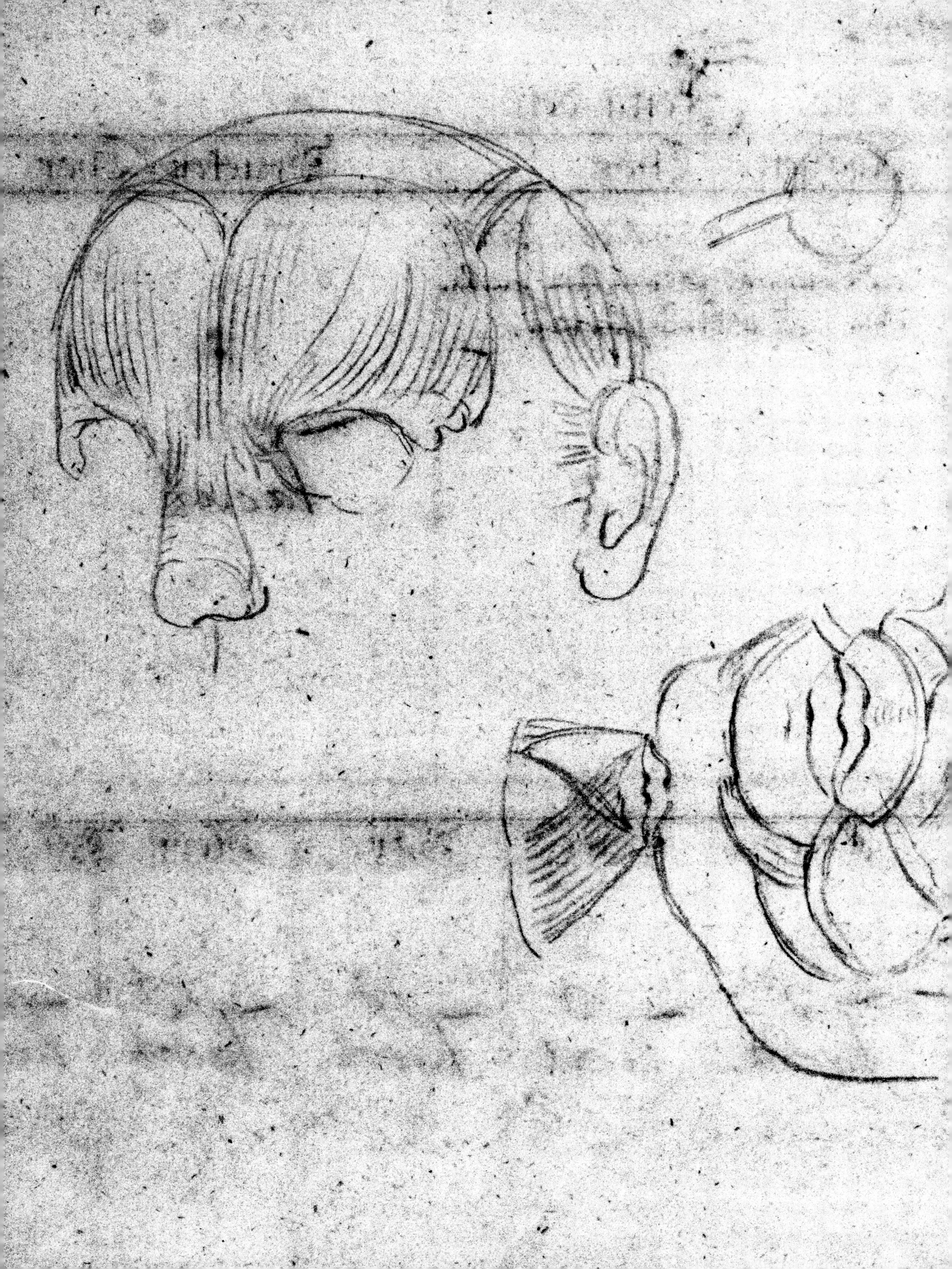

ARTE E ETICA IN UN MONDO CHE CAMBIA: ALCUNE OSSERVAZIONI

Sebastiano Maffettone

È sempre difficile per un filosofo parlare del rapporto che intercorre tra il proprio modo di concepire la realtà in maniera sistematica, e per così dire professionale, e il mondo dell'arte. Soprattutto lo è al cospetto di artisti ed esperti d'arte, particolarmente interni a una forma di vita estetica. Lo è ancora di più in questo periodo in cui fratture devastanti deturpano le possibilità della convivenza in maniera tanto tragica quanto evidente a tutti. Io ho, di solito, una moderata ripugnanza per l'uso del termine "epocale". Credo che tuttavia il terrorismo e la guerra di questi giorni abbiano avuto un significato epocale, dando luogo a una frattura che consiste nel mettere a rischio direttamente la trama, semantica ed esistenziale assieme, della comunicazione tra persone. Nella mia visione metafisica generale, non esito a dire che la possibilità di comunicare reciprocamente, il modo in cui l'io e l'altro si incontrano nell'interpretazione attraverso una catena ininterrotta di mediazioni emotive e concettuali, costituisca in ultima analisi il senso del senso. E quindi il cuore della metafisica, intesa quest'ultima come la connessione che tiene insieme, attraverso il recupero dialogico delle differenze, una cultura in una determinata parte del tempo storico.

Naturalmente, si può dire che – ognuna con i suoi strumenti e apparati – arte e filosofia hanno provveduto ad anticipare qualcosa del genere. Quale filosofo può, dopotutto, credere oggi a una ricomposizione concettuale tra logica e storia nei termini di un hegelismo, magari analiticamente rinnovato tramite l'appello al sapere scientifico e tecnico? Ancora più esplicitamente, la frattura strutturale tra essenza ed esistenza è, storicamente direi, un dato acquisito della nostra consapevolezza metafisica profonda. E difatti, di solito, i filosofi affidano le possibilità dell'interpretazione riuscita o alla recalcitrante casualità dell'accadere o, nel migliore dei casi (cioè quando siamo al cospetto di tentativi autenticamente ricostruttivi), a un fondo trascendental-pragmatico in cui le affinità concettuali ed emotive sono lasciate tutto sommato a un modo necessariamente comune di rileggere contesti evenemenziali. Ma non c'è dubbio che, come oramai un'enorme e spesso tragica evidenza ci mostra, la rigogliosità delle differenze rende espressivamente e sostanzialmente improbabile ogni progetto di riconciliazione culturale, su cui bene o male il modo trascendental-pragmatico deve potere fare conto, pena il fallimento a priori.

Simili cose si possono dire, suppongo e spero senza scandalizzare nessuno, anche per l'arte. Molti dei movimenti significativi nell'ambito delle arti visuali del secolo passato, dal dada a Fluxus, dal situazionismo al concettuale, e quindi parte notevole di ciò che ha influenzato maggiormente anche Katharina Sieverding (come in maniera meno rilevante ed esplicita tutti noi), hanno esibito in maniera indelebile la medesima sfiducia in una riconciliazione possibile tra lo *Zeitgeist* e la riconquista del senso pubblico dell'essere insieme. E lo stesso può dirsi per molte letture postfreudiane della psicoanalisi, in cui un contenuto analitico rinnovato mal si lascia ricostruire dalla gabbia classica clinica o teorica che sia, o nella letteratura d'avanguardia dopo Joyce e Beckett, nella musica elettronica e popolare giovanile, nella rilettura *cyborg* delle vicende dell'intelligenza artificiale o in quella bioetica ed ecologista della resistenza all'eccesso tecnologico, nel femminismo radicale della differenza allorché il corpo emerge in antitesi radicale con ogni forma di spiritualità comprendente, nella rilettura semiotica in cui gradualmente ma inesorabilmente i simboli sfuggono a ogni ricerca di significato che non sia quello loro intrinseco. E tutto ciò ritorna prepotentemente nei vissuti specifici della performance artistica contrapposta *son malgré* alla metafisica pubblica, nella museizzazione ubiqua sempre in alternativa tra ironia volontaria e comicità involontaria, nell'architettura del non-luogo, nella provocazione esibita dall'atto estetico come una sorta di condanna permanente, nella mancanza di sorpresa che accompagna necessariamente la necessità di sorprendere. In somma, in quella perdita di oggetto, più o meno inevitabile, così tipica del presente estetico, da cui siamo, ammettiamolo, pertinacemente attratti non meno che delusi. Su questo sfondo, insieme tanto vago quanto ineludibilmente presente, metodi classici per ricomporre l'universo estetico e quello epistemologico, metafisico ed etico – o se preferite, filosofico – non possono funzionare. Non ha senso, così, proporre – come pure è stato fatto con algida maestria da Hegel e Croce a Nelson Goodman – l'arte come comprensione parziale e anticipatoria, destinata a rifluire, sia pure in modi diversi, nel mare magno tutto assorbente dell'intelligenza filosofica dell'essere. Ma ha ancora meno senso riproporre la fuga da un tempo dell'essere, vissuto come esistenzialmente infelice, attraverso l'appello all'esperienza estetica, come possibilità autentica e minimale di ricostituire in un altrove tutto da definire, e forse proprio per questo attraente, una dignità perduta nell'esperienza normale del quotidiano e del banale.

Tuttavia, se c'è un punto in cui la visione goethiana della sfera estetica ci può venire incontro per raccapezzarsi entro un'impasse altrimenti inesorabile, questo punto ha a che fare proprio con la proposizione ermeneutica di un primato del giudizio estetico. Tale primato – senza dubbio – tende a generalizzare, e a portare a un suo esito radicale, l'idea kantiana di un giudizio "riflettente", tipico dell'esperienza estetica e capace di valutare in maniera diversa dal modo in cui tendiamo a farlo nell'ambito dell'esperienza etica ed epistemica. Sotto l'ombrello del giudizio estetico e riflettente, noi compariamo partecipativamente e sensatamente, ma al tempo stesso rifuggiamo da ogni valutazione che imponga un obbligo etico. Anche per questo possiamo essere tutti, o quasi tutti se preferite, d'accordo – ci si dice – che un'opera d'arte o di ingegno sia nel complesso e in un modo tutto da definire "superiore" a un'altra, magari a essa simile. Ma il punto è che simile giudizio comparativo, pur empiricamente accettato di norma, non offre alcun appiglio per sostenere una criterialità fondata, o almeno accettabile in una prospettiva imparzialista. Il giudizio riflettente kantiano, ripreso, generalizzato e portato a esiti più pervasivi e radicali di quanto il suo autore primo avrebbe con ogni probabilità auspicato, da Goethe, scioglie così l'esperienza cognitiva e pratica nell'autocomprensione vitalistica. I tentativi successivi, a cominciare dalla teoria dei colori per finire ai numerosi tentativi di dare dignità scientifica al vitalismo originario, non credo riescano ad aggirare la natura essenziale del paradigma, che ho sobriamente presentato nell'ombra del grande modello kantiano e che caratterizza tutta la reazione romantica all'illuminismo etico ed epistemico.

Facile vedere che, date le premesse di cui sopra, proprio questo vitalismo critico possa offrire qualche tentazione a chiunque tenti, se non altro per ragioni di autocomprensione non meno che di interpretazione dell'altro, di ricostruire in parte quella frattura da cui abbiamo preso le mosse. Dopotutto, non c'è bisogno di essere un adepto del club dei fan di Nietzsche per aderire all'idea del tramonto più o meno definitivo dell'universo apollineo. Ci si offre in cambio − se accettiamo anche solo in parte il paradigma goethiano, da me presentato sulla scorta di Kant − un'apologetica bacchica in forma attenuata e mite, un vitalismo senza troppe avventure nell'irrazionalismo misticheggiante dei culti New Age e del nichilismo radicale. La giudiziosità del giudizio permette al contrario di recuperare del tutto dignitosamente una versione della *phronesis* aristotelica, un nietzscheanesimo edulcorato alla luce della moderazione ermeneutica, un appello, sia pure in termini relativistici, alla svolta linguistica, che caratterizza così gran parte della filosofia contemporanea, e persino un moderato liberalismo etico-politico fatto derivare non tanto dalle esigenze teoriche e pratiche del pluralismo quanto dalla fortunata adesione storica a una tradizione di rispetto per l'altro.

Se si riflette sull'origine estetica del giudizio riflettente kantiano, e in ultima analisi della sua riproposizione generalizzante goethiana, non dovrebbe sfuggire che i giochi possano sembrare fatti: quella impossibilità dolorosa di vedere come un tutt'uno la sfera estetica con il resto di noi, potrebbe in questo modo essere elegantemente messa da parte. Se vogliamo forzare un po' la mano, si potrebbe addirittura dire che questo paradigma ha compreso in anticipo quell'impossibilità di riconciliare in un solo universo di discorso l'io e l'altro *sub specie universalitatis*, impossibilità da cui tutto sommato dipende la frattura semantica ed esistenziale dalla cui evidenza ho preso le mosse. Questa prospettiva ha i suoi ovvi limiti, tra l'altro, quando ci si accosta alla conoscenza teoretica e scientifica, a meno che non si voglia prendere più seriamente di quanto meritino un insieme di tentativi postmoderni di guardare all'impresa scientifica in termini metaforici e letterari. Più facile appare, invece, estendere il paradigma estetico, se vogliamo quello di matrice goethiana cui ci siamo riferiti, al mondo etico-politico. In questo caso, il paradigma estetico tende a concepirsi come la possibilità di ricomposizione morbida tra comunità di cui si riconoscono le differenze fondamentali, comunità viste tuttavia come co-appartenenti a una condivisa umanità riflessiva e in cerca di riconoscimento. Proprio per ciò, mi sembra interessante porre qualche obiezione di fondo al tentativo di mediare estetica ed etica tramite il paradigma goethiano, così concepito.

L'estetizzazione dell'etica è la conseguenza principale della mossa teoretica che io intendo criticare. La conseguenza principale dell'estetizzazione dell'etica consiste sicuramente in un temperato soggettivismo. Che io intenderei sommariamente nel modo seguente: le mie valutazioni etico-politiche non hanno significato al di fuori di una comunità che condivide tradizione e discorso. Anzi, anche all'interno di questa comu-

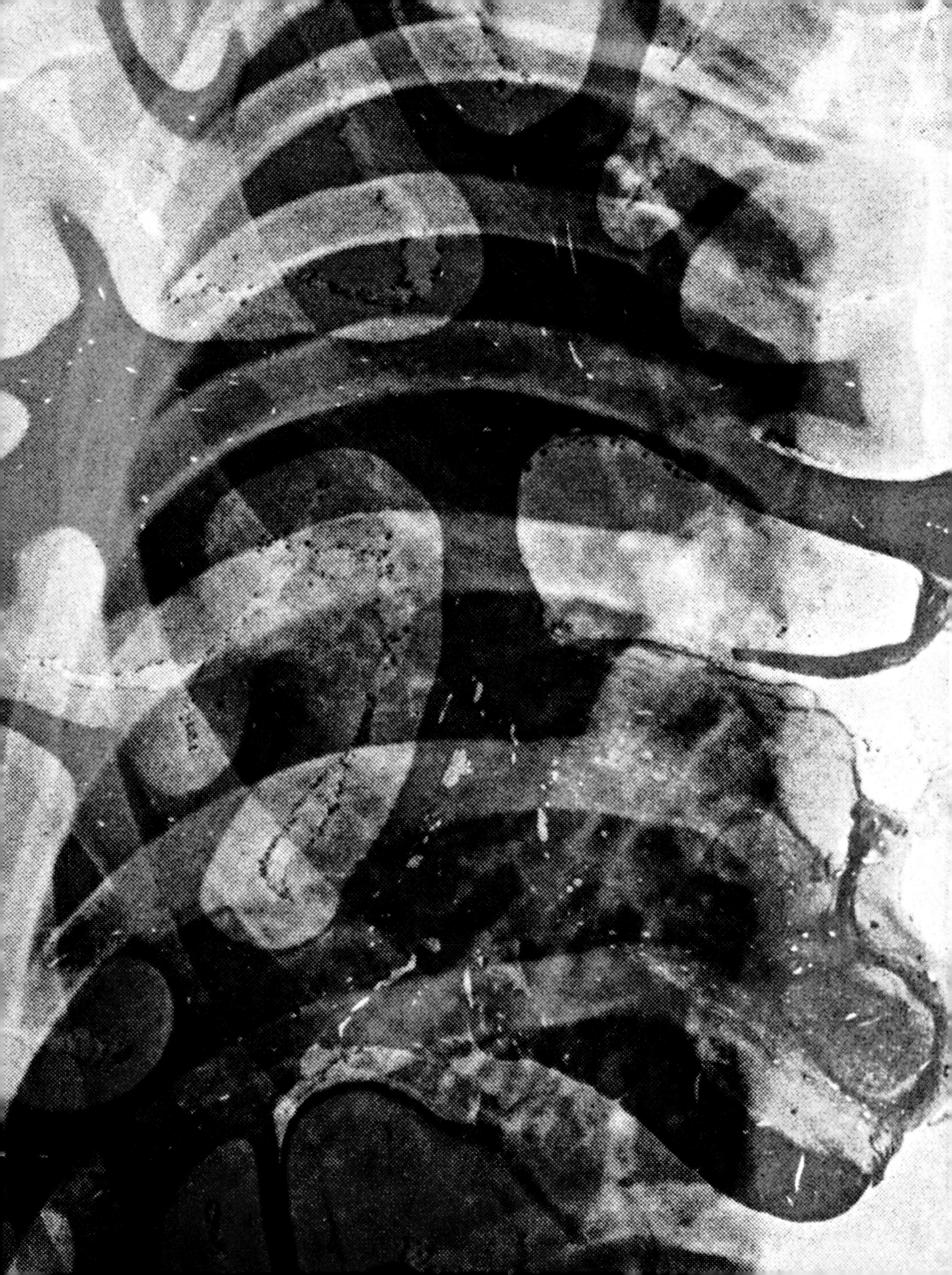

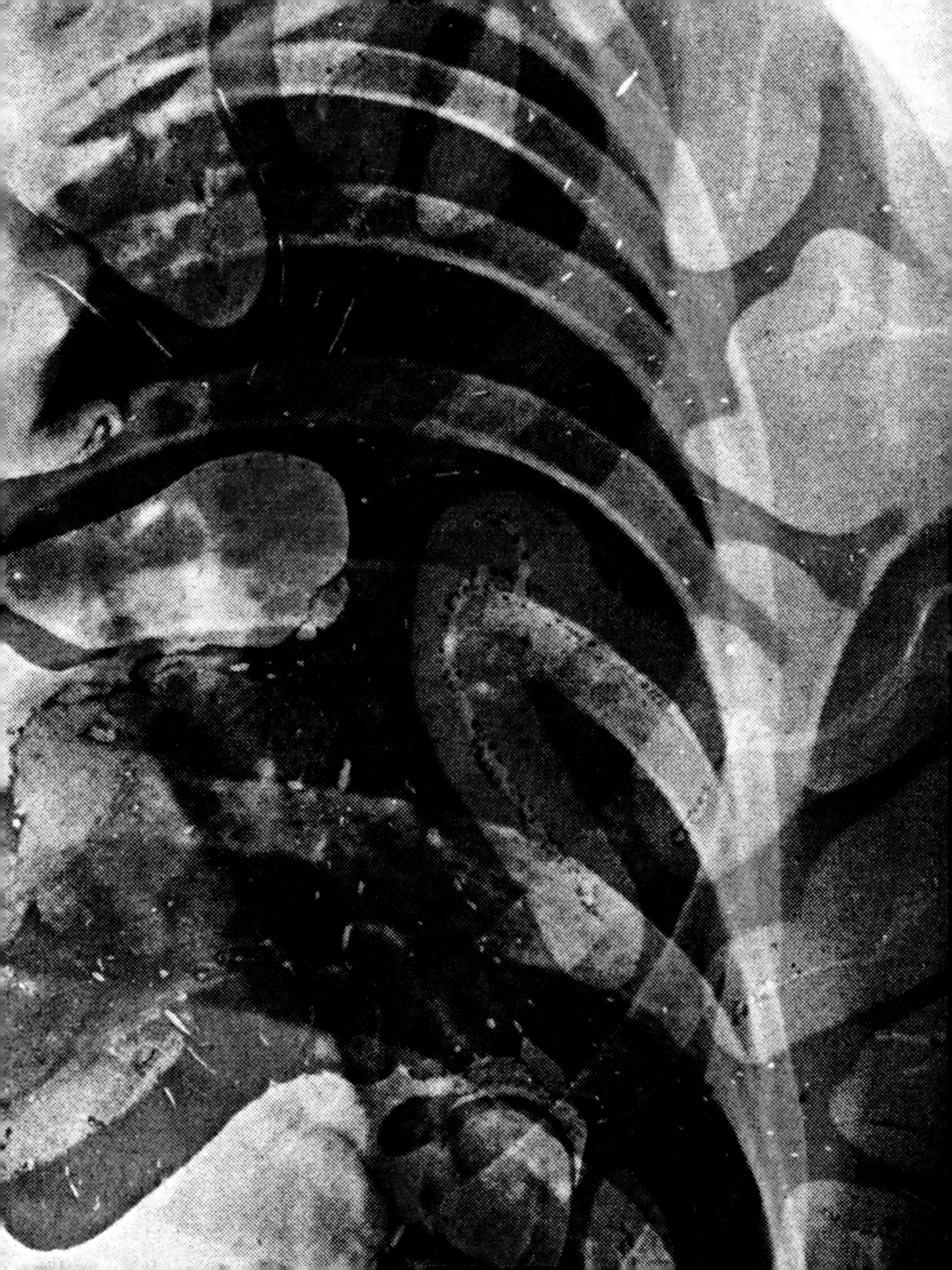

nità, ogni gradazione di valore, ogni tentativo di applicare al mondo etico-politico il dizionario del valore e del disvalore ha un significato prettamente simbolico e metaforico. Non c'è, in sostanza, nulla di sostanzialmente universalizzabile nel linguaggio dell'etica e della politica. Ma tale mancanza non equivale a una radicale perdita di valore oggettivo: per fare un solo esempio banale, nessuno tra noi, pur lasciando tutto quanto c'è di soggettivo e relativo al giudizio estetico, dubiterebbe che la comprensione del significato e del valore dell'opera di Katharina Sieverding di Cornelia Lauf sia superiore, nel senso quantomeno di "più attendibile", di quella del sottoscritto. Nel giudizio riflettente, dunque, la relativa soggettività dell'esperienza estetica si lascia controllare da una metrica del valore sufficientemente condivisibile.

L'esportazione del medesimo criterio di relativa oggettività, o se preferite solo relativa soggettività, del giudizio riflettente è alla base dell'estetizzazione dell'etica che io voglio criticare. Essa può, infatti, apparire del tutto naturale in un mondo dominato da differenze culturali irriducibili, che tuttavia possono essere in qualche modo reciprocamente comparate dal punto di vista del valore. Si può, in sostanza, sostenere che se l'alternativa deve essere quella tra un monismo etico autoritario e un pluralismo etico assolutamente indifferenziato, allora la via estetica del giudizio riflettente si lascia preferire per la sua moderata posizione di equilibrio. Dopotutto, etica ed estetica sono tradizionalmente accomunate dall'essere modi del valore, e se la valutazione classica dal centro alla periferia non sembra funzionare più nell'età delle differenze trionfanti, allora l'estetizzazione dell'etico resta la via d'uscita più ragionevole per salvare un minimo di comprensione intersoggettiva nell'ambito del dominio del valore. Il dominio del valore viene unificato in questo modo sotto l'egida dell'estetico.

Che cosa non funziona, perlomeno a mio avviso, in questa pur ragionevole via d'uscita? Non funziona il rapporto con il mondo dal punto di vista dell'importanza di un dissenso etico rispetto a un dissenso estetico. Volendo semplificare, mi risulta difficile accettare che un dissenso estetico possa essere così devastante, dal punto di vista dei rapporti intersoggettivi, quanto può esserlo sicuramente un dissenso etico. Mi rendo conto che ho scelto il pubblico peggiore, e che è difficile dire qualcosa del genere ad artisti e critici d'arte, eppure per me è evidente: io posso andare a spasso agevolmente con qualcuno che non ama Picasso o Bach, ma mi è impossibile farlo con qualcuno che plaude all'Olocausto. È vero, in somma, che etica ed estetica sono accomunate da essere modi del valore, ma sono anche divise da una differenza di importanza, che io non riesco a superare. E che rende l'etica non estetizzabile, se mi si passa l'espressione.

Ora, è chiaro – almeno per chi mi conosce – che io non intendo sostenere che l'arte non è importante. Tutt'al più che lo è in un modo differente da come è importante la vita etica. Robert Nozick, un mio amico e un grande filosofo, ha distinto efficacemente significato e valore, sostenendo che il significato implica un rapporto di un dominio dato con l'esterno, mentre invece il valore misura il contenuto interno di un dominio. La differenza di importanza tra etica ed estetica, cui io mi riferisco, può forse meglio essere compresa alla luce di questa distinzione significato-valore, esterno-interno. Volendo concludere e semplificare, l'importanza dell'estetica è più tipicamente interna a un dominio dato, mentre quella dell'etica è più esterna e quindi in qualche modo universale. Per questa ragione, la traduzione dell'etico nell'estetico non funziona.

All'osso, ho sostenùto che siamo solitamente più tolleranti sul dissenso estetico di come lo siamo su quello etico. E non lo ho fatto soltanto per amore di provocazione. Ma per una ragione più fondamentale, che ha a che fare con il modo in cui vivo profondamente il mio tempo. Io parto dall'idea che tutti noi, per rispettare le differenze e per comprenderci meglio reciprocamente, dobbiamo dare il più ampio spazio possibile alla possibilità di una formazione culturale, artistica, religiosa, metafisica plurale. Ma che al tempo stesso ci siano dei limiti. Questi limiti hanno a che fare proprio con l'universo etico-politico, con il rispetto dell'altro e per il senso profondo di appartenere all'umanità nel senso kantiano del termine. È per questa ragione che vedo nell'etica un'autonomia dall'estetica e un'importanza esterna, che la rendono predominante tra le forme di relazione umana.

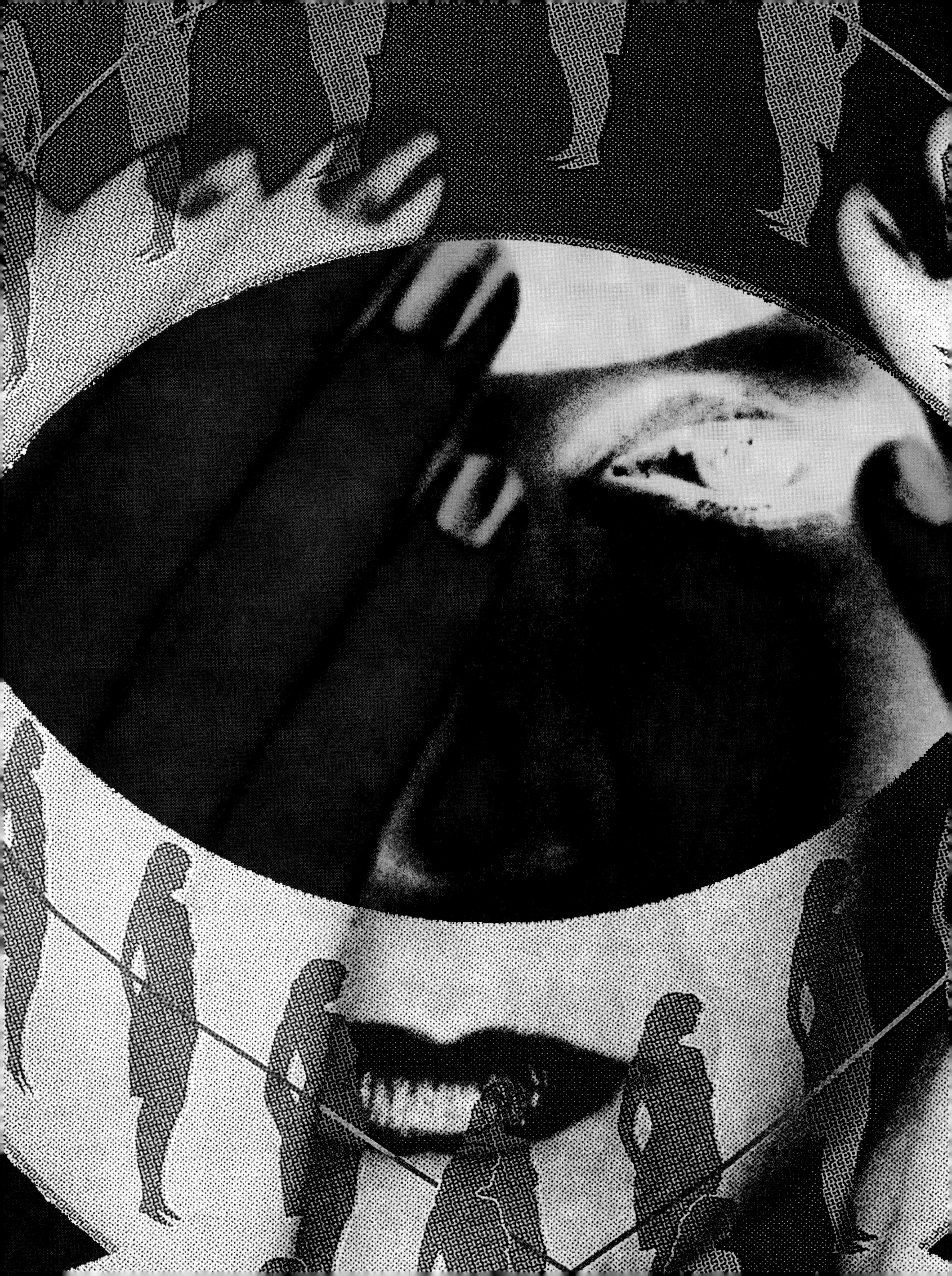

KUNST UND ETHIK IN EINER SICH ÄNDERNDEN WELT: EINIGE ANMERKUNGEN

Sebastiano Maffettone

Es ist für einen Philosophen immer schwierig über die Beziehung zu sprechen, die zwischen der eigenen Weise, die Realität in systematischer Absicht zu erfassen, einer sozusagen berufsmäßigen, und der Welt der Kunst besteht; Das gilt vor allem gegenüber Künstlern und Kunstexperten, denen eine ästhetische Lebensform besonders vertraut ist. Aber noch mehr ist es dies jetzt, wo verheerende Brüche die Möglichkeit eines Zusammenlebens auf ebenso tragische wie allen deutliche Weise entstellen. Ich habe gewöhnlich eine leichte Abneigung gegen den Gebrauch des Wortes "epochal". Trotzdem glaube ich, dass dem Terrorismus und dem Krieg dieser Tage epochale Bedeutung zukommt, weil sie Anlass zu einem Bruch geben, durch den die zugleich semantische und existentielle Struktur menschlicher Kommunikation unmittelbar aufs Spiel gesetzt wird. In meiner allgemeinen metaphysischen Anschauung zögere ich nicht festzustellen, dass die Möglichkeit sich einander mitzuteilen, die Weise, in der sich das Ich und der Andere in wechselseitiger Interpretation begegnen, die ununterbrochene Kette emotionaler und begrifflicher Vermittlungen, letztlich dem Sinn seinen Sinn verleiht: Es handelt sich um das Innerste der Metaphysik, letztere als der Zusammenhang verstanden, der vermittels einer dialogischen Aufholung der Unterschiede eine Kultur in einem historisch bestimmten Zeitabschnitt zusammenhält.

Natürlich kann man sagen, dass Kunst und Philosophie mit ihrem je eigenen Instrumentarium dafür gesorgt haben etwas in dieser Art zu antizipieren. Welcher Philosoph kann heutzutage noch an eine begriffliche Neufassung des Zusammenhanges von Logik und Geschichte in Kategorien eines Hegelianismus glauben, wenn auch eines analytisch erneuerten, der sich auf wissenschaftliche und technische Erkenntnis beruft? Noch ausdrücklicher: Der strukturelle Bruch zwischen Wesen und Existenz ist – würde ich vom historischen Standpunkt aus sagen – eine von unserem tiefen metaphysischen Bewusstsein erworbene Gegebenheit. In der Tat vertrauen gewöhnlich die Philosophen die Möglichkeiten einer gelungenen Interpretation entweder der widerspenstigen Zufälligkeit des Geschehens an oder, im besten der Fälle (d.h. angesichts echter rekonstruierender Versuche), einer transzendental-pragmatischen Sichtweise, welche die emotionalen und begrifflichen Affinitäten, einer allgemein verständlichen Weise die wechselnden Ereignisse zu erschließen im Grunde überlässt. Doch gibt es keinen Zweifel daran, wie es sich nun in großer und oft tragischer Klarheit erkennen lässt, dass der Reichtum an Verschiedenheiten jedes Projekt kultureller Aussöhnung ausdrücklich und grundsätzlich unwahrscheinlich macht; Wohl oder übel muss die transzendental-pragmatische Sichtweise dem Rechnung tragen, bei Strafe ihres Misslingens *a priori*.

Dasselbe gilt auch in Bezug auf die Kunst – ich hoffe, wenn ich dies sage, niemanden zu empören. Viele der bedeutenden Bewegungen des vorigen Jahrhunderts, von Dada bis Fluxus, von den Situationisten bis zur

Konzeptkunst, also ein beachtlicher Teil dessen, was Katharina Sieverding beeinflusst hat (wie in weniger bestimmender und ausdrücklicher Weise uns alle), haben das gleiche Misstrauen in die mögliche Aussöhnung zwischen dem *Zeitgeist* und der Wiedergewinnung eines Gemeinschaftsgefühls im Zusammenleben auf nachhaltige Weise demonstriert. Dasselbe lässt sich von vielen der nachfreudianischen Lektüren der Psychoanalyse behaupten, in denen sich die Erneuerung des analytischen Inhaltes schlecht mit dem klassischen klinischen oder auch theoretischen Käfig verträgt. Das gilt auch für die Literatur der Avantgarde nach Joyce und Beckett, für die elektronische Musik und die Popmusik, für die Lesarten wie die des Cyborg in Bezug auf die künstliche Intelligenz und die bioethischen und ökologischen in Bezug auf den Widerstand gegen den technologischen Exzess; das gilt auch für den radikalen Feminismus der Differenz, insofern er den Körper in radikaler Antithese zu jeglicher spirituellen Auslegung einsetzt. Das gilt für eine semiotische Lektüre in der schrittweise, doch unerbittlich die Symbole jeder Suche nach Bedeutung entfliehen. All dies kehrt gewaltsam wieder: Im spezifischen Erleben der künstlerischen Performance, die der öffentlichen Metaphysik *son malgré* sich entgegensetzt, in der allgegenwärtigen Musealisierung und ihrem stetigen Wechsel zwischen freiwilliger Ironie und unfreiwilliger Komik, in der Architektur des Ortlosen, in der Provokation, die vom ästhetischen Akt als eine Art permanenter Verdammung ausgeht, in dem Mangel an Überraschung, der notgedrungen den Zwang zur Überraschung begleitet – kurz, in jenem mehr oder weniger unvermeidlichen Objektverlust, der so typisch ist für die Gegenwart und ihre Ästhetik, von der wir beständig, geben wir es zu, ebenso angezogen wie abgestoßen sind. Vor diesem zugleich ebenso unbestimmten wie unleugbar präsenten Hintergrund müssen die klassischen Methoden der Wiederherstellung eines ästhetischen, epistemologischen, metaphysischen und ethischen – oder (wenn Sie wollen) philosophischen – Universums versagen. So hat es keinen Sinn, die Kunst aufzufassen – wie es in kühler Meisterschaft von Hegel und Croce bis zu Nelson Goodman geschah – als partielle und antizipatorische Erkenntnis, dazu bestimmt, wenn auch auf verschiedenste Weise, in das große, aufsaugende Meer des philosophischen Bewusstseins vom Seienden einzumünden. Aber es macht noch weniger Sinn, die Flucht aus einer Zeit vorzuschlagen, in der das Dasein zutiefst unglücklich erlebt wird, und sich zu berufen auf die ästhetische Erfahrung als zumindest eine verbleibenden und echten Möglichkeit, sich anderswo aufzurichten, ein Anderswo, das noch zu definieren wäre, das vielleicht aber gerade deshalb anziehender wirkt als die in der normalen Erfahrung des Alltags und des Banalen verlorene Würde.

Wenn es jedoch etwas gibt in Goethes Anschauung der ästhetischen Sphäre, das uns hilft sich in der sonst aussichtslosen Sackgasse zurechtzufinden, dann hat es damit zu tun, dass sich gerade von ihr aus eine Beziehung herstellen lässt zu dem hermeneutischen Vorschlag eines Vorranges des ästhetischen Urteils. Dieser Vorrang verleitet zweifellos zu Verallgemeinerungen und zu seiner absoluten Anwendung: Es handelt sich um die kantische Idee eines "reflektierenden Urteils", das die ästhetische Erfahrung kennzeichnet und befähigt, in einer anderen Weise zu werten als wir im Bereich der ethischen und epistemischen Erfahrung geneigt sind es zu tun. Unter dem Mantel des ästhetischen und reflektierenden Urteils erscheinen wir teilnehmend und besonnen, aber zugleich scheuen wir jede Bewertung, die eine ethische Verpflichtung auferlegt. Deshalb können wir alle, oder wenn man es vorzieht beinahe alle, darin übereinstimmen, dass, wie man sagt, ein Werk der Kunst oder das eines Genies in seinem Bestand und auf eine noch zu definierende Weise "wertvoller" sei als irgend ein anderes, sogar wenn dieses ihm gleichkommt. Ausschlaggebend ist jedoch, dass ein solches vergleichendes Urteil, auch wenn es empirisch als Norm akzeptiert wird, keinen Anhaltspunkt dafür bietet, begründete oder wenigstens aus einer unparteilichen Perspektive gewonnene Maßstäbe zu liefern. Die kantische reflektierende Urteilskraft, von Goethe wieder verwendet, verallgemeinert und zu einer weit überzeugenderen und radikaleren Anwendung gebracht als aller Wahrscheinlichkeit nach je ihr Erfinder sich wünschen konnte, löst so die kognitive und praktische Erfahrung in ein vitalistisches Selbstverständnis auf. Die daraufhin erfolgten Versuche, angefangen von der Farbentheorie bis hin zu den zahlreichen Versuchen, dem originären Vitalismus wissenschaftliche Würde zu verleihen, entkommen nicht, wie ich glaube, der wesentlichen Natur dieses Paradigmas, wie ich es knapp im Licht des großen kantischen Modells dargestellt habe, und das die gesamte romantische Reaktion auf die ethische und epistemische Aufklärung kennzeichnet.

Unter den genannten Bedingungen ist es leicht einzusehen, dass gerade dieser kritische Vitalismus eine Versuchung für jeden darstellt, den es aus Gründen des Selbstverständnisses nicht weniger als aus jenen der Interpretation des Anderen verlockt, den Bruch, von dem wir ausgingen, teilweise zu rekonstruieren. Man muss schließlich nicht zum Adepten eines Nietzsche-Fanclubs werden, um der Idee eines mehr oder weniger definitiven Untergangs des apollinischen Universums anhängen zu können. Es bietet sich stattdessen – auch wenn wir nur zu Teilen das goethische Paradigma, das ich nach Kant erläutert habe, akzeptieren – eine bacchantische Apologetik in gedämpfter und milder Form an, ein Vitalismus ohne zuviel Abenteuer im Stil des verbrämten Irrationalismus der New Age und radikalen Nihilismus Kulte. Die Vernünftigkeit des Urteils erlaubt im Gegenteil eine Auffassung der aristotelischen *Phronesis* mit Anstand wiederzugewinnen, einen genießbaren Nietzscheanismus im Licht der hermeneutischen Mäßigung und sogar einen gemäßigten ethisch-politischen Liberalismus, der sich nicht so sehr von theoretischen und praktischen Erfordernissen herleitet als von einer geglückten historischen Anbindung an die Gepflogenheiten eines Respektes für den Anderen.

Wenn man den ästhetischen Ursprung der kantischen reflektierenden Urteilskraft und letztlich ihre verallgemeinernde Wiederverwendung durch Goethe in Erwägung zieht, so kann einem nicht entgehen, dass nun gleichsam alles gelaufen zu sein scheint: Die schmerzhafte Unmöglichkeit, die ästhetische Sphäre gänzlich mit uns übrigen vereint zu sehen, hat sich auf diese Weise elegant erledigt. Zugespitzt gesagt, es lässt sich gerade feststellen, dass dieses Paradigma, die Unmöglichkeit, in einem einzigen Universum des Diskurses das Ich mit dem Anderen *sub specie universalitatis* auszusöhnen, antizipatorisch jene Unmöglichkeit einschließt, von der, zusammengefasst, der semantische und existentielle Bruch abhängt, von dessen Evidenz ich ausgegangen bin. Diese Perspektive hat ihre nahe liegenden Grenzen unter anderem, wenn sie uns die theoretische und wissenschaftliche Erkenntnis nahe bringt, hat sie wenigstens da, wo man eine Reihe postmoderner Versuche, das wissenschaftliche Unternehmen in metaphorischen und literarischen Begriffen zu betrachten, nicht ernster nehmen will als sie es verdienen. Leichter scheint es indes zu sein, das ästhetische Paradigma, wie wir es von Goethe herleiteten, auf die ethisch-politische Welt auszudehnen. In diesem Fall neigt das ästhetische Paradigma dazu, als Möglichkeit einer elastischen Neubildung von Gemeinschaften aufgefasst zu werden, deren fundamentale Verschiedenartigkeit anerkannt wird, Gemeinschaften, die dennoch als Teilhabende an einer allgemein gebilligten, reflexiven und auf Anerkennung bedachten Humanität angesehen werden. Eben deshalb erscheint es mir interessant, einen grundsätzlichen Einwand zu erheben gegen den Versuch, Ästhetik und Ethik mit Hilfe des derart aufgefassten goethischen Paradigmas zu vermitteln.

Die Ästhetisierung der Ethik ist die prinzipielle Konsequenz einer theoretischen Ausgangslage, die meiner Kritik unterliegt. Diese Konsequenz besteht ganz sicher in einem gemäßigten Subjektivismus, den ich zusammenfassend auf folgende Weise verstehen würde: Meine ethisch-politischen Werturteile haben keine Bedeutung außerhalb einer an derselben Tradition und demselben Diskurs teilhabenden Gemeinschaft; ja sogar auch innerhalb dieser Gemeinschaft kommt jeder Rangordnung von Werten, jedem Versuch, auf die ethisch-politische Welt einen Kodex von Werten oder Unwerten anzuwenden, rein symbolische oder metaphorische Bedeutung zu. Es gibt im Grunde in der ethischen und politischen Sprache keine substantiell universalierbaren Werte. Doch ist dieser Mangel nicht gleichbedeutend mit einem radikalen Verlust eines objektiven Werturteils. Um nur ein einfaches Beispiel zu nennen: Alles Subjektive und Relative eines ästhetischen Urteils beiseite gelassen, würde niemand von uns bezweifeln wollen, dass Cornelia Laufs Verständnis der Bedeutung und des Wertes der Werke von Katharina Sieverding, wenigstens im Sinne von "glaubwürdiger", dem des Autors dieser Zeilen überlegen ist. Durch das reflektierende Urteil lässt sich also die relative Subjektivität der ästhetischen Erfahrung durch genügend anerkannte Maßstäbe kontrollieren.

Die Übertragung eben dieses Maßstabes relativer Objektivität, oder anders gesagt, relativer Subjektivität des reflektierenden Urteils liegt der Ästhetisierung des Ethischen zugrunde, die ich hier zu kritisieren unternehme. Eine solche Übertragung kann in der Tat völlig selbstverständlich erscheinen in einer Welt irreduzibler kultureller Unterschiede, die dennoch auf eine gewissen Weise von einem bewertenden Standpunkt aus verglichen werden können. Es lässt sich im Grund vertreten, wenn sich die Alternative zwischen einem ethischen autoritären Monismus und einem absolut undifferenzierten ethischen Pluralismus stellen sollte, dem ästhetischen Vorgehen des reflektierenden Urteils wegen seiner gemäßigten, ausgleichenden Einstellung den Vorzug zu geben. Schließlich stehen sich Ethik und Ästhetik von Haus aus nahe, als sie Weisen der Bewertung darstellen; Und da die klassische Methode, die von einem Zentrum ausgehend bewertet, nicht mehr im Zeitalter der triumphierenden Differenzen zu funktionieren scheint, bleibt die Ästhetisierung des Ethischen der vernünftigste Ausweg, um ein Minimum an intersubjektiver Verständigung im Bereich der Wertungen zu garantieren. Auf diese Weise erfahren Wertungen ihre Normierung unter dem Schutz des Ästhetischen.

Jedoch was funktioniert nicht – zumindest meiner Ansicht nach – bei diesem gleichwohl vernünftigen Ausweg? Es funktioniert nicht: Das Verhältnis zur Welt vom Standpunkt der Wichtigkeit eines ethischen Dissens im Vergleich zu dem des ästhetischen. Einfacher ausgedrückt, es fällt mir schwer anzunehmen, dass eine ästhetische Meinungsverschiedenheit, vom Standpunkt der intersubjektiven Beziehungen aus beurteilt, derart verheerend ausfallen könnte wie dies im Falle einer ethischen sicher möglich wäre. Es ist mir bewusst, dass ich mich an das falsche Publikum wende und dass es nicht leicht ist, derartiges vor Künstlern und Kunstkritikern zu äußern, und doch ist mir eines deutlich: Ich kann mit jedem mühelos spazieren gehen, der weder Bach noch Picasso mag, aber dasselbe ist mir unmöglich mit jemanden, der den Holocaust bejubelt. Es trifft also zu, dass Ethik und Ästhetik einander dadurch nahe stehen, dass es Weisen von Bewertung sind, aber sie bleiben auch durch einige wichtige Unterschiede voneinander getrennt, die ich nicht überwinden kann und die die Ethik nicht ästhetisierbar machen, wenn der Ausdruck erlaubt ist.

Nun dürfte es klar sein – wenigstens für denjenigen, der mich kennt –, dass ich nicht zu unterstellen vorhabe, die Kunst sei nicht wichtig; Vielmehr, dass sie es ist, jedoch verschieden von der Weise, in der das ethische Leben wichtig ist. Robert Nozick, ein Freund von mir und ein großer Philosoph, hat eine effiziente Unterscheidung von Bedeutung und Wert vorgenommen, indem er behauptet, dass die Bedeutung eine Beziehung eines gegebenen Bereiches zu einem Außen impliziert, wo hingegen der Wert den internen Gehalt dieses Bereiches ermisst. Die unterschiedliche Gewichtigkeit von Ethik und Ästhetik, auf die ich mich beziehe, lässt sich vielleicht besser im Licht dieser Differenzierungen Bedeutung/Wert, Außen/Innen fassen. Ich schließe mit einer Vereinfachung: Die Wichtigkeit der Ästhetik liegt bezeichnenderweise innerhalb eines gegebenen Bereiches, während die der Ethik eine mehr externe ist und daher in gewisser Weise universal. Aus diesem Grund kann die Übertragung des Ethischen in das Ästhetische nicht funktionieren.

Ich habe also festgestellt, dass wir normalerweise einer ästhetischen Meinungsverschiedenheit toleranter begegnen als einer ethischen. Das behaupte ich nicht nur aus Lust an Provokation, sondern aus einem tieferen Grund, der mit der Weise zu tun hat, in der ich zuinnerst die Gegenwart erlebe. Ich gehe von der Idee aus, dass wir alle, um die Unterschiede zu respektieren und sich wechselseitig besser zu verstehen, der Möglichkeit einer kulturellen, künstlerischen, religiösen, pluralen metaphysischen Bildung weitesten Raum überlassen müssen. Doch gibt es zugleich Grenzen. Diese Grenzen haben gerade mit dem ethisch-politischen Universum zu tun, mit dem Respekt vor dem Anderen und mit dem tiefen Sinn einer Menschheit anzugehören, wie sie Kant versteht. Aus diesem Grund besitzt die Ethik ihre Unabhängigkeit von der Ästhetik und ihre Wichtigkeit nach außen hin, die sie unter den Formen menschlicher Beziehungen heraushebt.

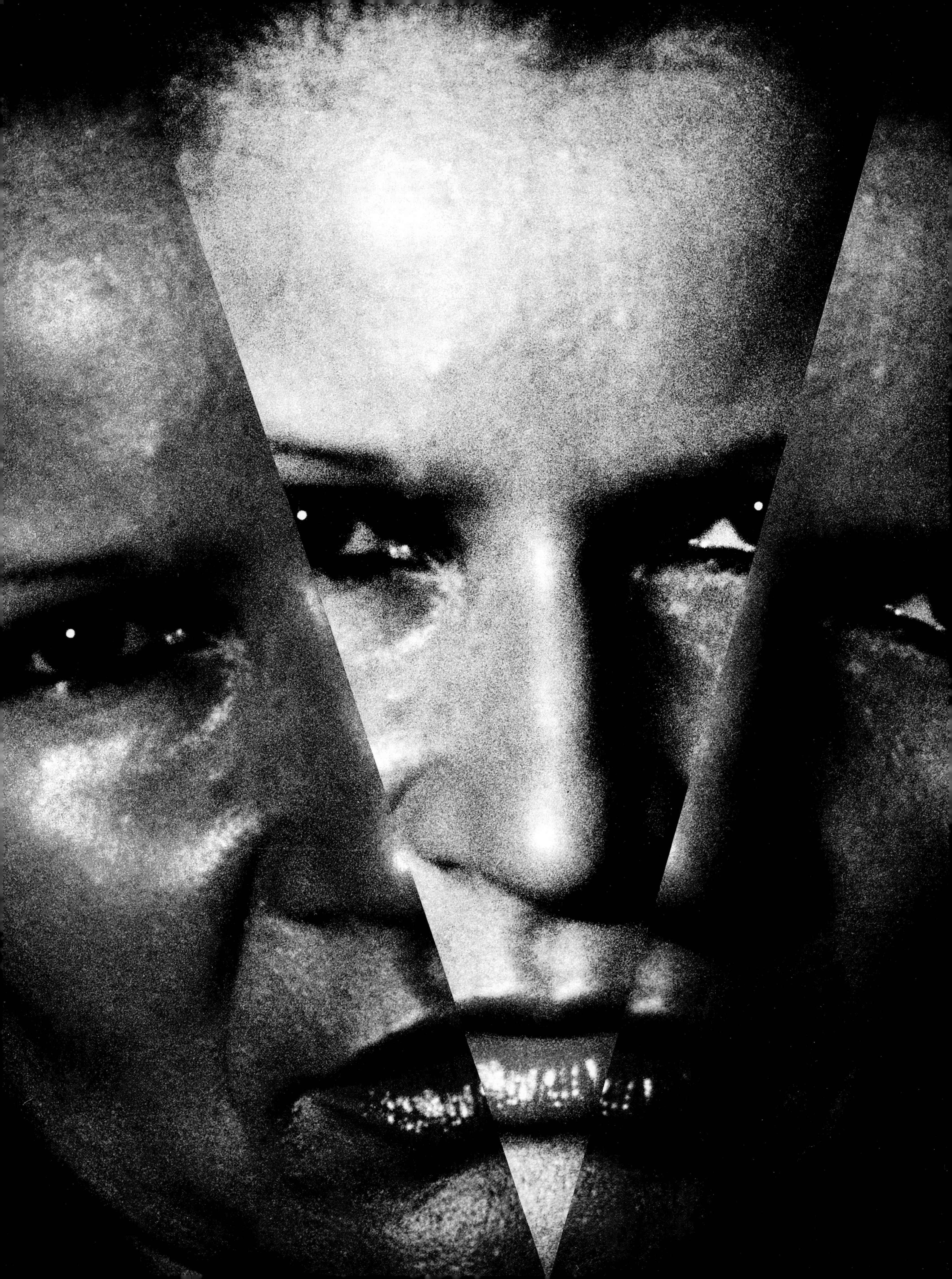

ART AND ETHICS IN A CHANGING WORLD: SOME REMARKS

Sebastiano Maffettone

It is always difficult for philosophers to talk about the relationship between their own systematic, professional concept of reality and the world of art. This is certainly the case when doing so with artists and art experts, involved, as they are, in the field of aesthetics. It is even more difficult at the moment, after devastating events have so clearly and tragically destroyed any chance of living together peacefully. Normally I would avoid using the term "epoch-making." However, I believe that the recent terrorism and the present war is epoch-making in the strictest sense of the term, creating a fracture that puts both semantic and existential means of communication between people directly at risk. From a broad metaphysical viewpoint, I can say without hesitation that ultimately the chance of reciprocal communication and the possibility of the self and the other finding a common ground in interpreting the world through an unbroken chain of emotive and conceptual mediation is the meaning of all meaning. It is at the heart of metaphysics, the glue that holds together a culture in a determined place in history through the process of dialogue between different parties.

Naturally it can be said that art and philosophy—each with its own tools and instruments—have led us to expect something of the sort. After all, what philosopher can believe today in a Hegelian concept of the unity of logic and history, perhaps analytically rejuvenated through an appeal to scientific and technical knowledge? More explicitly, I would say that the structural fracture between essence and existence is a historically acquired element of our most profound metaphysical consciousness. As a matter of fact, philosophers usually entrust chances of successful interpretation either to the recalcitrant chance event or, at best (that is, when faced with authentically reconstructive attempts), to a transcendental-pragmatic basis where conceptual and emotive affinities are, as a rule, necessarily left to a common mode of reinterpreting evenemential contexts. There is no doubt, however, as the recent overwhelmingly tragic events have shown, that the force of differences makes all chance of cultural reconciliation improbable, both expressively and substantially. For good or bad, the transcendental-pragmatic approach must either take this into account or fail a priori.

Without wishing to scandalize, I presume that the same things may be said about art. Many important movements in the visual arts of the last century, from Dada to Fluxus, from Situationism to Conceptualism, and thus a great deal of what has most influenced Katharina Sieverding (and the rest of us to a less explicit extent), have unforgettably demonstrated the same lack of faith in any possible reconciliation between the *Zeitgeist* and the recovery of a public sense of living alongside one another. The same can be said for many post-Freudian interpretations of psychoanalysis, where renewed analytical content does not readily lend itself to a reconstruction of the clinical or theoretical cage. This is equally true of post-Joyce and post-Beckett avant-garde literature, the pop and electronic music of the young, the cyborg reinterpretation of artificial intelligence and bio-ethical and eco-

"

logical resistance to the excesses of technology. It is characteristic of some forms of radical feminism, in which the body becomes antithetic to any kind of all-inclusive spirituality or of semiotic reinterpretations in which symbols gradually, but inexorably, frustrate any search for significance other than that which is intrinsic to them. It is overwhelmingly present in the individual experience of the performance artist, opposed *son malgré* to public metaphysics and the constant process of "museumization," constantly alternating between intentional irony and unintentional comedy, as well as in the architecture of the "non-place." And it is present in the provocation inherent in the aesthetic act, seen as a kind of permanent condemnation, and in the lack of surprise that is, necessarily, part of the need to surprise. In brief, it is found in that more or less inevitable loss of the object that is so typical of the aesthetic present to which we are stubbornly attracted and by which we are disappointed in equal measure.

Against this background, both vague and unavoidable, classical methods for reconstructing an aesthetic, epistemological, metaphysical, ethical—or, if you prefer, philosophical—world no longer work. There is no sense in proposing—as philosophers did, with cool authority, from Hegel and Croce to Nelson Goodman—art as a partial and anticipatory understanding, destined to flow back, albeit in different forms, into the great all-absorbing sea of the philosophical intelligence of being. But there is even less sense in re-proposing a flight from one's own life and time, experienced existentially and melancholically, by appealing to the aesthetic experience as a minimal but authentic chance to rebuild something in some place that has yet to be defined and that is, perhaps for this very reason, attractive; some lost dignity in the ordinary experience of the everyday and the banal.

However, if a point of contact does exist between us and the Goethian view of aesthetics that might release us from what would otherwise be a total impasse, it is that precise link to the hermeneutic proposition of the preeminence of aesthetic judgment. This preeminence undoubtedly tends to generalize and to lead to a radical conclusion: the Kantian idea of "reflective" judgment, characteristic of aesthetic experience and able to make evaluations in a different way from that in which they tend to be made in ethical and epistemic areas of experience. We are judiciously present under this umbrella of aesthetic and reflective judgment, but at the same time we shrink from any kind of evaluation that imposes an ethical obligation. All of us—or almost all of us—may agree that a work of art or of genius, when taken as a whole is, in a way that has yet to be defined, "superior" to another, perhaps similar, work. But such a comparative judgment, though accepted as the norm, offers no pretext to support any standard that is reliable, or at least acceptable, from an impartial viewpoint. When Goethe adopted and generalized Kantian reflective judgment, with results that were further reaching and more radical than Kant himself had achieved or, in all probability, intended, practical and cognitive experience merged into a vitalistic understanding of self. Later attempts, beginning with the theory of colors and ending with numerous attempts to give scientific credibility to original vitalism, cannot, I believe, alter the essential nature of the paradigm I have described, based on the great Kantian model and characterizing the entire Romantic reaction to an ethical and epistemic Enlightenment.

If this is the case, it becomes obvious that it is precisely this critical vitalism that begins to offer the opportunity to, at least partially, heal the fracture to anyone who might wish to do so—to understand others, if not himself. After all, it is not necessary to belong to the Nietzsche fan club to agree that the sun has now set more or less definitively on the Apollonian universe. In recompense we have—even if we accept it only partially—the Goethian paradigm, based on Kant's model, that I have presented. It is a Bacchic apology in diluted form, a vitalism that maintains its distance from the mystifying rationalizations of New Age cults and radical nihilism. On the contrary, its judicious nature means that we can quite appropriately recuperate a version of Aristotelian *phronesis*, a sweetened version of Nietzsche in the light of hermeneutic moderation. It is an appeal, in relativistic terms, to the linguistic turning point that has characterized much of contemporary philosophy and, even, a moderate ethical-political liberalism that derives not so much from the theoretical and practical needs of pluralism as from fortuitous historical support for a tradition of respect for others.

If we reflect on the aesthetic origin of Kantian reflective judgment, and ultimately on its more general Goethian premise, it might seem feasible to settle the issue once and for all; at this point, the sheer impossibility of viewing the aesthetic sphere and the rest of us as one might be neatly side-stepped. Wishing to force the issue, it might even be said that the paradigm already includes the impossibility of reconciling the self and the other *sub specie universalitatis* in a single universe of discourse. This impossibility does, in fact, lead to the semantic and existential fracture that I took as my starting point. The perspective has its own clear limits, apparent, for example, in the consideration of theoretical and scientific knowledge; unless, that is, one wishes to take more seriously than they deserve a combination of post-modern attempts to view science in metaphorical and literary terms. On the other hand, if we prefer the aforementioned Goethian model, it appears easier to extend the aesthetic paradigm to the ethical-political world. In this case, the paradigm tends to be seen as an opportunity for a delicate reestablishment of contacts among communities in which basic differences are recognized and in which the communities are considered part of a shared, reflective humanity in search of recognition. For this very reason, I feel that it is worth making some basic objections to the attempt to mediate between aesthetics and ethics, according to this concept of the Goethian paradigm.

The "aestheticization" of ethics is the principal result of the theoretic movement and it is this that I intend to criticize. The main effect of such aestheticization is surely its subjectivity, which I understand to be based on the notion, briefly, that ethical and political evaluations have no meaning beyond a certain community that shares both a tradition and a discourse. Furthermore, even within this community, any degree of evaluation and any attempt to apply a set of values and non-values to the ethical-political world have a purely symbolic and metaphorical significance. In substance, nothing can be specifically universalized in the language of ethics and politics. But this does not imply a radical loss of objective value. To give a rather banal example, none of us, even putting to one side all that is subjective and relative about aesthetic judgment, would doubt that Cornelia Lauf's understanding of meaning and value in Katharina Sieverding's work is superior, that is "more trustworthy," than my own. In reflective judgment, therefore, the relative subjectivity of aesthetic experience is guided by a sufficiently acknowledged standard of values.

The loss of this criterion of relative objectivity (or, if you prefer, relative subjectivity) from reflective judgment lies behind the aestheticization of ethics that I wish to question. This might seem totally natural in a world dominated by irreducible cultural differences that are, nonetheless, comparable in some ways from the point of view of value. Essentially, it can be said that if the alternatives are, on the one hand, an ethical, authoritarian monism and, on the other, an absolutely indifferent ethical pluralism, then the aesthetic mode of reflective judgment is preferable because of its moderate, balanced position. After all, ethics and aesthetics traditionally share common ground in the assignment of value. And if the classic central set of values no longer seems to work in the age of the triumph of difference, the aestheticization of ethics is the most reasonable way of ensuring a minimum of inter-subjective understanding in the context of the domain of values. In this way, the domain of values is unified under the aegis of the aesthetic.

So what is wrong, at least as I see it, with this admittedly reasonable solution? What is wrong is the relationship with the world, from the viewpoint of the importance of ethical dissent compared to aesthetic dissent. To put it bluntly, I find it difficult to accept that, from a viewpoint of inter-subjective relationships, aesthetic dissent can be as devastating as ethical dissent. I realize that I have chosen the wrong audience and that it is difficult to say this kind of thing to artists and art critics, but for me it is clear. I can quite easily enjoy the company of someone who does not love Picasso or Bach, but it is impossible for me to do so with someone who approves of the Holocaust. It is true that ethics and aesthetics are both value systems, but they are also separated by differences in importance that I cannot overcome. And this, so to speak, makes it impossible for ethics to be aestheticized.

Now, it is clear—to those who know me, at least—that I do not mean to say that art is not important. It is, but in a different way to ethics. Robert Nozick, who is both my friend and a great philosopher, has distinguished meaning and value very effectively. He maintains that meaning implies a relationship of any given domain with what is outside it, whereas value measures the contents of the domain. The difference in importance between ethics and aesthetics to which I refer can perhaps be better understood in the light of this distinction between meaning-value and external-internal. To conclude and simplify, the importance of aesthetics is more typical of the interior of a given domain, while that of ethics is more external and therefore, in a sense, universal. This is why the transformation of ethics into aesthetics does not work.

In short, I have said that we are normally more tolerant of aesthetic than ethical dissent. And I have not done so simply from a desire to provoke, but for a more basic reason, connected to the way in which I feel, deeply, that I belong to my own time. To respect differences and aid reciprocal understanding, I would start with the idea that all of us must give as much space as possible to a pluralistic cultural, artistic, religious and metaphysical formation of character. But, at the same time, there are limits: limits concerned with the ethical-political world, with respect for others and with the deep sense of belonging to humanity in the Kantian sense of the term. This is why ethics, considered independent from aesthetics and with an external importance, is the most important expression of human relationships.

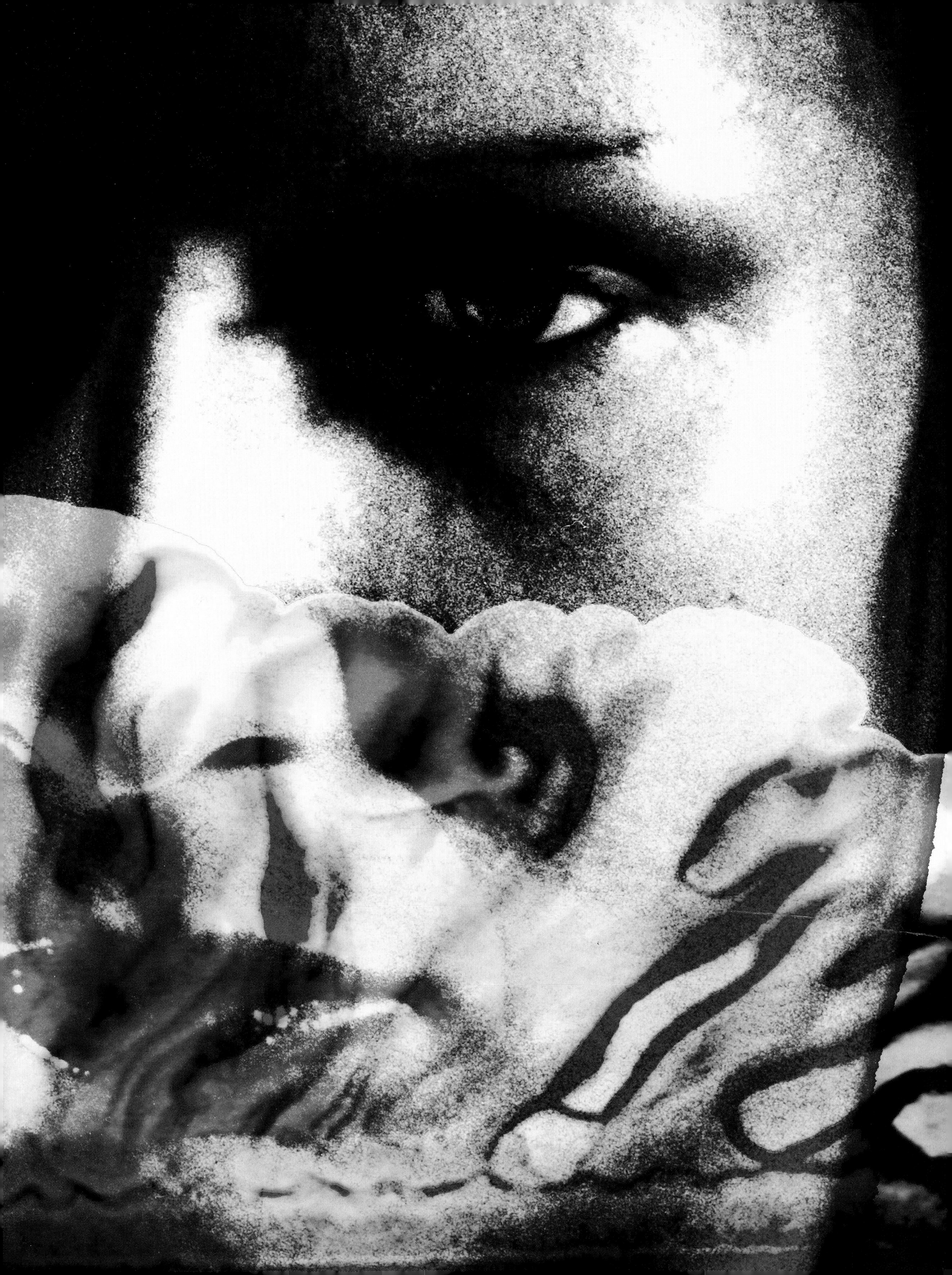

Elenco delle illustrazioni

Pagina 6
Katharina Sieverding
Anche con il freddo invernale i
sommozzatori lavorano a una
profondità di 20 m
V/1976, particolare
Fotografia a colori, 328x464 cm

Pagina 8
Katharina Sieverding
Anche con il freddo invernale i
sommozzatori lavorano a una
profondità di 20 m
V/1976, particolare
Fotografia a colori, 328x464 cm

Pagina 10
Katharina Sieverding
VIII/1977, particolare
Fotografia a colori
303x461 cm

Pagina 12/13
Katharina Sieverding
XVI/80, 1980
Installazione al Greifweg 6, Düsseldorf
Da sinistra a destra: Peter Dürr, Günter
Sieber, Imi Giese e Blinky Palermo
Fotografia b/n
252x360 cm

Pagina 14
Katharina Sieverding
"Scala" 1975, particolare
1992: La Germania diventa più tedesca
Campagna di affissione dal 30 aprile
al 12 maggio 1993 su 500 cartelloni
giganti a Berlino
Stampa offset a cinque colori
252x360 cm

Pagina 19
Strombus gigas (lumaca marina),
particolare
Collezione di Goethe
GNA 148/2
Goethe-Nationalmuseum Weimar

Pagina 24
Strombus gigas (lumaca marina),
particolare
Collezione di Goethe
GNA 148/1
Goethe-Nationalmuseum Weimar

Pagina 29
Turbo marmoratus (lumaca marina),
particolare
Collezione di Goethe
GNA 118
Goethe-Nationalmuseum Weimar

Pagina 34
Armadio dell'archivio, particolare
Foto d'epoca
Goethe-Nationalmuseum Weimar

Pagina 39
Pietra stellare, Ilmenau
Collezione di Goethe
Inv. Nr. 1261
Goethe-Nationalmuseum Weimar

Pagina 43
Tappo nero a forma di rene, Horhaus
presso Treviri
Collezione di Goethe
Inv. Nr. 1199
Goethe-Nationalmuseum Weimar

Pagina 44
Cristallo ialino, Gottardo
Collezione di Goethe
Prescher Nr. 5175/S I G, 5
Goethe-Nationalmuseum Weimar

Pagina 49
Johann Wolfgang von Goethe
Geminati di Karlsbad, 1806/07
Grafite
208x140 mm
Inv. Nr. GGz/1515
Goethe-Nationalmuseum Weimar

Pagina 50
Marezzatura, pezzo di legno
Foto d'epoca
Collezione di Goethe

GNB 0084
Goethe-Nationalmuseum Weimar

Pagina 56/57
Katharina Sieverding
Immagine di cristallizzazione V/1992
Fotografia a colori
275x500 cm

Pagina 61
Johann Wolfgang von Goethe
Fiore di tulipano con passaggio da
caulina a petalo, 1795
Acquerello
360x271 mm
Inv. Nr. GGz/1757
Goethe-Nationalmuseum Weimar

Pagina 64
Johann Wolfgang von Goethe
Tulipano doppio, 1795
Grafite, penna in nero
359x270 mm
Inv. Nr. GGz/1763
Goethe-Nationalmuseum Weimar

Pagina 68/69
Johann Wolfgang von Goethe
Aegopodium Podagraria, 1806
Grafite, penna in nero
377x540 mm
Inv. Nr. GGz/1912
Goethe-Nationalmuseum Weimar

Pagina 73
Johann Wolfgang von Goethe
Rosa prolifera,
inizio XIX secolo
Grafite, acquerello
307x239 mm
Inv. Nr. GGz/1762
Goethe-Nationalmuseum Weimar

Pagina 76
Johann Wolfgang von Goethe
Garofano prolifero, maggio 1787 (?)
Grafite
475x340 mm
Inv. Nr. GGz/1738
Goethe-Nationalmuseum Weimar

Pagina 80/81
Katharina Sieverding
Immagine di cristallizzazione VIII/1992
Fotografia a colori
275x500 cm

Pagina 90
Pezzo di legno con due nodi, faggio
Collezione di Goethe
GNB 007
Goethe-Nationalmuseum Weimar

Pagina 91
Pezzo di legno con due nodi, faggio
Collezione di Goethe
GNB 0079
Goethe-Nationalmuseum Weimar

Pagina 95
Johann Wolfgang von Goethe
Dimostrazione dell'osso
intermascellare, 1790
Penna in nero
198x161 mm
Inv. Nr. GGz/1824
Goethe-Nationalmuseum Weimar

Pagina 101
Teschio di un bovino
Collezione di Goethe
GNA 0026
Goethe-Nationalmuseum Weimar

Pagina 105
Teschio di una pecora
Collezione di Goethe
GNA 0029
Goethe-Nationalmuseum Weimar

Pagina 110
Frammento di un teschio di leone
Collezione di Goethe
GNA 0011
Goethe-Nationalmuseum Weimar

Pagina 115
Teschio di una scimmia
Collezione di Goethe
GNA 0010
Goethe-Nationalmuseum Weimar

Pagina 119
Johann Wolfgang von Goethe
Teschio di un animale,
muscolatura facciale, 1788/90 (?)
Penna in nero, 206x330 mm
Inv. Nr. GGz/1823
Goethe-Nationalmuseum Weimar

Pagina 122
Teschio umano
Collezione di Goethe
GNA 0005
Goethe-Nationalmuseum Weimar

Pagina 125
Teschio umano
Collezione di Goethe
GNA 0006
Goethe-Nationalmuseum Weimar

Pagina 128
Teschio umano con iscrizione frenologica
Collezione di Goethe
GNA 0383
Goethe-Nationalmuseum Weimar

Pagina 131
Teschio umano con iscrizione frenologica
Collezione di Goethe
GNA 0382
Goethe-Nationalmuseum Weimar

Pagina 132
Johann Wolfgang von Goethe
Muscolatura facciale, novembre 1788
Grafite
204x176 mm
Inv. Nr. GGz/1788
Goethe-Nationalmuseum Weimar

Pagina 136/137
Katharina Sieverding
Weltlinie II, 1997
D/A Process
300x375 cm

Pagina 140
Katharina Sieverding
Weltlinie 2001
Proiezione DVD

Pagina 146
Katharina Sieverding
Weltlinie 2001
Proiezione DVD

Pagina 151
Katharina Sieverding
Weltlinie 2001
Proiezione DVD

Copertina
Katharina Sieverding con teschio
umano, presumibilmente del pittore
Antonius van Dyck (1599-1641)

Pagina 87, I
Johann Wolfgang von Goethe
Tipo della pianta annuale dicotiledone
(Urpflanze), 1790 circa
Matita e penna a inchiostro
348x407 mm
LXIII 2, 3, BL 167
Goethe- und Schiller-Archiv

Pagina 87, II
Esemplare essiccato di una cicerbita
(Sonchus oleraceus) in cui si mostra
chiaramente la metamorfosi delle
foglie dal cotiledone fino alla brattea

Pagina 87, III
Wilhelm Troll
Schema della pianta archetipica

Pagina 87, IV
Joseph Beuys
Documenta 6, 1977
Disegno su lavagna murale, dettaglio

Pagina 87, V
Joseph Beuys
Diagramma doppio sulla teoria
plastica, 1970
Disegno senza titolo, dettaglio

Seite 80/81
Katharina Sieverding
Kristallisationsbild VIII/1992
Farbfotografie
275x500 cm

Seite 90
Holzklotz mit zwei
Überwallungsfiguren, Buche
Aus Goethes Sammlung
GNB 007
Goethe-Nationalmuseum Weimar

Seite 91
Holzklotz mit zwei
Überwallungsfiguren, Buche
Aus Goethes Sammlung
GNB 0079
Goethe-Nationalmuseum Weimar

Seite 95
Johann Wolfgang von Goethe
Zwischenkieferdemonstration, 1790
Feder in Schwarz, 198x161 mm
Inv. Nr. GGz/1824
Goethe-Nationalmuseum Weimar

Seite 101
Schädel eines Hausrinds
Aus Goethes Sammlung
GNA 0026
Goethe-Nationalmuseum Weimar

Seite 105
Schädel eines Schafes
Aus Goethes Sammlung
GNA 0029
Goethe-Nationalmuseum Weimar

Seite 110
Schädelfragment eines Löwen
Aus Goethes Sammlung
GNA 0011
Goethe-Nationalmuseum Weimar

Seite 115
Schädel eines Affen
Aus Goethes Sammlung
GNA 0010
Goethe-Nationalmuseum Weimar

Seite 119
Johann Wolfgang von Goethe
Tierschädel, Gesichtsmuskulatur,
1788/90 (?)
Feder in Schwarz
206x330 mm
Inv. Nr. GGz/1823
Goethe-Nationalmuseum Weimar

Seite 122
Schädel eines Menschen
Aus Goethes Sammlung
GNA 0005
Goethe-Nationalmuseum Weimar

Seite 125
Schädel eines Menschen
Aus Goethes Sammlung
GNA 0006
Goethe-Nationalmuseum Weimar

Seite 128
Schädel eines Menschen mit
phrenologischer Beschriftung
Aus Goethes Sammlung
GNA 0383
Goethe-Nationalmuseum Weimar

Seite 131
Schädel eines Menschen mit
phrenologischer Beschriftung
Aus Goethes Sammlung
GNA 0382
Goethe-Nationalmuseum Weimar

Seite 132
Johann Wolfgang von Goethe
Gesichtsmuskulatur, November 1788
Graphit, 204x176 mm
Inv. Nr. GGz/1788
Goethe-Nationalmuseum Weimar

Seite 136/137
Katharina Sieverding
Weltlinie II, 1997
D/A Process
300x375 cm

Seite 140
Katharina Sieverding

Weltlinie 2001
DVD-Projektion

Seite 146
Katharina Sieverding
Weltlinie 2001
DVD-Projektion

Seite 151
Katharina Sieverding
Weltlinie 2001
DVD-Projektion

Cover
Katharina Sieverding mit Schädel
eines Menschen, angeblich des Malers
Antonius van Dyck (1599-1641)

Seite 99, I
Johann Wolfgang von Goethe
Typus der einjährigen
zweikeimblättrigen Pflanze (Urpflanze),
um 1790
Bleistift und Feder mit Tinte
348x407 mm
LXIII 2, 3, BL 167
Goethe- und Schiller-Archiv

Seite 99, II
Gepresstes Exemplar einer Gänsedistel
(Sonchus oleraceus) an dem die
Metamorphose der Blätter vom
Keimblatt bis zum Hochblatt deutlich in
Erscheinung tritt

Seite 99, III
Wilhelm Troll
Schema der Urpflanze

Seite 99, IV
Joseph Beuys
Documenta 6, 1977
Wandtafelzeichnung, Ausschnitt

Seite 99, V
Joseph Beuys
Diagramm zur Plastischen Theorie, 1970
Unbetitelte Zeichnung, Ausschnitt

Index of illustrations

Color photo
275x500 cm

Page 90
Knotted Wood Block with Two Knots,
Beech wood
Goethe's Collection
GNB 007
Goethe-Nationalmuseum Weimar

Page 91
Knotted Wood Block with Two Knots,
Beech wood
Goethe's Collection
GNB 0079
Goethe-Nationalmuseum Weimar

Page 95
Johann Wolfgang von Goethe
Proof of the Intermaxillary Bone, 1790
Pen and black ink, 198x161 mm
Inv. No. GGz/1824
Goethe-Nationalmuseum Weimar

Page 101
Cow Skull
Goethe's Collection
GNA 0026
Goethe-Nationalmuseum Weimar

Page 105
Sheep Skull
Goethe's Collection
GNA 0029
Goethe-Nationalmuseum Weimar

Page 110
Fragment of a Lion Skull
Goethe's Collection
GNA 0011
Goethe-Nationalmuseum Weimar

Page 115
Monkey Skull
Goethe's Collection
GNA 0010
Goethe-Nationalmuseum Weimar

Page 119
Johann Wolfgang von Goethe

Animal Skull, Facial Musculature,
1788/90 (?)
Pen and black ink
206x330 mm
Inv. No. GGz/1823
Goethe-Nationalmuseum Weimar

Page 122
Human Skull
Goethe's Collection
GNA 0005
Goethe-Nationalmuseum Weimar

Page 125
Human Skull
Goethe's Collection
GNA 0006
Goethe-Nationalmuseum Weimar

Page 128
Human Skull with Phrenological
Inscriptions
Goethe's Collection
GNA 0383
Goethe-Nationalmuseum Weimar

Page 131
Human Skull with Phrenological
Inscriptions
Goethe's Collection
GNA 0382
Goethe-Nationalmuseum Weimar

Page 132
Johann Wolfgang von Goethe
Facial Musculature, November 1788
Graphite, 204x176 mm
Inv. No. GGz/1788
Goethe-Nationalmuseum Weimar

Page 136/137
Katharina Sieverding
Weltlinie II, 1997
D/A process
300x375 cm

Page 140
Katharina Sieverding
Weltlinie 2001
DVD-projection

Page 146
Katharina Sieverding
Weltlinie 2001
DVD-projection

Page 151
Katharina Sieverding
Weltlinie 2001
DVD-projection

Cover
Katharina Sieverding with Human
Skull, Allegedly of the Artist Anthony
van Dyck (1599-1641)

Page 111, I
Johann Wolfgang von Goethe
The Annual, Dicotyledonous Plant Type
(Urpflanze), about 1790
Pencil and pen and ink
348x407 cm
LXIII 2, 3, BL 167
Goethe- und Schiller-Archiv

Page 111, II
Pressed specimen of a sow-thistle
(Sonchus oleraceus) clearly showing
the leaf metamorphosis from cotyledon
to bract

Page 111, III
Wilhelm Troll
Diagram of the Archetypal Plant

Page 111, IV
Joseph Beuys
Documenta 6, 1977
Blackboard drawing, detail

Page 111, V
Joseph Beuys
Diagram Illustrating His Theory of
Sculpture, 1970
Untitled drawing, detail

Katharina Sieverding

Una mostra della Casa di Goethe, Roma in collaborazione con la Stiftung Weimarer Klassik
Eine Ausstellung der Casa di Goethe, Rom in Zusammenarbeit mit der Stiftung Weimarer Klassik
An exihibition of the Casa di Goethe, Rome in collaboration with the Stiftung Weimarer Klassik

Curatori / Kuratoren / Curators
Cornelia Lauf, Ludovico Pratesi

Ideazione della mostra / Ausstellungskonzeption / Exhibition concept
Katharina Sieverding

Catalogo a cura di / Katalog herausgegeben von / Catalog edited by
Ursula Bongaerts

Ideazione del catalogo / Katalog Konzeption / Catalog concept
Katharina Sieverding, Klaus Mettig, Orson Sieverding

Grafica / Grafische Gestaltung / Graphic Design
Orson Sieverding

Redazione / Redaktion / Editing
Ursula Bongaerts, Renata Crea, Dorothee Hock, Charles Lambert

Collaborazione redazionale / Redaktionelle Mitarbeit / Editorial assitants
Kerstin Glasow, Friederike Heitsch

Traduzione digitale e elaborazione di tutte le immagini / Digitale Erfassung und Weiterverarbeitung aller Bilder / Digital Mastering
© Orson Sieverding

Gli autori / Autoren / The authors

Volker Harlan
Istituto per la biologia dell'evoluzione e morfologia, Università di Witten/Herdecke
Institut für Evolutionsbiologie und Morphologie, Universität Witten/Herdecke
Institute for Evolutionary Biology and Morphology, University Witten/Herdecke

Cornelia Lauf
Storico dell'arte e curatore, New York e Roma
Kunsthistorikerin und Kuratorin, New York und Rom
Art historian and curator, New York and Rome

Sebastiano Maffettone
Professore di filosofia politica, Università LUISS, Roma
Professor für politische Philosophie, Universität LUISS, Rom
Professor for Political Philosophy, University LUISS, Rome

Gisela Maul
Conservatore della collezione di scienze naturali del Goethe-Nationalmuseum/Stiftung Weimarer Klassik, Weimar
Kustodin der Naturwissenschaftlichen Sammlung des Goethe-Nationalmuseums/Stiftung Weimarer Klassik, Weimar
Curator of natural sciences, Goethe-Nationalmuseum/Stiftung Weimarer Klassik, Weimar

Ludovico Pratesi
Critico d'arte e curatore, Roma
Kunstkritiker und Kurator, Rom
Art critic and curator, Rome

Katharina Sieverding
Artista e professore di Visual Culture Studies, Università UDK, Berlin
Künstlerin und Professorin für Visual Culture Studies, Universität UDK, Berlin
Artist and professor for Visual Culture Studies, University UDK, Berlin

Johannes Stüttgen
Artista, Düsseldorf
Künstler, Düsseldorf
Artist, Düsseldorf

Redazione / Redaktion / Editing
Alessandro Prandoni, Harlow Tighe, Donatella Cacciola

Coordinamento redazionale / Verlegerische Koordination / Editorial Coordination
Emanuela Belloni

Coordinamento grafico / Grafische Koordination / Graphical Coordination
Gabriele Nason

Impaginazione / Satz / Layout
Daniela Meda

Ufficio stampa / Pressearbeit / Press Office
Silvia Palombi Arte & Mostre, Milano

Traduzioni / Übersetzungen / Translations
Inglese / Englisch / English: Graham Frankland (Harlan, Pratesi-Sieverding, Maul, Bongaerts); Peter Douglas (Maffettone)
Tedesco / Deutsch / German: Katrin Marburger (Lauf); Marghareta Huber (Maffettone)
Italiano / Italienisch / Italian: Anna Reali (Bongaerts, Harlan, Maul); Stephen Fox (Pratesi-Sieverding, Lauf); Anke Stark (Stüttgen)

Referenze Fotografiche / Fotonachweis / Photo Credits
© Pola Sieverding: Copertina, Umschlag, Cover
© Klaus Mettig, VG Bildkunst: p./S. 6, 8, 10, 12, 13, 14, 56, 57, 80, 81, 136, 137, 140, 146, 151
Riproduzione delle foto di archivio per gentile concessione della Stiftung Weimarer Klassik / Abdruck der Archivfotos mit Genehmigung der Stiftung Weimarer Klassik / Reproduction of archival photographs courtesy Stiftung Weimarer Klassik (Alex Stöcker: p./S. 34, Sigrid Geske: p./S. 39, 44, 49, 61, 64, 68, 69, 73, 76, 90, 91, 95, 119, 132)

Stampa da immagini digitalizzate / Gedruckt von digitalisierten Bildern / Printed from digital Images
© Orson Sieverding

© 2002 Edizioni Charta, Milano

© 2002 Casa di Goethe, Roma

© 2002 Katharina Sieverding

© gli autori per i testi / für die Texte bei den Autoren / authors for their texts

All rights reserved

ISBN 88-8158-364-X

Edizioni Charta
via della Moscova, 27
20121 Milano
Tel +39-026598098 / 026598200
Fax + 39-026598577
edcharta@tin.it
www.chartaartbooks.it

Casa di Goethe
via del Corso, 18
00186 Roma
Tel +39-0632650412
Fax +39-0632650449
info@casadigoethe.it
www.casadigoethe.it

Printed in Italy

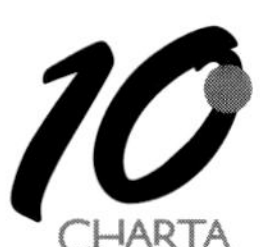
Finito di stampare nel mese di gennaio 2002
da Leva spa, Sesto San Giovanni
per conto di Edizioni Charta
su carta Gardamatt Art delle Cartiere del Garda spa